第25卷

# 刑事法判解

北京大学犯罪问题研究中心 主办

主编◎陈兴良 车浩

执行主编◎蔡颖

人民法院出版社

图书在版编目（CIP）数据

刑事法判解. 第25卷 / 陈兴良，车浩主编. -- 北京：人民法院出版社，2025. 4. -- ISBN 978-7-5109-4496-3
Ⅰ. D924.05
中国国家版本馆CIP数据核字第2025YM5726号

**刑事法判解（第25卷）**
陈兴良　车　浩　主编
蔡　颖　执行主编
北京大学犯罪问题研究中心　主办

| | | |
|---|---|---|
| 责任编辑 | 杨晓燕 | |
| 出版发行 | 人民法院出版社 | |
| 地　　址 | 北京市东城区东交民巷27号（100745） | |
| 电　　话 | （010）67550508（责任编辑）　67550558（发行部查询） | |
| | 65223677（读者服务部） | |
| 客服QQ | 2092078039 | |
| 网　　址 | http://www.courtbook.com.cn | |
| E—mail | courtpress@sohu.com | |
| 印　　刷 | 河北鑫兆源印刷有限公司 | |
| 经　　销 | 新华书店 | |
| 开　　本 | 787毫米×1092毫米　1/16 | |
| 字　　数 | 240千字 | |
| 印　　张 | 16.75 | |
| 版　　次 | 2025年4月第1版　2025年4月第1次印刷 | |
| 书　　号 | ISBN 978-7-5109-4496-3 | |
| 定　　价 | 68.00元 | |

版权所有　侵权必究

# 编委会

**编辑委员会**　车　浩　马寅翔　徐凌波
　　　　　　　李世阳　邹兵建　徐　然
　　　　　　　袁国何　蔡　颖　陈尔彦

**本卷撰稿作者**（以文章先后为序）

敬力嘉　武汉大学法学院副教授。
姜　瀛　大连海事大学法学院副教授。
谭　堃　西北政法大学刑事法学院教授。
汤　智　江苏省高邮市人民检察院检察委员会专职委员，第七届全国十佳公诉人。
武玲玉　黑龙江省牡丹江市人民检察院员额检察官，黑龙江省优秀公诉人。
熊建明　南昌大学法学院副教授。
郝　赟　中国社会科学院大学法学院博士生。
狄克春　江苏省苏州市公安局经侦支队支队长。
童德华　中南财经政法大学纪检监察学院（国家治理学院）教授，博士生导师。
罗世龙　华中师范大学法学院副教授。
李冠煜　中南财经政法大学法学院教授，法学博士。
黄文轩　重庆大学法学院助理研究员。
弗兰克·萨利格　德国慕尼黑大学刑法学、刑事诉讼法学、经济刑法学和法哲学教席教授。
申屠晓莉　江苏大学法学院资格副教授。
（译者）

## 【卷首语】

〉〉〉蔡 颖

《刑事法判解》第 25 卷继续坚持面向司法实践的宗旨，为刑法理论和司法实务的沟通搭建桥梁。本卷作者不仅有高校学者、博士研究生，也有来自司法工作一线的业务骨干。本卷内容涉及故意、正当防卫等刑法总论问题，侵犯财产犯罪、破坏计算机信息系统犯罪、扰乱市场秩序犯罪等个罪适用的分论问题，以及涉案财物处置、个罪重构等方面的立法论建议。

"本卷专题"栏目研讨的主题是"制作、出售虚拟定位软件的罪与罚"。随着移动互联时代的蓬勃发展，手机定位功能已经全面融入到普通民众生活的各个方面。上班打卡、出行导航、居家点外卖、游戏娱乐、运动健身等活动都离不开手机的定位功能。为了满足手机用户的各种需求，虚拟定位软件应运而生。这类软件通过模拟定位"骗过"有关手机程序，形成不真实的定位信息。关于制作、出售虚拟定位软件的行为是否应当被认定为犯罪以及应当被认定为何种犯罪，是司法实务中面临的新问题。"本卷专题"栏目围绕制作、出售虚拟定位软件"某助手"App一案展开讨论。

该案中，张某开发了"某助手"App。该 App 的技术原理是，绕过目标程序的无限安全保镖模块，劫持目标 App 平行空间检测接口，将虚假位置信息传输给目标 App，在不改变目标 App 源代码的情况下篡改定位信息。《刑法》第 286 条第 1 款规定："违反国家规定，对计算机信息系统功能进行删除、修改、增加、干扰，造成计算机信息系统不能正常运行，后果严重的，处五年以下有期徒刑或者拘役；后果特别严重的，处五年以上有期徒刑。"第 2 款规定："违反国家规定，对计算机信息系统中存储、处理或者传输的数据和应用程序进行删除、修改、增加的操作，后果严重的，依照前款的规定处罚。"第 3 款规定："故意制作、传播计算机病毒等破坏性程序，影响计算机系统正常运行，后果严重的，依照第一款的规定处罚。"该案一审法院认定"某助手"App 为"破坏性程序"，因此适用第 286 条第 3 款判决张某成立破坏计算机信息系统罪，二审法院认为"某助手"App 不属于"破坏性程序"，但张某的行为属于"违反国家规定，对计算机信息系统功能进行删除、修改、增加、干扰，造成计算机信息系统不能正常运行"，因此适用第 286 条第 1 款规定认定张某成立破坏计算机信息系统罪。

武汉大学法学院敬力嘉副教授《制作并出售定位伪造程序的刑法评价——以"某助手 App 案"为例》一文认为，成立破坏计算机信息系统罪的前提是，计算机信息系统的技术功能（而非使用功能）遭受危害。"某助手"App 的技术原理在于破坏用户设备传输给目标程序用户端系统定位数据的真实性，妨碍目标程序运营公司借此开展的业务，但目标 App 本身的技术功能并未遭受危害，张某的行为不符合破坏计算机信息系统罪的构成要件。该文进一步认为，张某的行为构成《刑法》第 285 条第 3 款规定的提供侵入、非法控制计算机信息系统程序、工具罪。该文围绕案例展开了深入讨论，层层递进，逻辑清晰、观点鲜明。

大连海事大学法学院姜瀛副教授《开发虚拟定位软件规避打卡行为

的刑法评价》一文指出，破坏计算机信息系统罪的保护法益不仅包括了计算机信息系统的正常状态，还包括由此衍生出的"依托系统提供社会服务所确立的公平秩序"。"某助手"App 是向目标程序（打卡软件）提供虚假位置数据，并未影响目标程序本身的正常运行。另外，"某助手"App 的目标程序是打卡软件，其中不包含"依托系统提供社会服务所确立的公平秩序"。因此，张某的行为并未侵犯破坏计算机信息系统罪所保护的法益，不构成该罪。文章以"某助手"App 案为切入，讨论了开发虚拟定位功能的软件行为的刑法定性问题，并以此为契机讨论了破坏计算机信息系统罪保护的法益、行为方式等问题，分析细致，观点具有启发性。

从上面的分析不难看出，制作、出售虚拟定位软件案件的犯罪认定存在较大争议。"本卷专题"栏目并不试图为此探寻唯一正解，同时也无意评判实践做法的是非功过，而是期望借助"某助手"App 案的讨论来展现移动互联时代涉计算机信息系统犯罪认定的争点和难点，为学界和实务界进一步深入研究该类犯罪提供参考和助力。

本卷"法律适用"栏目收录了 5 篇论文。

西北政法大学刑事法学院谭堃教授的《论故意中概括明知的司法认定》一文对概括明知在司法实践中的认定问题展开了细致的分析。第四届全国青年刑法学者实务论坛于 2023 年 11 月在西北政法大学成功举办。作者在论坛中对这一主题作过报告，受到与会学者和实务部门专家的好评。作者在吸收各方建议的基础上修改完善形成该文。文章认为，根据刑法第 14 条的规定，明知包括对行为社会危害性的明知以及对危害结果的预见，概括明知是"行为明知+结果预知"。在认定概括明知时，就需要从确知的内容出发推断行为人主观上所预见的内容，即行为人决意实施的具有社会危害性的行为。具体判断内容包括行为作用部位及程度、使用的工具、行为的方式、行为的对象、规范的构成要件要素内容等。故意的认定问题向来都是理论与实务的难点和重点。该文从司法实践中的真实案例入手，发掘关于概括明知的认定分歧，并以我国刑法规定为基础构建本土的概括明知概念，针对实务难题作出解答，是一篇具有本土意识的佳作。

江苏省高邮市人民检察院汤智检察官和黑龙江省牡丹江市人民检察院武玲玉检察官的《"断卡"行动背景下的帮助信息网络犯罪活动罪司法研究》一文对帮助信息网络犯罪活动罪（以下简称帮信罪）在司法实务中的适用现状和认定难题展开了细致的研究。文章指出，帮信罪的本质仍然是帮助犯，根据共犯从属性原理，成立帮信罪的前提仍然是存在构成犯罪的正犯，而且正犯的范围应当限定为信息网络犯罪。文章在反思既有判决的基础上，提出"三阶层"判断方法，区分帮信罪、上游犯罪和掩饰、隐瞒犯罪所得罪。另外，文章还对帮信罪的追诉标准和证据标准等问题展开了细致的讨论。汤智检察官曾获评第七届全国十佳公诉人，武玲玉检察官曾获评黑龙江省优秀公诉人，两位作者都是兼具实践经验和理论素养的司法实务一线业务骨干，他们对帮信罪司法适用问题的全面解读兼具理论价值和实践意义。

南昌大学法学院副教授熊建明在《拐卖、收买妇女、儿童犯罪立法省思及重构》一文中讨论了刑法第240条拐卖妇女、儿童罪和第241条收买被拐卖的妇女、儿童罪的罪状设置和法定刑配置等问题。文章指出，现行刑法有关规定将拐卖行为和收买行为分置于不同法条，而将妇女、儿童规定于同一法条中，这体现了立法重视行为类型（拐卖/收买）的区别，却并未充分重视不同法益主体（妇女/儿童）在被侵害时的本质差异。文章提出了以法益主体为标准的罪名划分方式，将现有犯罪重构为拐卖、收买妇女罪和拐卖、收买儿童罪。该文突破了传统规范分析的范式，站在社会实然立场分析收买、拐卖妇女、儿童行为所造成的法益侵害类型及程度，并以此为根据重构拐卖、收买妇女、儿童犯罪的罪名体系，是值得一读的立法论文章。

中国社会科学院大学法学院博士研究生郝赟的《论法秩序统一性的

分层逻辑——由高利转贷罪中信贷资金的认定展开》一文以高利转贷罪的认定问题为切入点讨论了法秩序统一性的问题。文章分述了高利转贷罪中具有争议的各类情形，并指出高利转贷罪中的"金融机构信贷资金"应以自营性与信用性为要素，而金融机构非自营贷款（特定贷款、委托贷款）、担保贷款与承兑汇票票款中的有担保数额，则应当被排除在"金融机构信贷资金"之外。在此基础上，文章还提出了处理刑法与其他法律交叉的案件的整体思路。郝赟博士一直是《刑事法判解》图书以及"刑事法判解"微信公众号的支持者。"刑事法判解"微信公众号多次推送郝赟博士的来稿，本文也是其中之一。文章逻辑清晰、观点鲜明、实务性强，因此被《刑事法判解》图书收录。

江苏省苏州市公安局经侦支队队长狄克春的《我国刑事诉讼财产保全制度的现状与出路》一文讨论了构建我国刑事诉讼财产保全制度的必要性和方案。文章指出，我国有必要构建不同于民事诉讼的刑事诉讼财产保全制度。关于这一制度，刑法和刑事诉讼法尚未明确规定，司法解释及司法文件中的有关规定呈碎片化状态且不够明确。之后，文章讨论了刑事诉讼财产保全的对象、措施等具体内容，以及现行法律框架下的权宜之策和将来的立法路径。狄克春队长是刑事侦查领域的业务骨干，有丰富的实践经验，曾发表多篇论文，对案件事实查证、个罪认定、犯罪所得追缴等问题展开过深入研究。本文是由狄克春队长在工作中的实践经验和深入思考凝练而来，是一篇具有鲜明实务特征又不乏理论思考的佳作。

本卷"判例研究"栏目收录了4篇论文。

中南财经政法大学国家治理学院、刑事司法学院童德华教授的《情境理论在"明知"评价中的地位和运用——基于徇私枉法罪的分析》一文围绕一则涉嫌徇私枉法罪的案例展开关于徇私枉法罪中"明知"要素认定思路的讨论。文章分析现有的主观标准说、客观标准说、折中标准说等主流理论存在的疑问。在此基础上，文章主张借助犯罪学领域的情境理论,将案件事实还原到行为时的时空状态之下,并结合刑事政策的影响、司法制度、行刑交叉等视角展开审查。该文主题是"明知",但内容并不局限于"明知"要件的认定标准本身,而是站在更宏观的视角,立足于刑事一体化的思想,将犯罪学理论运用到刑法领域,充分展现了刑法教义学的包容性和开放性。同时,该文紧紧围绕实务案例展开,也体现了作者对实务问题的关切。总之,这是一篇优秀的具有犯罪学知识色彩的刑法教义学文章。

华中师范大学法学院罗世龙副教授的《民刑交叉案件中表见代理行为的刑事认定》一文以三则案例引出民法领域的表见代理与刑法领域的诈骗犯罪相交叉的问题。文章在深入分析判决说理和学术观点的基础上指出,在行为人利用权利外观欺骗善意第三人而最终导致被表见代理人损失的案件中,善意第三人是被骗人同时也是处分人,其处分了规范上属于被代理人的财产,造成被代理人的财产损失,这属于传统意义上的三角诈骗。文章对判决和学说的梳理翔实,论述结构富有逻辑性,说理也比较充分,很好地实现了理论与实践的结合。文章核心观点具有启发性,同时也引发了笔者关于此类问题的一些思考。文章提到,受害人最终损失的是"规范上占有"的财物,不过这一占有没有任何事实上的支配力。笔者认为,与其认为诈骗的对象是被害人没有任何支配力情况下"占有"的财物,不如认为是其对获取该财物的期待利益,即以该财物为标的的债权。若以此为基础展开思考,可能会得出不一样的结论。

中南财经政法大学法学院李冠煜教授的《竞争法益视野下串通投标罪的罪量要素认定》一文对中国裁判文书网中有关串通投标罪的案例展开实证研究,发现该罪"情节严重"和"损害国家、集体、公民的合法利益"两大罪量要素在司法适用上均存在疑问。文章提出,要将竞争法益融入串通投标罪的解释中,并用以指导罪量要素的认定。具体而言,"情节严重"的认定应该避免单一化,"损害国家、集体、公民的合法利益"中也暗含了"情节严重"的要求。该文以实证研究为基础,对现有判决展开较全面的分析,在此基础上对串通投标罪的法益、罪量要素的认定等教义学问题展开分析。文章逻辑清晰、论证充分,在方法上很好地结合了实证研究和规范研究,实现了学科之间的交叉和融合。

重庆大学法学院助理研究员黄文轩博士的《论正当防卫的正当化根据》一文以数个争议案件引出正当防卫的认定难题,并指出确立正当防卫的正当化根据的关键在于解决三个问题:为何防卫人不承担退避义务、为何防卫行为所保护法益不必大于所侵害法益、为何可以为了保护国家利益或公共利益而进行防卫。文章以这三个基本问题为主轴,反思了既有的优越法益保护原则、个人保护与法维护相结合原则及单纯的个人保护原则,并主张法规范违反原则可以成为正当防卫的正当化根据。文章从法规范的角度解读正当防卫,将规范论运用到正当防卫的问题中。相信对规范论和正当防卫相关领域感兴趣的读者一定不希望错过此文。

本卷"域外传译"栏目收录的是德国著名学者、慕尼黑大学的弗兰克·萨利格教授的论文《法律的损害与经济的损害》,译者为江苏大学法学院的申屠晓莉副教授。文章讨论了财产犯罪中的一个核心问题,即如何认定财产损害。关于这个问题,主要存在法律财产说和经济财产说两种理论。文章指出,法律财产说使得"财产损害"这一构成要件被消解而违宪。随后,文章整理了德国联邦最高法院近期的四个判决,并逐一展开评论。德国刑法典第263条规定的诈骗罪中,"发生他人财产之损害"被规定为构成要件之一,因此诈骗罪通常被视为整体财产犯罪。尽管我国刑法第266条并未明文规定"财产损害"这一构成要件,但在司法实践中往往也要求发生财产损害。相信德国的有关讨论能对我国的司法实践起到很好的启发作用。

幸蒙陈兴良教授和车浩教授的信任,自《刑事法判解》第19卷起,笔者得以进入编辑部协助两位主编完成书稿编辑、校对等工作。彼时两位主编已经着手为本书的长远发展思考布局。车老师在第 19 卷的卷首语中指出："我也是常常困扰，面对时代变迁和学术出版环境的变化，面对文字传播方式的日新月异，《刑事法判解》何去何从。在各种思考之下，第 19 卷的风格较之以往有了很大变化，我们会一直坚守本书面向司法实践的宗旨，同时也希望顺应形式不做固守。"在这一整体方针的指导下，我们在稿件来源、内容编排、发表形式等多方面展开探索，积累了不少经验和教训。从上一卷（第 24 卷）开始，我们重新成立了编委会，并在编委会成员、栏目安排、选稿方式、出版周期等方面作出重大调整，可以说是开启了全新的征程。笔者有幸继续留在这支实力强劲的编委会队伍，这是两位主编对笔者的肯定，同时也是激励笔者进一步做好编委会工作的压力和动力。

《刑事法判解》的另一项创新举措是创建并运营"刑事法判解"微信公众号。公众号立于 2019 年 5 月 4 日——这是属于中国青年的节日，也是北京大学校庆日。在车老师的统筹规划和编辑团队的协同努力下，公众号正在茁壮成长，当前关注用户量即将突破十万大关，这无疑是一个值得庆贺的重大事件！公众号和图书形成了良性互动机制，优秀的公众号文章可以通过图书发表，图书收录待发表的文章也可以通过公众号提前推送，两者优势互补，可以为作者朋友和读者朋友提供更好、更便捷的学术交流平台。

本卷的顺利付梓，需要特别感谢人民法院出版社持续的大力支持，特别是责编杨晓燕老师细心且专业的编辑。同时，衷心感谢各位作者朋友惠赐佳作，也感谢各位读者朋友的持续关注与专业反馈。我们相信，在作者、编辑、出版社和读者等各方的共同努力下，《刑事法判解》一定会越办越好，为沟通刑法理论和实务作出应有的贡献！

2025 年 3 月于武汉珞珈山

# 目 录

【本卷专题】

制作并出售定位伪造程序的刑法评价
　　——以"某助手 App 案"为例 …………………… 敬力嘉（ 1 ）
开发虚拟定位软件规避打卡行为的刑法评价 …………… 姜　瀛（ 19 ）

【法律适用】

论故意中概括明知的司法认定 ………………………… 谭　堃（ 41 ）
"断卡"行动背景下的帮助信息网络犯罪活动罪司法研究
　　………………………………………… 汤　智　武玲玉（ 65 ）
拐卖、收买妇女、儿童犯罪立法省思及重构 …………… 熊建明（ 91 ）
论法秩序统一性的分层逻辑
　　——由高利转贷罪中信贷资金的认定展开 ………… 郝　赟（ 114 ）
我国刑事诉讼财产保全制度的现状与出路 ……………… 狄克春（ 141 ）

【判例研究】

情境理论在"明知"评价中的地位和运用
　　——基于徇私枉法罪的分析 ………………………… 童德华（ 159 ）
民刑交叉案件中表见代理行为的刑事认定 ……………… 罗世龙（ 181 ）

竞争法益视野下串通投标罪的罪量要素认定……………李冠煜（201）
论正当防卫的正当化根据……………………………………黄文轩（226）

# 【域外传译】

法律的损害与经济的损害
　　……………［德］弗兰克·萨利格（著）　申屠晓莉（译）（245）

【本卷专题】

# 制作并出售定位伪造程序的刑法评价
## ——以"某助手App案"为例

敬力嘉*

**关键词**

定位伪造程序　破坏计算机信息系统罪　提供侵入、非法控制计算机信息系统程序、工具罪　网络不正当竞争　刑法功能限度

**内容摘要**：当前主流定位伪造程序的技术原理，主要包括劫持目标程序后将虚假定位数据注入其中，以及直接劫持或取代目标设备"系统位置服务"两类，"某助手"App属于前者。鉴于该App并不属于刑法第286条第3款规定的"破坏性程序"，制作并出售该App的行为也不属于刑法第286条第1款规定的"对计算机信息系统功能进行干扰"，

---

\* 作者单位：武汉大学法学院。本文系2023年国家社科基金青年项目"毒品犯罪智慧预防体系构建研究"（23CFX062）阶段性研究成果。

适用破坏计算机信息系统罪评价制作并出售该 App 行为的结论难以成立。该 App 属于具备非法控制目标程序客户端系统功能的专门程序，应将制作并出售该 App 的行为评价为提供侵入、非法控制计算机信息系统程序、工具罪。行为人提供专门用于侵入、非法控制计算机信息系统的程序、工具时，该罪应属实质预备犯，用户下载使用该 App 的行为不涉嫌违法或犯罪，但不影响制作并出售者的行为构成该罪。该罪"情节严重"的标准应当适时调整，或考虑对网络不正当竞争行为进行独立犯罪化，厘清刑法介入网络不正当竞争治理的功能限度。

## 一、问题的提出："某助手 App 案"的定性争议

随着信息通信技术的飞速发展，当前几乎所有的移动电子设备都已具备定位功能。相关设备的用户提供的定位信息本身即承载了用户应享有的信息权益，相关设备中装载的应用程序大多也会利用此类定位信息为用户提供资源与服务，致使定位信息具有了日益多样化的价值，定位伪造的现实需求随之产生，可被广泛用于电信网络诈骗、游戏外挂、色情引流等各类信息网络犯罪中，逐步发展成为较为成熟的"黑灰产"工具。① 传统定位伪造程序的技术原理主要是通过劫持目标 App，将虚假的定位信息注入其中实现定位伪造。更为隐蔽的定位伪造程序，例如 Fake Location，则是直接劫持目标设备的"系统位置服务"，因不在目标应用进程空间，可有效规避 App 风控措施。② 还有 AnyGo 这样的软件，在符合特定系统条件的情形下，能够直接取代目标设备的系统位置服务，实现对全系统及其装载 App 的定位伪造。③

---

① 参见威胁猎人：《轻松篡改定位？Fake Location 改定位工具原理分析及处置建议》，载 https://mp.weixin.qq.com/s/eb4yhnPUYX6W5uzGI76AsA，访问日期：2024 年 4 月 30 日。
② 参见姚维芊等：《一种基于手机传感器的定位伪造检测方案》，载《武汉大学学报（理学版）》2019 年第 2 期。
③ 参见 GEETEST 极验：《聊聊虚拟定位工具新宠儿：AnyGo 的原理与识别》，载 https://zhuanlan.zhihu.com/p/648419450，访问日期：2024 年 4 月 30 日。

在刑法视域中，通常可将使用此类定位伪造程序的行为视为实现犯罪目的的预备行为或帮助行为。在使用此类程序"薅羊毛"，即利用商家营销活动交易规则的漏洞大量获取商家营销资金的场合，该行为具备独立的行为不法内涵，但难以将其纳入既有罪名的规制范围。①对于制作并出售此类程序的行为，笔者目前可以检索到的入刑案例仅有1例，即"某助手App案"。该案一审法院判决该App开发者张某故意制作、传播计算机病毒等破坏性程序，影响计算机系统正常运行，后果特别严重，构成刑法第286条第3款规定的破坏计算机信息系统罪。完整的二审判决书并未公开，公开报道显示，二审法院主张该App不属于破坏性程序，改为适用第1款，将张某的行为认定为干扰了计算机信息系统功能，依旧成立本罪。②尽管该案最终的判决结果为张某构成破坏计算机信息系统罪，但此类定位伪造程序是否属于破坏性程序，以及制作、出售此类程序是否干扰了目标程序系统功能的正常运行，无疑都存在较大疑问。本文拟围绕该案，先厘清"某助手"App伪造定位的技术原理，继而对该案适用破坏计算机信息系统罪评价制作、出售此类程序的判决结论进行反思，并尝试探索对此类行为进行刑法评价的妥当进路。

## 二、适用破坏计算机信息系统罪之否定

### （一）"某助手"App伪造定位的技术原理

厘清"某助手"App实现定位伪造的技术原理，是对本案展开进一步教义学分析的逻辑前提。

该App由某科技有限公司开发，通过购买另一科技有限公司虚拟程

---

① 参见王晓晓：《利用计算机信息系统漏洞"薅羊毛"的教义学分析》，载《法学评论》2023年第6期。

② 参见九派新闻：《帮在某钉上打卡作弊，考勤作弊App创始人二审改判四年，被告人律师坚称其无罪》，载 https://baijiahao.baidu.com/s?id=1715952550184052974&wfr=spider&for=pc，访问日期：2024年4月30日。

序 App 的使用权,对该 App 的界面进行优化并添加充值接口,然后上线运行。据开发者张某的供述证实,"某助手"在不改变其他 App 源代码的情况下,通过虚拟位置信息、WiFi 信息和照片信息,对其他 App 该类信息进行修改。当用户使用其他 App 不想暴露自己的位置信息时,"某助手"就对用户的位置进行遮蔽;当用户想要修改自己位置信息时,可以将目标软件添加至"某助手"App 列表中,选择修改位置,即可实现模拟定位功能。一审判决书显示,经技术人员对"某助手"Android 系统 1.1.1 分析发现,该软件绕过了目标程序的无限安全保镖模块,劫持了目标 App 平行空间检测接口,当该平行空间检测接口需要获取设备信息时,"某助手"通过重放技术伪造虚假数据,直接向目标程序的平行空间检测接口传输虚假数据,造成伪造打卡记录的效果。两年内,该产品吸引用户 10 万人次,获利四五百万元。可以看到,"某助手"App 属于相对传统的定位伪造程序,即通过劫持目标 App 的平行空间检测接口,将伪造的定位数据注入以实现定位伪造,而非劫持或直接取代目标设备的"系统位置服务"。

(二)制作并出售"某助手"App 不构成破坏计算机信息系统罪

基于以上认识,可以确定该案中待评价的被告人张某的行为,应为制作并出售可通过劫持目标 App 平行空间检测接口将伪造的定位数据注入以实现定位伪造的 App。本文认为,该行为并不符合刑法第 286 条第 1 款与第 3 款的构成要件,不构成破坏计算机信息系统罪。

1. 制作并出售"某助手"App 不符合破坏计算机信息系统罪第 3 款构成要件

"某助手"App 并不属于刑法第 286 条第 3 款规定的"破坏性程序",被告人张某的行为不符合该款构成要件。将张某制作并出售的行为评价为该款所规定的"故意制作、传播"应无障碍,争议焦点在于能否将"某助手"App 评价为该款规定的"破坏性程序"。鉴于该款要求"影响计算机系统正常运行,后果严重",而非如本罪第 1 款要求"造成计算机信息系统不能正常运行,后果严重",应将本罪第 3 款的

"后果"理解为对该款保护法益"计算机信息系统正常运行状态"[①]的具体危险。《最高人民法院、最高人民检察院关于办理危害计算机信息系统安全刑事案件应用法律若干问题的解释》（以下简称《解释》）第6条对本罪第3款"后果严重"规定的罪量标准，包括导致特定计算机病毒传播、被植入破坏性程序的计算机系统台数、提供人次等，均属判断法益侵害具体危险的客观依据。依据《解释》第5条的规定，只有行为人故意制作、传播了能破坏计算机信息系统功能、数据或应用程序的程序，才能将其行为评价为故意制作、传播了"计算机病毒等破坏性程序"。

对于刑法第286条第2款的保护法益能否从计算机信息系统数据输入、处理、输出的技术功能[②]的正常运行，拓展为包含"重要使用功能"的正常运行，学界[③]与实务界[④]存在一定争议，但这一争议并未延伸到关于第3款保护法益的探讨中。因此，第3款规定的"破坏性程序"所要求的"破坏性"，应指针对计算机信息系统技术功能的破坏，该款的构成要件行为应为通过故意制作、传播此类程序对计算机信息系统的技术功能造成具体危险。具体到"某助手App案"来看，"某助手"App仅劫持了目标程序平行空间检测接口，未对从目标App用户端核验并给后台服务器传输定位数据的技术功能造成破坏，而是通过破坏用户设备传输给目标程序用户端系统定位数据的真实性，导致目标程序运营公司借此开展的业务（应用目标）被妨碍。因此，不能对被告人张某的行为适用第3款进行评价。张某的行为可能涉嫌刑法第285条第

---

① 参见阎二鹏：《干扰型破坏计算机信息系统罪的司法认定》，载《中国刑事法杂志》2022年第3期。

② 参见王景中、徐小青编著：《计算机通信信息安全技术》，清华大学出版社2006年版，第5-6页。

③ 参见王华伟：《破坏计算机信息系统罪的教义学反思与重构》，载《东南大学学报（哲学社会科学版）》2021年第6期。

④ 最高人民检察院第34号指导案例李某杰等破坏计算机信息系统案即体现了对将该款保护法益拓展为包含"重要使用功能"的正常运行这一观点的认可，但依据《最高人民检察院关于宣告部分指导性案例失效的通知》，该指导性案例已失效，体现了司法实践对该款适用边界，实质即保护法益能否延伸出技术功能正常运行的范畴的态度也在修正之中。

3款规定的提供侵入、非法控制计算机信息系统程序、工具罪，后文将就此展开进一步探讨。

2. 制作并出售"某助手"App不符合破坏计算机信息系统罪第1款构成要件

被告人张某的行为不符合刑法第286条第1款规定的干扰型破坏计算机信息系统罪的构成要件。删除、修改、增加计算机信息系统功能的实害结果的判断标准均较为明晰，干扰计算机信息系统功能的判断标准则较为模糊，导致近年来学界对于干扰型破坏计算机信息系统罪的司法适用趋势产生了"口袋化"的疑问。①

干扰型破坏计算机信息系统罪存在被滥用风险的第一个原因，在于司法实践中的部分裁判将对系统使用功能的妨碍评价为本罪的危害结果，导致本罪规制边界的模糊化。在李某等破坏计算机信息系统案②、曾某亮等破坏计算机信息系统案③、张某等破坏计算机信息系统案④等典型案例中，法院分别将多次用棉纱堵塞空气质量监测系统采样器、通过修改被害人手机登录密码远程锁定被害人的智能手机使之无法开机、通过软件实现模拟点击提高客户的点击量及其在搜索引擎上的排名等行为，以干扰型破坏计算机信息系统罪定罪处罚。有观点主张以上案例的裁判结果存在过度扩张本罪处罚范围之嫌的原因，在于没有坚持对行为的指向性、直接性和毁弃性的要求。⑤ 以上观点具备较强的说服力，但还未能揭示裁判结果存在偏差更为根本的原因，即以上判决都实质将本罪的保护法益从技术功能的正常运行拓展为包含"重要使用功能"的正常运行。这样的拓展无疑能够极大扩张本罪的处罚范围，也并未超出

---

① 参见阎二鹏：《干扰型破坏计算机信息系统罪的司法认定》，载《中国刑事法杂志》2022年第3期。

② 参见最高人民法院指导性案例第104号李某、何某民、张某勃等人破坏计算机信息系统案。

③ 参见最高人民检察院指导性案例第35号曾某亮、王某生破坏计算机信息系统案。

④ 参见江苏省南京市秦淮区人民法院（2014）秦刑初字第97号刑事判决书。

⑤ 参见王华伟：《破坏计算机信息系统罪的教义学反思与重构》，载《东南大学学报（哲学社会科学版）》2021年第6期。

"破坏"的文义内涵。面对利用爬虫爬取公开数据、通过刷单炒信妨害生产经营者财产权益等层出不穷的新型危害行为,通过拓展法益内涵实现对非法获取计算机信息系统数据罪、破坏生产经营罪等有关罪名处罚范围的扩容,①已成为一种广为学界与实务界接受的解释方法。此种解释方法尽管有效调和了处罚必要性与罪刑法定原则之间的冲突,却因其实质是以解释者所秉持的特定罪名前实定法法益指导罪名解释,存在混淆实定法与前实定法法益概念之嫌。但有学者指出:"当现有条款保护的利益范围,如个人信息、财产和知识产权、社会秩序条款的保护范围有限时,应考虑让计算机犯罪条款积极发挥作用,保护数据技术安全性背后的各种社会利益,而不是等待立法者将新的计算机犯罪形态添加到刑法。坐等立法增设新罪再予以保护,不符合网络数据嵌入种种社会利益的时宜,不符合我国罪刑法定原则的另一个重要侧面——有罪必罚。"②本文认为,只要此种解释具备犯罪化的正当根据,将符合相应罪名构成要件的行为侵害的特定利益纳入该罪保护法益便符合该罪的制度功能,在司法解释与刑事立法尚未调整之前,就应当承认适用此种解释方法并未违背罪刑法定原则的要求。

有关犯罪化的正当根据,学界已有非常丰富的研究。以下两点理由可转化为教义学层面对刑法处罚必要性的具体检验标准:第一,将此行为犯罪化是对此行为的一种可行的回应方法,要求检验刑法是否保护此类行为侵犯的利益;第二,除了犯罪化之外已无替代措施,要求检验适用刑法的前置法是否足以保护此类行为侵犯的利益。③对于干扰型破坏计算机信息系统罪所要求的构成要件结果,如上文所述,应为对计算机信息系统技术功能的实害结果,《解释》第4条为其设定了较为明确的罪量标准。反观"某助手App案",被告人张某的行为破坏目标程序的

---

① 参见杨志琼:《数字经济时代我国数据犯罪刑法规制的挑战与应对》,载《中国法学》2023年第1期。

② 郭旨龙:《计算机犯罪的时代更新》,载《国家检察官学院学报》2023年第4期。

③ R. A. Duff, *The Realm of Criminal Law*, Oxford University Press, 2018, p. 333; Herbert L. Packer, *The Limits of the Criminal Sanction*, Stanford University Press, 1968, pp. 250-260.

打卡记录功能，不属于目标程序计算机信息系统的技术功能，而是目标程序用户端输入给后台服务器定位数据的真实性，以及目标程序在前者基础上具备的使用功能。目前并无法律规范强制要求用户确保其所提供定位数据的真实性，是否提供真实的定位数据原则上仍属于用户自我决定的范畴，市面上也有较多的模拟定位程序合法提供模拟定位的服务，不宜将定位数据的真实性直接确认为目标程序运营主体应当享有的利益，遑论将其作为刑法保护的利益。需要说明的是，尽管在出行平台、社交平台等特定场景中，伪造定位数据的行为可表现为虚假跑单、虚拟站街等不同形式，成为后续财产犯罪的预备行为或帮助行为，相关罪名可以产生保护有关场景中定位数据真实性的附随效果，但定位数据的真实性依旧不属于相关目标犯罪法益所涵盖的现实利益。

相较于前者，承认目标程序运营公司借由使用功能对该程序享有竞争利益则并无障碍。尽管适用"实际损失"的计算方法计算"某助手 App 案"中的目标 App 运营公司遭受的可得利益（潜在用户数量及因此可能获得的利润）损失存在困难，但并不妨碍将此类利益视为我国反不正当竞争法所保护的经营者的竞争利益，反不正当竞争法是保护此类竞争利益的专门法。通过刑法第 221 条损害商业信誉、商品声誉罪，第 222 条虚假广告罪，以及第 276 条破坏生产经营罪等有关罪名，此类竞争利益已成为我国刑法所保护的法益。依据反不正当竞争法第 31 条的规定，违反本法规定，构成犯罪的，依法追究刑事责任。欲将已纳入反不正当竞争法规制的不正当竞争行为犯罪化，需厘清反不正当竞争法与刑法规范目的（保护法益）的区别。尽管两法均保护竞争机制（秩序）、经营者竞争利益与消费者利益，但反不正当竞争法通过直接保护竞争机制（秩序）间接保护私主体利益，侵犯竞争机制（秩序）的承担行政责任，侵犯私主体利益的承担民事侵权责任。① 刑法则不同，基于明确性原则的要求，对竞争机制（秩序）这一集体法益的保护应服务于私主体利益的保护，二者属于表里关系，对集体法益的侵害才是具

---

① 参见宋亚辉：《论反不正当竞争法的一般分析框架》，载《中外法学》2023 年第 4 期。

体可衡量的。① 如此，才能准确划定二者的功能界限。

基于以上认识，鉴于司法实践中网络不正当竞争所造成可得利益损失的认定与赔偿都极为困难，② 反不正当竞争法第 24 条设定的行政处罚与此类行为对市场竞争机制（秩序）造成的损害也并不合比例，需要刑法为此类利益提供底线保障。但是，不能将此类竞争利益纳入干扰型破坏计算机信息系统罪的保护法益，理由在于，这样会导致本罪失去可罚性的实质边界。无论是通过司法解释、刑事立法扩张本罪的危害后果类型与行为类型，③ 还是增设反网络不正当竞争的专门罪名，④ 都是可以进一步考虑的选项。当然，同时也需要明确竞争机制（秩序）具有无法还原为私主体利益的独立内涵。经济法学界对于反不正当竞争法的功能定位已经进行了较为深刻的反思，如"心某公司广告屏蔽案"⑤ 这样的裁判，以原告的广告收入减少、商业目的落空为由，将"有损害"等同于"不正当"，无条件认可原告的竞争优势和盈利模式，批评意见认为此种做法是用传统侵权法的模式界定不正当竞争，将竞争利益直接视为平台"准财产"，将特定平台的竞争优势"权利化"。这种对大平台的特别关照，容易导致反不正当竞争法和刑法保护大平台的垄断地位，排斥市场竞争。⑥ 而竞争的本质是争夺交易机会，"有竞争必然有损害，'竞争利益减损'是竞争的内在结果，不能用于认定竞争行为'不正当'，否则是放弃了竞争、无条件保护了特定一方。竞争是否公平，在于行为本身而不只在于损害后果，不能倒果为因。'扰乱市场竞

---

① 经济法学者的观点注重反不正当竞争法与刑法保护法益的衔接，而未意识到两者功能的应然界分。参见龙俊：《论体系解释下商业诋毁的法律认定——基于反不正当竞争法和刑法的双重视角》，载《经济法论丛》2019 年第 2 期。
② 参见最高人民法院（2013）民三终字第 5 号民事判决书。
③ 参见郭旨龙：《计算机犯罪的时代更新》，载《国家检察官学院学报》2023 年第 4 期。
④ 参见王晓晓：《利用计算机信息系统漏洞"薅羊毛"的教义学分析》，载《法学评论》2023 年第 6 期。
⑤ 参见北京知识产权法院（2021）京 73 民终 449 号民事判决书。
⑥ 参见陈耿华：《反不正当竞争法一般条款扩张适用的理论批判及规则改进》，载《法学》2023 年第 1 期；林文：《互联网新型不正当竞争规制与司法判定》，法律出版社 2023 年版，第 67 页。

争秩序'是指行为破坏了优胜劣汰的市场调节规则（如窃取商业秘密、实施商业贿赂），而不是单单破坏对方竞争利益。"① 因此，在以保护市场主体竞争利益为目的完善司法解释和立法规定时，应当充分重视对网络不正当竞争行为进行合理界定，避免刑法沦为数字经济时代的平台秩序维护法。

干扰型破坏计算机信息系统罪存在被滥用风险的第二个原因，在于司法实践中的部分裁判忽视了本罪构成要件的保障功能。传统犯罪语境下，就刑法通过具体罪名创设的举止规范与制裁规范应当合一还是分离这一问题，尽管学界也存在不同观点，② 但以上两类规范总体上不存在相互抵触而仅能择其一的情形。而在当前飞速发展的信息网络时代，面对层出不穷的可对特定罪名所保护法益产生威胁的新型危害行为，应当继续坚持以构成要件定型性为法理依据的同类解释方法，以坚守构成要件行为的涵摄边界、保障刑法作为举止规范的效力，还是应当以需罚性为引领，允许将不超出法条规定文义的侵犯特定罪名保护法益的行为都解释为构成要件行为，以充分发挥刑法作为制裁规范的功能，成为学界与实务界都要面临的两难选择。司法实践普遍持后一种立场，青睐所谓"软性解释"③ 或"创造性解释"④ 的方法，即将不超出法条规定文义的侵犯特定罪名保护法益的行为都解释为构成要件行为，以实现对有关新型危害行为的及时有效规制。例如，关于反向刷单能否解释为破坏生产经营罪构成要件中的"其他方法"，多有判决持肯定意见。⑤ 学界对

---

① 冀洋：《数字经济时代平台秩序的刑法保护限度》，载《四川大学学报（哲学社会科学版）》2023年第6期。
② 参见张明楷：《行为规范与裁判规范的分离》，载《中国社会科学报》2010年11月23日；茹士春：《刑法规范二重性要论———行为规范与裁判规范的范围异同、内容离合与反馈互动》，载陈兴良主编：《刑事法评论》第39卷，北京大学出版社2017年版，第23页；石聚航：《行为规范与裁判规范分离下法定犯的限缩方案》，载《中国刑事法杂志》2023年第6期。
③ 参见周光权：《刑法软性解释的限制与增设妨害业务罪》，载《中外法学》2019年第4期。
④ 参见周光权：《刑法"创造性解释"的司法现状与控制路径》，载《法商研究》2023年第1期。
⑤ 参见江苏省南京市雨花台区人民法院（2015）雨刑二初字第29号刑事判决书；江苏省南京市中级人民法院（2016）苏01刑终33号刑事判决书。

此类判决持肯定意见的观点提出的核心理由在于，应将"其他方法"实质解释为侵害本罪保护法益的方法，而无须遵循同类解释的原则，要求"其他方法"需为与毁损机器设备、耕畜等生产资料、生产工具具备相当性的物理方法。① 持相反观点的学者则认为，为了法益保护而不顾及构成要件行为的定型性的解释存在可疑之处，因为对"破坏"概念的理解如果不考虑行为人对物自身的作用，将对于所有权人确定的用途、目的的任何挫败都视作"破坏"，势必超越法条文义对扩张解释所划定的界限，应当要求"其他方法"与法条明确列举的行为的方式和对象保持一致。②

本文更加赞同后一种观点，因为该种理解更加符合罪刑法定原则语境下明确性原则的要求。所谓明确性原则，不只是说刑法应当具体地确定所处罚的任一行为，还要求此行为具备的危险性应当可被理解。可被归责，这是刑事立法者不可推卸的责任。③ 刑事立法者有义务"尽可能详尽地描述应受刑罚处罚性的前提条件，只有这样，构成要件的效力和适用范围才能通过解释得到明确。也就是说，对被刑法规范所规制的公民来说，行为受刑罚处罚的风险至少应当可识别。因此，按照刑法明确性原则的要求，用可识别、可理解的语言来描述相关罪名的法定构成要件，对一般公民来说极为重要"。④ 因此，"不只是构成要件中的目的应当确定，在具体案件中待处罚行为的不法内涵也应当通过构成要件得到明确"⑤。这就要求，通过对构成要件的解释，使符合构成要件的行为

---

① 参见李世阳：《互联网时代破坏生产经营罪的新解释——以南京"反向炒信案"为素材》，载《华东政法大学学报》2018 年第 1 期。

② 参见周光权：《刑法软性解释的限制与增设妨害业务罪》，载《中外法学》2019 年第 4 期。

③ Walter Gropp, Tatstrafrecht und Verbrechenssystem und die Vorverlagerung der Strafbarkeit, in: Sinn/Gropp/Nagy (Hrsg.), Grenzen der Vorverlagerung in einem Tatstrafrecht, 2011, S. 13 (19).

④ BVerfG NJW 1998, S. 2589 (2590); BVerfG S. 41. 314 (319); BGH NJW S. 2014, 3459 (3460).

⑤ Sophie Zaufal, Was kann ein strafrechtlicher Tatbestand leisten, Die Bestimmtheit von Strafnormen als hermeneutisch-methodisches Problem im Verfassungsstaat, 2018, S. 282 ff.

本身就足以反映可罚行为所具备特别的潜在危险性，实质即要求罪刑规范应当具备举止规范的功能。若将所有侵犯特定罪名侵犯的法益的行为都解释为构成要件行为，构成要件所创设举止规范的内涵将不再明确，完全成为司法人员的裁判准则，难以发挥对一般民众的行为指引功能。为了能够有效平衡举止规范与制裁规范的功能，可在扩张特定罪名保护法益内涵的基础上，坚持同类解释的基本原则。

具体而言，应以法条列举的其他构成要件行为类型作为解释兜底条款的基本语境，探寻兜底条款在该语境下的语用意义。① 对破坏生产经营罪来说，"其他方法"在该语境下的语用意义，即"采用物理手段侵害生产经营的经济利益的方法"，将反向刷单解释为本罪存在违背明确性原则之嫌。对破坏计算机信息系统罪而言，该罪第1款所要求的"干扰"应当与"删除、修改、增加"具备相当性，即针对目标程序计算机信息系统采取技术手段导致其技术功能不能正常运行。基于以上认识，将"干扰"的内涵界定为"在不改变系统既定运行规则的前提下，造成计算机信息系统运行效率下降甚至崩溃"② 是一种可行的思路，也可尝试通过司法解释及进一步的立法修改明确干扰型破坏计算机信息系统罪独立的行为不法内涵。③ 以此为标准，前述"李某等破坏计算机信息系统案"中，李某等人多次用棉纱堵塞空气质量监测系统采样器的行为属于物理方法，并非技术手段，并不符合"干扰"计算机信息系统功能的构成要件。本文探讨的"某助手App案"中，鉴于被告人张某实施的行为是制作并销售定位伪造程序，即使将本款保护法益扩张为包括"重要使用功能"，也难以认为此种制作并销售程序的行为属于导致计算机信息系统功能不能正常运行的技术手段。因此，张某的行为不符合干扰型破坏计算机信息系统罪的构成要件。

---

① 参见魏东：《功能主义刑法解释论"问题性思考"命题检讨》，载《法学评论》2022年第2期。

② 参见阎二鹏：《干扰型破坏计算机信息系统罪的司法认定》，载《中国刑事法杂志》2022年第3期。

③ 参见郭旨龙：《计算机犯罪的时代更新》，载《国家检察官学院学报》2023年第4期。

## 三、适用提供侵入、非法控制计算机信息系统程序、工具罪的结论证成

通过前文分析可知,"某助手 App 案"一审与二审判决分别试图适用刑法第 286 条第 1 款、第 3 款评价被告人张某制作并销售定位伪造程序的行为,其结论均存在较大疑问。结合该行为所侵犯的法益与行为样态,本文拟进一步检验被告人张某是否构成刑法第 285 条第 2 款规定的非法控制计算机信息系统罪(以下简称非法控制罪),或该条第 3 款规定的专门工具型提供侵入、非法控制计算机信息系统程序、工具罪(以下简称专门工具型提供工具罪)。

### (一)"某助手"App 具备非法控制计算机信息系统的功能

鉴于非法控制罪的法条只规定了简单罪状,以及《解释》对何为"非法控制"具体规定的阙如,使用特定程序实现非法控制当然能够符合本罪的构成要件,该罪与专门工具型提供工具罪的成立都要求使用或提供的程序具备对计算机信息系统的非法控制功能。对于何为"非法控制功能",《解释》第 2 条则作出了明确规定,即"未经授权或者超越授权对计算机信息系统实施控制的功能"。该条所规定的"避开或者突破计算机信息系统安全保护措施"事实上是对"侵入"的界定,非法控制罪可以通过侵入或其他技术手段实施,而具备非法控制功能的专门工具并不一定需要具备侵入功能。[①] 基于以上认识,"非法控制"的核心意涵在于违反他人意志,全部或部分获取他人计算机信息系统的控制权限。"非法控制"的技术意涵在于使计算机系统执行行为人发出的指令,规范意涵在于其非法性,即未经授权或超越授权。[②]

---

[①] 参见高艳东:《提供侵入、非法控制计算机信息系统程序、工具罪的限缩解释——以打击对象为切入》,载《法学评论》2023 年第 6 期。

[②] 参见高艳东:《提供侵入、非法控制计算机信息系统程序、工具罪的限缩解释——以打击对象为切入》,载《法学评论》2023 年第 6 期;张明楷:《刑法学》,法律出版社 2021 年版,第 1372 页。

从技术角度来看,"某助手"App 能够利用目标 App 客户端系统存在的技术漏洞劫持其平行空间检测接口,进而将伪造的定位数据注入其中实现伪造打卡,属于较为典型的作弊型外挂软件。从规范角度来看,能否将此类软件评价为具备非法控制计算机信息系统的功能,还需经过上文所提出的技术与规范双重标准的检验。以技术标准检验,"某助手"App 能够劫持目标程序客户端系统的平行空间检测接口,使目标程序客户端系统执行核验虚假定位数据为真的指令。需要特别说明的是,尽管"某助手"App 实现定位伪造的全过程都发生在安装了该 App 的用户手机环境中,与目标程序的后台系统并无关联,但毕竟同属目标程序整体系统的一部分,而非用户手机系统的一部分,因此在技术层面应认为"某助手"App 用户部分获取了目标程序客户端系统的控制权限。不能以目标程序客户端系统从属于用户的手机系统,因而目标程序能否获取真实的定位数据应完全取决于用户意愿为理由,否定目标程序客户端系统具备核验用户定位数据真实性的功能。即使持有以上观点,也应当在规范层面检验用户使用"某助手"App 控制目标程序客户端定位数据核验权限的非法性,即是否未经授权或超越授权。与此同时,"某助手"App 与黄牛抢购软件也存在本质区别,正如有观点所指出的,抢购软件变换用户 IP 地址、模拟用户频繁发送交易请求的行为,类似于 DDoS 攻击,所有指令都是以普通用户身份从用户设备上发出的,从未获取目标计算机信息系统的控制权限,[①] 将制作、销售此类软件的行为评价为专门工具型提供工具罪的判决[②]与学界观点[③]都有待商榷。

从规范角度来看,在肯定目标程序客户端系统具备核验用户定位数据真实性的功能,且用户通过"某助手"App 获取了目标程序客户端系统该功能控制权限的基础上,"某助手"App 控制目标 App 客户端系统

---

[①] 参见高艳东:《提供侵入、非法控制计算机信息系统程序、工具罪的限缩解释——以打击对象为切入》,载《法学评论》2023 年第 6 期。

[②] 参见山西省太原市迎泽区人民法院(2017)晋 0106 刑初 583 号刑事判决书。

[③] 参见周光权:《通过刑罚实现积极的一般预防——国内首起"黄牛"抢购软件案评析》,载《中国法律评论》2018 年第 3 期。

的功能是否未经授权或超越授权,是界定"某助手"App定位伪造功能是否"非法"的核心争议点。司法实践中的有关判决极少阐明"授权"的具体内涵,有学者主张应当采取技术标准,即将"授权"界定为程序编码设定的权限。①尽管技术标准较为客观、稳定,但其可能导向有关程序开发者为获取权限设定的技术障碍是否足够有效的争议,限缩App的流通和使用自由,不利于程序投入商业应用后用户、运营主体等相关主体的利益平衡。因此,采取"合约权利+技术障碍"的二元标准更为合理,违背合约权利奠定基础不法,在此基础上突破技术障碍进一步确证了行为不法,且对技术障碍的认定不宜过于严苛。②基于以上标准,本文拟从合约权利与技术障碍两个维度分别探讨"某助手"App是否"未经授权或超越授权"。

尽管如前文所述,目标App客户端系统与后台系统同属目标App运营公司所有,而非用户设备的自带原装程序(如苹果手机中自带的照片、天气、计算器等程序),将目标App客户端完全视为用户设备系统的一部分并不合适。但用户毕竟只使用"某助手"App控制了自己设备中安装的目标App客户端系统核验定位数据真实性的功能,未对目标App后台系统产生任何影响。因此,能否将控制目标程序客户端系统核验定位数据真实性的功能视为用户自我决定的范畴,决定了"某助手"App该项功能是否违背合约权利。本文认为,自安装到用户设备起,用户当然有权自主决定是否允许目标程序客户端系统获取定位数据,以及是否给该客户端系统提供真实的定位信息,这是保障用户个人信息自决权的应有之义,③也是众多模拟定位程序合法存在的法理依据。但是,"某助手"App的特殊之处在于,该App具备控制目标程序客户端系统核验定位数据真实性权限的功能,可妨碍目标程序依赖真实定位数据提

---

① 参见高艳东:《提供侵入、非法控制计算机信息系统程序、工具罪的限缩解释——以打击对象为切入》,载《法学评论》2023年第6期。
② 参见王华伟:《网络爬虫行为的罪责认定路径:数据确权与利益平衡》,载《环球法律评论》2023年第1期。
③ 参见敬力嘉:《个人信息保护合规的体系构建》,载《法学研究》2022年第4期。

供的打卡服务。张某制作并出售"某助手"App，属于较为典型的利用目标程序系统技术漏洞"搭便车"损害其运营主体竞争利益的行为。诚如有观点所主张的那样，对于所谓"利用系统规则漏洞"的概念要谨慎看待。因为在目标程序客户端安装到用户设备后，如何操作均由用户决定，用户以目标程序运营者未预料到的方式使用程序是无法避免的，只要用户按照运营者事前明示的规则进行操作，均无不可。① 毕竟民法典时代的市场经济更加重视意思自治、风险自担。② 但是，"某助手"App属于利用技术漏洞妨害目标程序提供的打卡服务，这当然并未经过目标程序运营公司的授权。③ 需要进一步追问的是，张某赋予"某助手"App控制目标程序客户端系统核验用户定位数据真实性权限的功能，是否需要获得目标程序运营公司的授权。

从反不正当竞争法第12条第2款第4项以及《禁止网络不正当竞争行为规定（公开征求意见稿）》第22条第2款第4项等规定来看，"某助手"App可能妨碍目标程序所提供服务的正常运行，除非获得目标程序运营公司授权，否则原则上应被禁止，张某开发该App属于未获授权，违背了合约权利。此外，从"某助手App案"的案件事实来看，"某助手"App绕过了目标程序的客户端系统的无限安全保镖模块，实现了对其平行空间检测接口的劫持，该"无限安全保镖模块"应当可以被评价为足以阻碍一般人控制客户端功能的、适格的技术障碍。基于以上认识，应可证成"某助手"App未经授权控制了目标App客户端系统核验定位数据真实性的权限，应可评价为对目标App客户端系统具备非法控制的功能。在用户自主安装有关模拟定位App伪造打卡记录的场景中，如前文所提到的Fake Location及AnyGo这样的软件直接劫持

---

① 参见冀洋：《数字经济时代平台秩序的刑法保护限度》，载《四川大学学报（哲学社会科学版）》2023年第6期。
② 参见刘艳红：《民刑共治：中国式现代犯罪治理新模式》，载《中国法学》2022年第6期。
③ 关于计算机信息系统"规则漏洞"和"技术漏洞"的概念区分，参见邢文升：《"肯德基羊毛案"的刑法教义学评析》，载陈兴良主编：《刑事法判解》（第23卷），人民法院出版社2024年版，第33页。

或替代了目标设备自身的系统位置服务，未触及目标设备安装的 App 客户端及后台系统，反而不会被评价为具备非法控制功能。

（二）制作并出售"某助手"App 的行为不法评价

在认可"某助手"App 具备非法控制计算机信息系统的功能的基础上，还需进一步评价制作并出售该 App 的行为不法。

首先，需要厘清的是非法控制罪与专门工具型提供工具罪两罪规范性质的区别。非法控制罪应属单独正犯，而相较于将专门工具型提供工具罪界定为帮助行为正犯化[①]或对犯罪协作行为的独立处罚的观点，[②] 本文更加倾向于将其视为他人预备型的实质预备犯。对于实质预备犯而言，其实质处罚依据在于，预备行为人创设了会导致自己或他人后续目的行为所欲侵害法益的危险情境，即创设了法益侵害抽象危险。若后续由他人自主利用此危险情境实现了法益侵害抽象危险，可证成他人预备行为的刑事可罚性。[③] 因此，专门工具型提供工具罪的成立不以他人实行行为的存在为前提，需具备预备行为与法益的客观与主观危险连接。[④]

其次，需基于以上认识，判断张某的行为是否符合其可能触犯的两罪的构成要件。有观点认为，若将制作、出售者认定为专门工具型提供工具罪，则用户应成立非法控制罪或非法获取计算机信息系统数据罪（以下简称为非法获取罪），结论并不合理，[⑤] 本文认为以上论者的观点有待商榷。即使是其他工具型提供工具罪的成立，也是以他人实施侵入、非法控制计算机信息系统的"违法犯罪行为"为前提，不要求使

---

[①] 参见钱叶六：《帮助信息网络犯罪活动罪的教义学分析 共犯从属性原则的坚守》，载《中外法学》2023 年第 1 期。

[②] 参见王肃之：《论网络犯罪参与行为的正犯性——基于帮助信息网络犯罪活动罪的反思》，载《比较法研究》2020 年第 1 期。

[③] Jens Puschke, Legitimation, Grenzen und Dogmatik von Vorbereitungstatbeständen, 2017, S. 323.

[④] 参见敬力嘉：《实质预备犯语境下宣扬恐怖主义、极端主义罪的教义学重述》，载《当代法学》2019 年第 4 期。

[⑤] 参见喻海松：《网络外挂罪名适用的困境与转向——兼谈〈刑法修正案（十一）〉关于侵犯著作权罪修改的启示》，载《政治与法律》2021 年第 8 期。

用者的行为成立非法获取罪或非法控制罪。以"某助手 App 案"为例，张某制作具有控制目标程序客户端系统核验用户定位数据真实性权限功能的"某助手"App 未获得目标程序运营公司的授权，将该 App 评价为具备非法控制功能的程序应无疑义。但"某助手"App 的用户使用该 App 控制目标程序客户端功能实现伪造打卡记录的目的，则完全无须获得目标程序运营公司的授权，属于用户自我决定的范畴，可能涉及与用户用人单位之间的考勤要求，不能将其使用"某助手"App 的行为评价为非法控制计算机信息系统的行为。此外，专门工具型提供工具罪作为他人预备型实质预备犯，只要行为人实施了本罪构成要件行为，并具备与法益的客观、主观危险连接，就已经创设了值得刑法处罚的法益侵害抽象危险。在行为人与后续使用程序、工具的他人不具备行为意思联络与共同故意时，本罪的构成要件行为不属于后续他人所实施行为的帮助行为，其行为不法具备独立性。因此，"某助手"App 用户的行为不构成违法或犯罪，而张某的行为涉嫌构成专门工具型提供工具罪。

最后，需说明的是适用刑法处罚制作并出售"某助手"App 这类定位伪造程序的应然限度。尽管本文主张以上行为符合提供工具罪的构成要件，也已达到《解释》第 3 条规定的罪量标准，但《解释》颁布的时间是 2011 年，已滞后于当前新技术、新业态蓬勃发展的数字经济时代。若以该条规定的提供专门工具 5 人次、违法所得 5000 元以上或造成经济损失 1 万元以上等标准，作为认定当今时代通过提供具备非法控制功能的专门程序实现不正当竞争的入刑门槛，无疑过于严苛。因此，司法解释应当适时对本罪"情节严重"的认定标准进行调整。此外，也应当充分意识到通过计算机犯罪保护竞争利益只是权宜之计，最终还需进一步认真权衡对网络不正当竞争行为独立犯罪化的必要性、正当性与可行性，厘清刑法介入网络不正当竞争治理的合理限度。

本卷专题

# 开发虚拟定位软件规避打卡
# 行为的刑法评价

姜 瀛*

**关键词**

虚拟定位　　打卡软件　　破坏计算机信息系统　　不能正常运行　　法益

**内容摘要**：具有虚拟定位功能的软件可利用虚假位置数据为用户带来规避打卡的效果，确实影响到打卡软件采集位置数据的正常业务。不过，虚拟定位软件所提供的虚假位置数据，也是正常进入打卡软件系统之数据获取与反馈的系统流程中，与真实位置数据进入打卡软件系统后系统正常运行的状态并无本质差别；与此同时，打卡软件系统仍然可以为其他用户提供正常服务，这也表明并未出现不能正常运行的状态。因此，开发虚拟定位软件为用户规避打卡，无法产生刑法规范意义上"系统不能正常运行"的效果。基于社会发展之客观需求，破坏计算机信息

---

\* 作者单位：大连海事大学法学院。本文系 2023 年辽宁省社科规划基金一般项目（L23BFX009）"功能区分语境下数据权益的刑法保护体系研究"成果。

系统罪保护法益应被区分为抽象层面与实质功能层面，前者即"系统正常运行状态"，后者则是由前者衍生出的"系统提供特定社会服务时所确立的获取资源的公平秩序"。由于打卡软件所提供的服务并不涉及获取资源的公平秩序，未处于衍生法益的范畴之中，因此开发虚拟定位软件为用户规避打卡，并未侵犯破坏计算机信息系统罪保护法益。

2024年2月27日，最高人民检察院发布相关通知，明确第34号指导性案例李某杰等破坏计算机信息系统案失效。① 上述指导性案例失效的事例在一定程度上表明，由于较高的技术门槛以及犯罪样态的快速变化，对于破坏计算机信息系统罪等传统计算机犯罪的适用没有形成完全一致的看法。事实上，司法实务部门在处理新型网络犯罪过程中，可能存在对罪名适用边界把握不清晰的困境，留下了诸多有待深入探讨的争议问题。例如，由于破坏计算机信息系统罪中"破坏"一词的语义模糊，容易与"干扰、影响或妨害"等用语作相同理解，司法裁判很可能表现出以某种"消极"结果进行归罪的倾向，"某助手"软件一案便充分暴露上述问题。该案中，开发虚拟定位软件为用户规避打卡的行为，可否成立刑法第286条破坏计算机信息系统罪？② 客观而言，不能仅因为"某助手"软件可以为用户制造出虚假的打卡结果，就直接认为其造成打卡软件系统不能正常运行的状态，司法裁判以及案例研习过程中需要围绕案件事实、软件技术特征以及罪名构成要件与保护法益展开精细研讨。本文将以"某助手"软件一案为切入点，对开发虚拟定

---

① 参见《最高人民检察院关于宣告部分指导性案例失效的通知》（高检发办字〔2024〕35号）。

② 刑法第286条规定："违反国家规定，对计算机信息系统功能进行删除、修改、增加、干扰，造成计算机信息系统不能正常运行，后果严重的，处五年以下有期徒刑或者拘役；后果特别严重的，处五年以上有期徒刑。违反国家规定，对计算机信息系统中存储、处理或者传输的数据和应用程序进行删除、修改、增加的操作，后果严重的，依照前款的规定处罚。故意制作、传播计算机病毒等破坏性程序，影响计算机系统正常运行，后果严重的，依照第一款的规定处罚。单位犯前三款罪的，对单位判处罚金，并对其直接负责的主管人员和其他直接责任人员，依照第一款的规定处罚。"

位软件为用户规避打卡的刑法适用问题展开反思，同时就破坏计算机信息系统罪保护法益与适用限制提出若干见解。

### 一、"某助手"案情简介与争议焦点

北京某牛科技有限公司开发了一款名为"某助手"的App。用户不想暴露自己的位置信息时，通过虚拟位置数据、Wi-Fi信息和照片信息，"某助手"可以对真实位置数据进行遮蔽，实现修改位置数据的目标。用户利用"某助手"App虚拟定位技术，将虚假的位置数据传送至"某钉"打卡系统，实现人不在公司也能远程打卡签到的效果。同时，司法鉴定意见认为，"某助手"软件代码存在干扰"某钉"服务器获取用户真实地理位置功能的行为，为破坏性程序。

针对上述事实，一审法院认为，被告人张某故意制作、传播计算机病毒等破坏性程序，影响计算机系统正常运行，后果特别严重，行为触犯刑法第286条第1款、第3款的规定，构成破坏计算机信息系统罪，判处有期徒刑五年六个月。一审宣判后，被告人张某提出上诉。二审法院认为，原判决适用罪名准确，但认定事实及适用法律错误，且量刑不当，应依法予以纠正，并撤销原判决。"某助手"软件不属于破坏性程序，上诉人张某构成破坏计算机信息系统罪，判处有期徒刑四年。

整体来看，一审法院和二审法院均认为，提供虚拟定位软件规避打卡的行为构成破坏计算机信息系统罪，但关于案件违法性判断的说理并不是十分充分。从一审判决来看，定罪关键在于将"某助手"软件直接认定为"破坏性程序"的司法鉴定意见。不过，二审判决改变了上述事实认定，也即未采用相关司法鉴定意见书，并认为"某助手"软件并不属于破坏性程序。二审判决改变了一审判决所认定的"某助手软件属于破坏性程序"，表现出不盲从于司法鉴定意见的实质判断立场。

具体来看，司法部司法鉴定管理局发布的《破坏性程序检验操作规范》（SF/Z JD0403002—2015）"3.2"部分指出："破坏性程序（destructive programs），是对计算机信息系统的功能或计算机信息系统中存

储、处理或者传输的数据等进行未授权地获取、删除、增加、修改、干扰及破坏等的应用程序。"从上述规范性文件的规定来看,"未经授权"并且可以实施获取、删除、增加、修改、干扰及破坏等的应用程序,在技术层面都会被鉴定为"破坏性程序"。事实上,正是司法鉴定意见成为一审法院将"某助手"软件认定为"破坏性程序"的直接依据。不过,二审裁判者并不赞同上述鉴定意见,其认为:"对比破坏性程序的司法鉴定表述可以发现,破坏性程序在法律层面的理解还要结合法条对技术层面的标准作进一步限制,即应当与计算机病毒的性质、原理相同,运行目的为破坏,且应与计算机病毒可能造成的破坏性相当。'某助手'软件并不符合前述司法解释规定的破坏性程序3种情形中的任何一种,即不符合破坏性程序在法律层面的认定标准。"①上述观点的阐释,表达出司法裁判者拒绝盲目采信司法鉴定意见、避免法律适用实质偏差的理性态度,对此应当予以充分肯定。由此而言,二审定案的规范依据在于刑法第286条第1款所规定的"对计算机信息系统功能进行删除、修改、增加、干扰,造成计算机信息系统不能正常运行"。

　　对于该案的技术层面解读,可以从用户视角与打卡软件视角来分别展开。就用户视角而言,"某钉"软件无法读取用户手机终端真实的位置数据,是因为"某助手"软件介入手机GPS模块、阻止了GPS位置数据信息被正常读取,并取而代之地把之前储存好的虚拟位置数据反馈给打卡软件,实现修改地理位置数据参数与返回值的效果。就打卡软件服务器端视角而言,"某助手"软件帮助用户手机终端绕过了打卡软件的安保模块,当打卡软件的检测接口需要获取手机终端的GPS信息时,"某助手"直接向打卡软件的检测接口传输了虚假的位置数据(打卡所需的在岗位置数据),实现帮助用户成功打卡的效果。直观来看,"某助手"软件可以为用户提供虚拟位置数据,当一些用户选择使用"某助手"的虚拟定位功能时,打卡软件在读取用户位置数据之时所采集的

---

① 胡海、杨晔:《非计算机病毒类破坏性程序的司法认定》,载《人民司法(案例)》2022年第20期。

是虚假的位置数据,因而错误地匹配了用户打卡成功的效果,确实影响以移动终端位置数据表征用户真实物理位置的打卡功能。

基于前述分析,本案的核心问题可以被诠释为:"某助手"软件为用户提供虚拟位置数据,对打卡软件获取用户真实位置数据的功能产生了消极影响,但这种影响可否被认为是造成了打卡软件(计算机系统)无法正常运行的效果,进而成立破坏计算机信息系统罪?本文认为,将外部数据流动(即便是虚假位置数据)所带来的影响解读为造成计算机信息系统不能正常运行,存在逻辑困惑。

## 二、"某助手"一案中破坏计算机信息系统罪的适用偏差

"某助手"一案中,破坏计算机信息系统罪的适用存在值得商榷的空间。这不仅源于涉案软件可能具有的技术中立性——基于中立行为理论实现的无罪辩护,更在于裁判者在解读"'某助手'软件的虚拟定位功能对打卡软件的影响时"存在的误区与偏差。因此,有必要对运用中立行为理论进行辩护的意义以及理论局限予以说明,由此进入本文对该案法律适用问题的实质反思之中。

(一)中立行为理论之运用:普适性辩护方案及其精细化缺陷

需要先予以说明的是,在一审辩护以及上诉意见中,被告人张某及其辩护人均辩称,"某助手"软件取得了计算机软件著作权登记证书,App市场正常上架,并不是针对"某钉"软件所专门研发,提供虚拟位置数据也并非"某助手"的全部功能。可见,辩方从技术中立性维度对本案基本定性以及一审的有罪判决结果提出了异议。事实上,二审裁判者也在事实层面认同了辩方的上述意见,"本案中,某助手软件的虚拟位置信息功能不仅针对作弊打卡,还具有其他功能,所以其不是专门

用于作弊打卡、破坏某钉等打卡办公系统而制作和设计的程序"①。一方面，应当肯定辩方运用中立行为理论作出辩护的积极意义；另一方面，也应当看到，中立行为理论作为一种面对网络技术提供行为的普适性辩护方案，在一定程度上存在精细化程度不足的困境。

客观而言，由于"某助手"软件并非为规避某一打卡软件所专门设计，且使用虚拟位置数据的目的也具有多样性，当"某助手"软件通过审查成功上架后——并没有隐藏虚拟位置数据的基本功能，用户安装"某助手"软件后具体的使用目的并不确定，既可用于适法用途，也可以用于规避打卡等不法用途。由于软件本身的技术特性可以触发"技术中立"之关联思考，通过中立行为理论来诠释该案的定性疑问，确实是司法实践中惯常的辩护方案。事实上，具有提供虚拟位置数据功能的软件并不罕见，②并且用户是否选择下载此类软件以及基于何种功能目的来使用软件，对于软件开发商而言也是未知的。一旦作为工具的中立属性被肯定，并且提供行为本身也没有特别的对象指向性，即使用户使用中会产生某些危害后果，也并不能简单地将之归责于软件开发者。

进而言之，如果将"某助手"软件纳入中立行为理论的一般分析框架，尤其考虑到所创设的物（软件）具有多种功能用途——规避打卡不过是其中的用途之一，当该物（软件）既可以被用于适法目的，也可能被用于不法行为时，应当将物（软件）评价为"中立物"；同时，物（软件）的提供行为本身并非直接指向特定非法行为，而是以"App上架"的方式面向所有用户，这种提供行为也具有"（行为）中立性"。进而言之，只要能够明确物（软件）具有可能的合法用途，并且提供行为本身并非指向特定的不法行为，便可以基于"提供物的中立性"与"提供行为的中立性"之二重理论构造，排除行为的违法性。

不过，如前所述，中立行为理论已经逐步成为回应新型科技犯罪的

---

① 胡海、杨晔：《非计算机病毒类破坏性程序的司法认定》，载《人民司法（案例）》2022年第20期。

② 参见《定位软件背后的"生意经"》，载《中国青年报》2019年2月26日。

基本进路，并且该进路在很大程度上也是契合"某助手"软件的案件事实，本文仍然认为，有必要在中立行为理论之外——基于案件事实与规范构造——寻求更为有针对性的理论应答。易言之，学术研究不同于刑事辩护，不能总是以"技术中立"为理由，而忽视了案件事实的多样性以及基于个案分析来深化刑法条文认知的重要意义。易言之，如果仅仅关注以中立行为理论来达到限定刑法的处罚范围，基于解释论进路围绕各种计算机犯罪罪名的独特性思考将会逐步削弱，始终难以推动一种计算机犯罪之体系化塑造甚至是在必要时基于立法论进路展开规范重构。

（二）虚拟定位软件规避打卡行为构成犯罪的问题所在

如果仅仅从结果上来看，不可否认，用户使用"某助手"软件虚拟定位功能能确实影响打卡软件获取真实位置数据的效果。不过，不能仅仅由于具备了因果流程并且手段上存在网络技术因素，就直接选择某一计算机犯罪罪名对"某软件"软件进行刑事归责。事实上，"某助手"软件提供虚拟定位对打卡软件所造成的影响，并不属于规范意义上的"系统不能正常运行"，将之认定为破坏计算机信息系统罪并不妥当。

首先，破坏计算机信息系统罪中"系统不能正常运行"的判断，应当从系统可运行之"可用性"层面来理解。进而言之，就"可用性"而言，既可以从系统针对虚假位置数据作出反馈的运行过程来认知，也可以从其他人可否正常利用系统时的实际情况来进行衡量。一方面，无论是虚假位置数据还是真实位置数据，实际上都会进入打卡软件系统的数据获取与结果反馈之流程中；易言之，即便是虚假位置数据进入打卡软件系统并产生非真实的打卡结果，也意味着打卡软件系统可以作出正常的数据获取与结果反馈，系处于正常运行状态下。事实上，对于获取位置数据的打卡软件系统而言，真实的抑或虚假的位置数据——本质上都是一串数字——被系统接收之时并不会引发系统运行的实质变化，如何又会导致系统处于"不能正常运行的状态"呢？另一方面，如果

（未使用虚拟定位软件的）其他人可以正常使用打卡软件完成打卡，也可以表明打卡软件系统并未处于"不能正常运行"的状态；即便"某助手"软件为特定用户提供虚拟位置数据，造成该打卡软件系统不能获得该用户的真实位置信息，也并未对打卡软件系统之可用性产生一种排他性的影响，系统仍然处于正常运行状态。由此而言，"某助手"软件提供虚拟定位对打卡软件所造成的影响，并不能被理解为造成打卡软件系统处于不能正常运行的状态。

其次，从该案的行为本质来看，"某助手"软件利用了打卡软件（作为计算机信息系统）只能识别数据的技术特点；在提供打卡服务时，打卡软件所展现出的技术特征并不是直接发现用户的绝对真实地理位置，而是获取用户手机终端所反馈出（提供）的位置数据。至于位置数据真实与否——是否可以表征真的地理位置，在很大程度上取决于用户通过手机终端提供位置数据的意愿（自我控制）。虽然使用"某助手"软件的用户（公司员工）基于劳动合同或公司章程的约束，有义务提供位置数据、完成打卡，但问题在于：以打卡软件为基础所实现的数字化打卡，所能获取的只是"数据"，即将手机终端的位置数据返回服务器，并以此来表征用户所处物理位置；但从外部采集数据具有其自身技术局限性，容易被规避，不可能实现一种绝对准确的考勤效果。客观而言，"某助手"软件的虚拟定位功能被用户选择使用——用于与打卡软件系统之间的数据反馈，确实影响（妨害）"某钉"系统对外提供打卡服务的精准性，而打卡软件无法识别虚假位置数据，本质上是源于用户自身对手机终端的控制，也即用户是否想提供真实位置数据的意愿。

再次，从是否存在突破系统权限层面来看，"某助手"软件、用户设备与打卡软件之间所形成的位置数据流动（数据采集行为），并不涉及有无授权的问题。事实上，只要用户自己下载并运行"某助手"软件，就是赋予"某助手"为其改变手机终端位置数据参数的权限，并且也表明用户不希望打卡软件采集到真实位置数据的意愿。"某助手"软件为用户提供服务，即便提供的位置数据具有虚假性，也不可能需要经由打卡软件的授权。因此，打卡软件从外部获取位置数据的行为不涉及系统权限，无论如何都不能被解释为"未经授权"。事实上，如果认为"某助手"软件对某种计算机信息系统作出的实质性操作（改变抑或理解为"破坏"），这种实质性操作（改变抑或理解为"破坏"）的对象实际上是用户手机终端——介入手机 GPS 模块并阻止位置数据的正常调用，而与打卡软件背后的计算机信息系统并无直接关系。而用户手机安装"某助手"软件是用户自己的选择，是用户在充分知情（了解"某助手"功能）的情况下所作出的安装选择，并非"某助手"软件中"夹带私货"，因此并不涉及突破权限的问题。

最后，从现实还原层面来看，打卡软件的功能在于获取用户手机终端的位置数据，而"某助手"软件提供虚假位置数据规避了真实的位置数据采集，意味着一种"素材欺骗"，但并没有影响打卡软件系统正常运行抑或是获得其他用户位置数据的功能运行。并且，"某助手"软件为用户提供虚拟位置数据，打卡软件在接收数据并作出反馈时"被骗"，在很大程度上是一种数字局限；事实上，这种数字局限意味着虚拟空间中以数据流动为基础的技术碰撞过程中存在着"数字假象"，但绝非"造成计算机信息系统不能正常运行"，更不意味着某种"破坏"；如果系统的可用性受到冲击、不能正常运行，因"数字假象"所引发的虚假打卡结果也无法出现。事实上，由于"数字假象"的常态化、普遍性以及技术革新背景的多变性，并非所有在互联网领域中制造"数字假象"的行为均值得刑法规制。

综上所述，以系统不能正常运行所表征的"破坏效果"，本质上表现为系统可用性层面的实质冲击，以出现系统运行障碍、必须耗时耗力对系统进行"恢复"为基本特征。例如，"某助手"软件一般仅仅是在外部数据流动时提供了虚假位置数据，并不是直接针对计算机信息系统本身施加任何操作，效果上也不具有排他性——其他人仍可以正常运行打卡软件系统并实现数据传输与结果反馈，因而并未造成计算机信息系统不能正常运行的状态。

## 三、计算机信息系统的保护场域与刑法解释的基本立场

以计算机信息系统为保护对象所设置的破坏计算机信息系统罪等传统计算机犯罪罪名,在设计之初具有鲜明的计算机技术背景与虚拟空间形象。但随着社会发展中互联网的普遍应用,网络犯罪呈现出新的样态变化,计算机犯罪罪名本来蕴含的计算机技术因素不得不有所弱化,由此实现了刑法保护范围的扩张。不过,罪名的技术弱化与刑法保护的范围扩张应当被置于理性的解释逻辑之中。因此,有必要对计算机信息系统刑法保护的空间维度加以说明,并确立刑法解释的基本立场,进而为后文探讨破坏计算机信息系统罪保护法益以及复盘"某助手"软件一案奠定理论基础。

(一)计算机信息系统刑法保护的空间维度

从计算机犯罪的立法脉络来看,破坏计算机信息系统罪是1997年刑法修订后所设置的罪名,该罪设立的初衷实际上是为了加强对计算机信息系统的保护,保障计算机信息系统功能的正常发挥,以更好地维护计算机信息系统的安全运行。① 破坏计算机信息系统罪的立法初衷,是为了对计算机信息系统完整性与安全性进行保护,避免虚拟技术行为的"毁坏",② 也即非法侵入计算机信息系统后对系统架构进行破坏的行为。事实上,1994年4月20日,中国通过一条64K的国际专线接入国际互联网,中国互联网时代正式开启。可以说,在1997年,我国还处于信息技术发展的起步阶段;这一阶段所设置的破坏计算机信息系统罪等计算机犯罪罪名,乃是立足于计算机信息系统在虚拟空间中的技术形象,难以充分预期到以互联网将计算机信息系统相连接并广泛应用于社

---

① 参见高铭暄:《中华人民共和国刑法的孕育诞生和发展完善》,北京大学出版社2012年版,第513页。
② 参见胡云腾:《网络犯罪刑事诉讼程序意见暨相关司法解释理解与适用》,人民法院出版社2014年版,第94-95页。

会生活的当代景象，不可避免地带有时代局限性。

随着互联网的普及以及网络犯罪的更新迭代，对计算机信息系统产生有害影响的方式也不仅仅以非法侵入计算机系统为前提，因此在一定程度上需要对系统功能以及刑法保护的空间维度作出新的理解。进而言之，造成计算机信息系统不能正常运行的效果，不仅源于侵入计算机信息系统后实施的有害操作，还可能源自利用互联网的外部访问；利用互联网特征或计算机信息系统对外提供服务时的资源限制，也完全可能对计算机信息系统施加有害影响，甚至达到造成计算机系统不能正常运行的程度。

由此而言，对计算机信息系统产生负面影响的行为可以划分为两个空间维度，也即"系统内直接实施的有害操作"与"系统外利用数据流动所施加的有害影响"，刑法保护的着力点也将围绕上述两个空间维度来展开。

就前者而言，系统内直接实施的有害操作实际上契合了破坏计算机信息系统罪最初的目标定位，也即通过某种技术手段侵入计算机信息系统并实施有害操作。事实上，早期侵害计算机信息系统功能的行为，往往是以非法侵入计算机信息系统为基础，对于计算机信息系统的保护重点在于维护权利人对系统的绝对支配或者以系统权限为表征。

就后者而言，随着互联网技术以及应用的发展，在传统侵入计算机信息系统并直接实施有害操作的行为方式之外，逐步出现了通过外部数据流动对计算机信息系统运行施加有害影响的行为；不过，由于外部加害行为并非源于侵入计算机信息系统，是否达到造成系统不能正常运行的程度，仍然需要实质判断。前文所分析的"某助手"软件一案，便属于基于外部数据流动对打卡软件系统获取位置数据的准确效果造成了影响；不过，这种因外部数据流动对计算机信息系统产生的影响，并不意味着使打卡软件计算机信息系统（服务器）处于不能正常运行的状态。

事实上，长期存在的DDoS（Distributed Denial of Service，分布式拒绝服务）攻击便是一种基于外部访问（产生数据流动）所进行的攻击方式。本质而言，DDoS 攻击是利用大量被控制的主机从外部发送访问请求，造成网络阻塞或服务器资源耗尽，从而导致服务器系统无法正常运行，最终普通用户也无法正常访问服务器。[①] 当然，"DDoS 攻击"行为实际上是通过大量的"僵尸主机"（间接利用或控制他人计算机）完成的，因此还可能同时涉及"非法控制计算机信息系统罪"。[②] 此处援引 DDoS 攻击事例，主要是想说明，基于外部访问（产生数据流动）所施加的影响，同样可以产生导致系统服务器瘫痪的破坏性效果。

可以肯定，由于外部数据流动呈现多种样态，并可能对计算机信息系统运行产生不良影响，社会发展过程中需要及时更新刑法解释理念，寻求对新问题作出理性回应。不过，在思维更新过程中，不能忽视对不同危害行为的具体甄别以及对罪名保护法益之理性定位，避免盲目扩张刑法的处罚范围。

（二）破坏计算机信息系统罪的解释立场

总体而言，网络犯罪的发展态势可能已经完全超出破坏计算机信息系统罪的立法预期。在对破坏计算机信息系统罪构成要件作出解释之际，要秉持客观解释之立场，理性面当社会发展的现实需求，塑造出一种契合时代的话语体系。

毋庸置疑，刑法解释不应当背离"法条用语的可能含义"。不过，由于计算机犯罪所具有的技术因素以及专业知识的跨度，"法条用语的可能含义"之解释坐标难以有效落实——难以阻止裁判者在法条用语中无序地发掘出各种内涵。如果仅仅关注"法条用语的可能含义"，由技术用语到规范内涵的转化过程，可能会演变为"望文生义"的自由发挥。当然，破坏计算机信息系统罪所面临的挑战并不仅仅在于构成要件的语义范围及其所产生的预期。客观而言，网络犯罪快速发展对刑法提

---

[①] 参见姜瀛：《论刑法介入网络数据爬取行为的类型与限度》，载《浙江社会科学》2021 年第 10 期。

[②] 参见谢君泽：《从 DDOS 攻击案件看我国网络犯罪立法的体系性缺陷》，载《中国信息安全》2016 年第 2 期。

出的时代需求，要求不能机械地固守立法本意，而应当通过妥当的解释方案理性地拓展罪名的适用空间。

为了实现破坏计算机信息系统罪的妥当适用，对破坏计算机信息系统罪的教义学塑造至关重要；应当基于技术背景、条文本身构造以及社会发展状况，确定相对稳定、可接受验证的刑法规范秩序。

一方面，应当首先对侵入计算机系统内部实施的破坏性操作（对计算机信息系统功能进行删除、修改、增加、干扰）与在外部利用数据流动对系统施加的有害影响进行区分，也即将利用外部数据流动的不法行为从固有的以侵入系统为基础的解释框架中剥离出来，进行独立判断。另一方面，即便面对当前网络犯罪高发态势，也并不意味着要对相关计算机罪名进行漫无边际的解释与模糊运用。恰恰相反，在互联网高度普及、信息技术广泛利用的时代，对于网络不法行为的解读更应当精细化；尤其是要在认知互联网技术特征与局限性的基础上，充分意识到一些利用外部数据流动所实施的不法行为虽然可能对系统产生了消极影响，但未必一定会造成系统"不能正常运行"的状态。

随着互联网在社会生活中的广泛应用，司法实践中更加强调对计算机信息系统为社会提供服务过程进行功能性保护，破坏计算机信息系统罪的适用范围已经不限于以侵入计算机信息系统为基础、对系统自身私密性与系统可用性施加的有害操作，也即刑法保护的落脚点不再仅仅是系统内场域空间的虚拟形象，同时还兼顾着系统对外的社会服务功能。或许可以认为，破坏计算机信息系统罪本来是针对计算机信息系统自身私密性以及系统可用性所设置的专门罪名，具有鲜明的技术色彩；但随着社会发展与网络犯罪的时代更迭，该罪在立法之初所蕴含的技术因素被弱化了。

不过，即便在技术弱化的刑法解释背景下，对于并未非法侵入计算机信息系统而利用外部数据流动所实施的有害影响，仍然需要慎重对待；如果仅仅强调刑法积极参与社会治理的功能，可能会导致司法实践部门将一些利用外部数据流动对计算机系统施加影响的行为不加甄别地纳入"破坏"的惯性思维之中。例如，"某助手"软件等虚拟定位软件便是在技术弱化背景下刑法扩张适用的案件类型,该案的裁判结果虽然表达出以刑法维护互联网业务秩序的积极意愿,但同时也暴露了刑法适用中可能存在的界限把控不当之困境。

## 四、破坏计算机信息系统罪保护法益之厘定与运用

妥当诠释破坏计算机信息系统罪的适用范围与边界限制,既不能过于保守、忽视社会发展对计算机信息系统的时代需求,也不能过于模糊、使得该罪逐步沦为一种网络犯罪治理中的"口袋罪"。事实上,妥当解释意愿的实现仍然要以厘清破坏计算机信息系统罪保护法益为基础;以法益来实现对罪名处罚范围的准确把控,同时也有助于充分理解"某助手"软件等案件中的法律适用偏差。

### (一)保护法益的二元化阐释

直观来看,计算机信息系统功能涉及两个维度,"计算机信息系统正常运行本身所表征的系统状态"与"计算机信息系统对外提供社会服务表现出的功能"。从逻辑关系来看,有两个方面。第一,前者是系统正常运行的抽象状态,具有技术色彩与虚拟形象,而后者则是由计算机信息系统延伸至社会生活领域所表现出的具体社会功能,具有业务指向与现实意义。第二,前者是后者的基础,系统正常运行的状态一旦遭受破坏,那么后者必然会受到影响。但反过来,运用技术手段影响系统的社会服务功能,并不一定会对系统本身的正常运行产生破坏。因此,就后一维度而言,需要对系统社会服务功能的影响作出实质性判断。

从技术层面来讲,机密性、完整性、可用性、控制性及安全性被认为是计算机网络安全的重要内容。上述特性存在一定关联,但侧重点有

所不同。① 刑法围绕计算机信息系统保护所设置的传统计算机犯罪，往往是围绕上述特性来说明立法逻辑、确立解释方案。同时，"破坏"所针对的计算机信息系统的可用性（正常运行状态），表征了系统安全的技术风险转化为现实结果，并进一步对计算机信息系统的社会服务功能产生影响。因此，以计算机信息系统不能正常运行所表征的可用性减损，也就成为描述系统遭受破坏的方式，进而被确立为刑法的保护法益。

目前，对于破坏计算机信息系统罪的保护法益，学者多倾向于以"系统本身正常运行的状态"作为落脚点，目的在于避免保护法益泛化、限制处罚范围。如有学者指出，"破坏计算机信息系统罪所保护的具体法益应是立法者设置此罪时确立的计算机信息系统的运行安全，不应包括计算机信息系统中的数据安全"②。另有学者强调，"破坏计算机信息系统罪的保护法益应当是计算机信息系统的正常运行之个体法益，而并非一种社会秩序法益，也并非计算机信息系统的不可侵犯性和形式完整性"③。还有学者指出："在系统论视角下，本罪保护法益是计算机信息系统正常运行的状态。学理及司法实践对破坏计算机信息系统罪法益的泛化解读，将'计算机信息系统正常运行与否'置换为'计算机信息系统的功能性目的实现与否'并不妥当。"④

可以看到，上述观点均强调破坏计算机信息系统罪保护法益应被限定为系统运行的正常状态，由此便可以较为准确地把握本罪的处罚范围。本文虽然也在整体上赞成上述见解，尤其是充分肯定避免破坏计算

---

① 参见孟祥丰、白永祥：《计算机网络安全技术研究》，北京理工大学出版社2013年版，第8页。转引自叶小琴、高彩云：《破坏计算机信息系统行为的刑法认定——基于最高人民法院第104号指导性案例的展开》，载《法律适用·司法案例》2020年第14期。

② 周立波：《破坏计算机信息系统罪司法实践分析与刑法规范调适——基于100个司法判例的实证考察》，载《法治研究》2018年第4期。

③ 王华伟：《破坏计算机信息系统罪的教义学反思与重构》，载《东南大学学报（哲学社会科学版）》2021年第6期。

④ 阎二鹏：《干扰型破坏计算机信息系统罪的司法认定》，载《中国刑事法杂志》2022年第3期。

机信息系统罪盲目扩展的积极意义,不过,本文仍然认为,基于社会发展与网络犯罪演进的客观解释需要,有必要对计算机信息系统在社会服务中处于正常运行状态时所表征的特定秩序作出专门考虑,也即将之作为系统正常运行所衍生的法益类型。当然,如果将系统对外提供社会服务所确立的特定秩序确立为保护法益,需要被审慎描述。

进而言之,系统正常运行所表征的虚拟空间形象,显然是破坏计算机信息系统罪保护的法益;不过,对于计算机信息系统正常运行进而提供社会服务所涉及的业务本身而言,即便由于外部数据流动行为遭受有害影响,但也未必会冲击到系统正常运行的抽象状态,前述"某助手"软件一案便体现出这一特点。因此,即便基于社会发展现实需求进行刑法解释,仍有必要对"利用计算机信息系统对外提供服务所展开的业务"加以甄别,确立刑法保护的向度与限度,由此便引申出破坏计算机信息系统罪保护法益的衍生维度,也即"依托系统提供社会服务所确立的特定秩序"。

事实上,"依托系统提供社会服务所确立的特定秩序"所针对的是系统提供社会服务中的资源获取问题,表现出一定的竞争性或时限性。例如,在"抢(挂)号软件""黄牛抢购(秒杀)软件""抢车票软件"等案例中,行为人利用了作弊软件可以快速访问相关计算机信息系统的技术优势来获取各类资源,实为一种技术上的不正当竞争,影响系统对外提供服务(资源)所确立的公平秩序,也即影响他人基于正常网络环境进行网上挂号、报名、购票或购物等行为所应具有的"公平秩序",系统对外提供社会服务的功能性目标落空了。

表面上来看,是由于系统不能识别作弊软件的机器访问,导致系统向社会提供服务所涉及的资源被作弊软件快速抢走;但从技术层面来讲,上述情景并非导致"挂号系统、票务系统或抢购系统"出现了不能正常运行的障碍。易言之,系统仍然是处于抽象的正常运行状态——可以接收外部数据并作出反馈,但普通用户的访问已经不再具有正常获取资源的机会,依托系统提供社会服务所确立的公平秩序(功能)被破坏了,也即系统预期中的社会服务功能并不能正常体现,由此也可以被理解为一种实质功能层面上的"系统不能正常运行"。因此,本文认为,依托系统提供特定社会服务所确立的公平秩序,也应当成为破坏计算机信息系统罪保护的法益。

事实上,上述衍生性法益定位乃是基于社会发展客观需要所作出的合理拓展,是系统不能正常运行之基础法益在当代社会的"延伸",具有一定解释"续造"色彩。但准确而言,衍生法益并非一种独立的"超个体法益"。应当认识到,破坏计算机信息系统罪所要保护的法益已不再限于计算机信息系统之基础法益,针对计算机信息系统对外提供社会服务所确立的特定公平秩序也有必要加以考量;计算机信息系统对外提供社会服务所确立的公平秩序受到技术手段的不良影响,导致计算机信息系统对外服务所预设的实质功能目标落空(被破坏),便可以被解释为广义上的"系统不能正常运行"。

基于上述法益定位,可以对"某助手"软件一案进行"复盘"。事实上,"某助手"软件虽然利用外部的虚假位置数据影响系统对外提供服务的效果(精准性),使系统获取的数据不能转码为有效(真实)信息,但并未直接对系统本身实施任何操作,也并未对系统运行产生影响。更为重要的是,由于打卡软件并不存在维持公平获取资源秩序的社会服务功能,难以形成一种面向社会公众的公平秩序需求,打卡软件系统所提供的服务并不能被解释为"依托系统提供社会服务所确立的公平秩序",由此而言,提供虚拟定位软件规避打卡的行为,并未侵犯到破坏计算机信息系统罪所保护的衍生性法益。易言之,即便破坏计算机信息系统罪保护的法益被妥当解释以契合社会发展需求,但仍然可能存在某种侵害行为——如"某助手"软件一案——超出了保护法益的范围;即便此类侵害行为确实也对特定计算机信息系统所表征的业务产生了一定影响,也不能盲目地将之纳入破坏计算机信息系统罪规制范围中。

总体而言,随着社会发展与互联网技术应用的多元化,计算机信息系统专门罪名的扩张解释以及对外部影响行为的规制,在一定程度上容忍解释中的技术弱化,也即部分不法行为方式已经无法达到立法之时所要求的技术程度。例如,破坏计算机信息系统罪本来是以非法侵入计算机信息系统后所实施的有害操作作为其规制对象，进而塑造出技术化、虚拟性的规范形象，侵犯的法益也是系统本身正常运行的抽象状态。但在应对网络犯罪演进的刑法解释过程中，立法之时的技术程度要求已有所降低，对于利用一定技术手段影响到计算机信息系统外部功能的行为，也可以将之纳入相关的计算机犯罪罪名之下。不过，这种刑法解释上的技术弱化仍然应当以一定的技术性因素为底线，不能完全脱离技术性因素直接面对物理空间的行为。

（二）技术语境下外部物理行为之排除

对于从外部对计算机信息系统（及其所依托的设备终端）进行物理意义上的干扰行为，可否将其纳入破坏计算机信息系统罪的规制范围，存在一定争议。一方面，最高人民法院发布的第104号指导性案例李某、何某民、张某勃等人破坏计算机信息系统案，肯定了破坏计算机信息系统罪可以适用于物理意义上的外部干扰行为，并且相关司法解释也对于此类行为也作出了明确规定；[1] 另一方面，不少学者对于该案的法律适用问题提出异议，认为物理意义上的干扰并不符合破坏计算机信息系统罪的规范保护目的。[2]

客观而言，破坏计算机信息系统罪在司法实践中的适用范围越来

---

[1] 该案判决之时所依据的司法解释规定为《最高人民法院、最高人民检察院关于办理环境污染刑事案件适用法律若干问题的解释》（法释〔2016〕29号，已废止）第10条的规定（修改后的第11条）："违反国家规定，针对环境质量监测系统实施下列行为，或者强令、指使、授意他人实施下列行为的，应当依照刑法第二百八十六条的规定，以破坏计算机信息系统罪论处：（一）修改参数或者监测数据的；（二）干扰采样，致使监测数据严重失真的；（三）其他破坏环境质量监测系统的行为。重点排污单位篡改、伪造自动监测数据或者干扰自动监测设施，排放化学需氧量、氨氮、二氧化硫、氮氧化物等污染物，同时构成污染环境罪和破坏计算机信息系统罪的，依照处罚较重的规定定罪处罚。从事环境监测设施维护、运营的人员实施或者参与实施篡改、伪造自动监测数据、干扰自动监测设施、破坏环境质量监测系统等行为的，应当从重处罚。"

[2] 参见陈兴良：《网络犯罪的刑法应对》，载《中国法律评论》2020年第1期；周光权：《刑法软性解释的限制与增设妨害业务罪》，载《中外法学》2019年第4期；王华伟：《破坏计算机信息系统罪的教义学反思与重构》，载《东南大学学报（哲学社会科学版）》2021年第6期。

广阔，边界逐渐模糊，已有学者开始对该罪所呈现出的"口袋效应"进行反思。① 事实上，破坏计算机信息系统罪的适用对象究竟是仅限于以数字代码为基础的网络技术手段——涉及系统、数据或程序等技术范畴，还是说可以包括物理意义上的"干扰"行为？进而言之，在最高人民法院发布的第104号指导性案例中，行为人实际上是实施了"使用棉纱堵塞采样器，致使环境空气质量自动监测系统的数据采集功能被干扰，监测数据失真的行为"。本质而言，这种对终端设备本身"动手脚"的行为，虽然在一定程度上造成计算机信息系统不能正常采集数据的后果，但并未使用任何网络技术因素的独特方式。不过，由于刑法第286条第1款条文中列举了"干扰"这一对计算机信息系统功能施加影响的行为类型，即便未对"干扰"的技术特点作出诠释，确实也留下了更多的解释可能。那么，通过物理意义上的"干扰"行为对计算机设备施加外部影响的行为，可否适用破坏计算机信息系统罪？

事实上，如果考察破坏计算机信息系统罪的立法目的，不难发现，该罪所保护的计算机信息系统功能，"针对的是计算机中按照一定的应用目标和规则对信息进行采集、加工、存储、传输、检索的功用和能力"②。如果基于常规的体系逻辑，也不难发现，破坏计算机信息系统与其他计算机犯罪一并规定，是刑法对计算机技术应用的整体回应，保护法益与不法行为方式均具有技术性色彩。并且，如果进一步考察本条第2款和第3款所规定的行为样态，也即"违反国家规定，对计算机信息系统中存储、处理或者传输的数据和应用程序进行删除、修改、增加的操作"和"故意制作、传播计算机病毒等破坏性程序，影响计算机系统正常运行"，还可以发现，上述数据、程序抑或病毒等用语均属于计算机领域的常规范畴，由此也可以充分表明该罪所针对的不法行为方式乃是虚拟空间中的技术手段。

可以认为，破坏计算机信息罪所要回应的是虚拟空间中的"技术碰

---

① 参见俞小海：《破坏计算机信息系统罪之司法实践分析与规范含义重构》，载《交大法学》2015年第3期。

② 郎胜：《中华人民共和国刑法释义》，法律出版社2015年版，第494页。

撞",侵犯法益所涉及的两个层面"系统本身的正常运行"以及"系统对外提供服务所确立的特定秩序",都是建基于技术安全维度;无论加害的行为方式还是行为对象,都应当体现出计算机信息系统或互联网领域的技术话语。进而言之,即便在对破坏计算机信息系统罪进行解释的过程中可以放宽技术标准,对于那些利用一定技术手段影响到计算机信息系统对外提供服务之公平秩序的行为,也可以纳入本罪的规制之下,但是解释仍然应当以一定技术性因素为底线,不能完全脱离技术性因素与虚拟空间形象而适用于物理空间的不法行为。因此,由破坏计算机信息系统罪保护法益的技术背景所决定,该罪的适用范围应当排除物理意义上对计算机信息设备所实施的干扰行为。

## 五、结语

计算机信息系统是否处于不能正常运行的状态,不在于某种功能被个体化的技术规避,而在于面向一般用户的需求时系统是否依然可以正常运行(提供服务),也即可用性是否受到排他性的实质减损。对于利用网络技术特点的作弊软件,即使可以规避计算机信息系统的某种服务功能,但只要未对系统一般的运行状态以及特定系统对外提供服务时所确立的公平秩序产生影响,便不能动用刑法手段予以打击。

事实上,互联网技术以数据流动为基础,访问与反馈的数据流动过程可能会呈现出一种"只认数据不认人"的技术特征。例如,在线打卡、境外访问限制、反爬虫措施等,即便设置诸多技术上的限制条件,仍然无法完全避免虚拟化环境下被反向规避的局面。不过,这些技术上被规避的现象,通常都是以互联网环境中实现数据流动为目标,既没有侵入计算机信息系统(内部)的技术能力与安全风险,也没有从外部造成系统不能正常运行的实际后果(如 DDoS 攻击),因而在刑法上应当被慎重评价。至少在现有的刑法规范语境下,即便本文主张破坏计算机信息系统罪可以被置于客观解释的立场下对外部不法访问行为作出适度回应,但仍然要将保护法益限制在系统提供特定社会服务过程中所确立的公平秩序,如"挂号软件"。简言之,即便对罪名保护法益以及构成要件的解释可以在一定程度上体现出功能主义刑法的诉求,但仍然要对具体的处罚范围作出理性限制。

在刑法介入互联网之解释方案被审慎确立之时,不能忽视刑法之外的应对策略。一方面,民事救济始终是现实且可行的手段。如果"某助手"软件为用户提供规避打卡的行为确实违背了诚信原则或商业道德,在综合考虑侵权行为性质、主观故意、对于公司企业工作秩序的损害、软件累计下载量和运营持续时间等因素后,显然可以寻求民事赔偿。另一方面,促进技术提升、确保有效甄别技术规避手段,或许才是解决互联网技术领域问题的根本路径。

当然,即便本文主张以虚拟定位软件规避打卡的行为并未侵犯到破坏计算机信息系统罪保护法益,但此类行为仍然对互联网业务活动或市场竞争秩序造成了侵害,由此所暴露出的法律漏洞,可作为研讨素材加以运用。

若是基于立法论作出全新展望,则将引申出新设"妨害业务罪"的立法考量,抑或如学者所言采取一种以互联网业态秩序为规范保护目的的罪名设置路径、引入"妨害互联网业务罪"。[①] 总体来看,"妨害业务罪"抑或"妨害互联网业务罪"的新设,确实有助于避免由于立法上的轻罪缺失导致对重罪作出不当的软性解释以及由此引发的罪刑偏差,实现对利用互联网妨害业务行为的准确认定。在肯定新设罪名满足了"互联网+"时代刑法供给精确化需求的同时,立法批判过程中仍然要重点分析新设罪名与现存罪名之间的关系,并预估新设犯罪的辐射范围与扩张风险。与此同时,在"数据"已经被定位为新型生产要素的新质生产力时代,以传统生产要素为保护对象的破坏生产经营罪,是否也可以基于解释论实现数智时代的转型?进而言之,可否通过解释论实现小成本的规范续造,进而将破坏生产经营罪作为应对互联网领域各类

---

① 参见周光权:《刑法软性解释的限制与增设妨害业务罪》,载《中外法学》2019年第4期。

外部干扰行为的方案；还是说可以对该罪进行立法上的微调，由此达到与新设犯罪同样的功能效果。简言之，基于解释论或者是优化既有罪名之立法论进路，也同样可以实现对法律漏洞的回应。总之，无论是立法论思考还是解释论进路，本文均持开放态度，但需要认真地展开立法上的法益批判或解释上的方案论证。

【法律适用】

# 论故意中概括明知的司法认定

谭 堃*

**关键词**

不确定的故意　概括的明知　危险性　重叠的结果　想象竞合

**内容摘要：** 依照刑法第 14 条的规定，犯罪故意的认识因素包括两种类型，即"行为明知+结果确知"的确定明知与"行为明知+结果预知"的概括明知。概括明知是行为人在认识上存在不确定的情况，在我国司法实践中被广泛运用于故意的认定，同时对其也存在诸多认定的分歧。故意的本质是没有形成不实施危害社会行为的反对动机，因此概括明知的认定需要以行为人对行为危险性的明知为基础，结合主客观要素作出综合性的判断。当行为人基于概括明知而实施行为，导致一个结果或者重叠结果产生时，应当在坚持责任主义的前提之下，以想象竞合的方式定罪量刑。

---

\* 作者单位：西北政法大学刑事法学院。

## 一、概括明知及其司法认定的分歧

### （一）概括明知的内涵界定

本文所使用的概括明知取自德日刑法理论中不确定故意的概念。所谓不确定故意，是与确定的故意相对应的故意类型，指行为人对客观构成要件的事实存在不确定认识的情况。德日刑法理论中一般又将不确定的故意进一步分为概括故意、择一故意和未必故意三种类型。第一，概括故意，是指行为人虽然对于犯罪结果的发生有确定认识，但对于这种结果将发生在什么范围的对象上没有确定的认识。例如，行为人认识到，朝人群中投掷炸弹必定会炸死人，但是对于到底谁会被炸死以及几个人会被炸死，主观上并不能明确认识到。第二，择一故意，是指行为人虽然对于犯罪结果的发生有确定认识，但对于这种结果将发生在哪一个对象上没有确定认识。例如，行为人向车内甲乙二人开枪，认识到会击中其中一人，但到底会击中谁不确定。第三，未必故意，是指行为人对于犯罪结果的发生有预见，但对于该结果是否发生却无确定认识。例如，在人潮拥挤的闹市区飙车，行为人对该行为是否会发生致人死伤的结果并无确定认识。①

我国司法实践中，在认定不确定故意时使用概括故意的概念较多，出现择一故意和未必故意的情况较少，而且判决书中所使用的概括故意未必符合德日刑法理论中对概括故意的一般定义。从判决书使用"概括故意"认定犯罪故意的情形来看，主要包括以下三种情况。

第一，在走私类案件中，概括故意是被司法解释所认可的用于认定该类案件中是否存在明知的故意类型。2002年《最高人民法院、最高

---

① 参见[日]高桥则夫：《刑法総論》（第五版），成文堂2022年版，第198-199页；陈子平：《刑法总论》，我国台湾地区元照出版有限公司2017年版，第194-195页；[韩]李在祥：《韩国刑法总论》，韩相敦译，中国人民大学出版社2005年版，第149页；陈兴良：《规范刑法学》，中国人民大学出版社2023年版，第248-249页。

人民检察院、海关总署关于办理走私刑事案件适用法律若干问题的意见》第6条规定:"走私犯罪嫌疑人主观上具有走私犯罪故意,但对其走私的具体对象不明确的,不影响走私犯罪构成,应当根据实际的走私对象定罪处罚……"2006年《最高人民法院关于审理走私刑事案件具体应用法律若干问题的解释(二)》第5条进一步规定:"对在走私的普通货物、物品或者废物中藏匿刑法第一百五十一条、第一百五十二条、第三百四十七条、第三百五十条规定的货物、物品,构成犯罪的,以实际走私的货物、物品定罪处罚;构成数罪的,实行数罪并罚。"基于该解释,司法实践中的见解认为,"概括故意,一般是指行为人对于犯罪结果的发生具有概括性的认识,但是对于行为对象的个数以及哪个行为对象可能发生一定的危害结果尚不确定的心理态度"①。根据此定义,走私类案件中所使用的概括故意概念与德日刑法理论中的概括故意是相同的类型。

第二,在贷款诈骗类案件中,"行为人向金融机构提供虚假证明文件,抬高车辆购置价格等,同时骗取担保人的信任向金融机构提供担保,以申请贷款的方式获取金融机构贷款后非法占有。购车人在没有偿还能力的情况下,根据担保人承担的是连带责任这一情况,有骗取银行贷款和骗取担保的概括故意"。判决指出,结合具体案情,由于担保人提供了足额的保证金,银行损失得到了偿还的保证,因此受害人应为担保人,最终认定被告人的行为构成合同诈骗罪,而非贷款诈骗罪。② 此处所使用的概括故意概念与德日刑法理论中的择一故意是相同的含义。

第三,在互殴型轻伤害案件中,行为人与被害人因琐事发生撕扯,最终导致被害人受轻伤,很难认为行为人在行为当时确定知道自己的行为会造成轻伤害的结果,对其主观上故意的认定即借助了概括故意的概念。例如,在马某某故意伤害案中,2021年1月21日22时许,居住在西安市雁塔区的被害人肖某云因嫌楼上声音大扰民向物业投诉,物业保

---

① 广东省高级人民法院(2016)粤刑终811号刑事判决书。
② 参见浙江省仙居县人民法院(2015)台仙刑初字第113号刑事判决书。

43

安接到投诉后来到 21 层被告人马某某家敲门,因只有马某某孩子在家,开门后,保安告知有人投诉,声音放小。马某某得知此事,来到 20 层敲开肖某云家门,肖某云与马某某在楼道发生口角,继而双方发生撕扯后均摔倒在地,造成肖某云左胫骨平台粉碎性骨折,经鉴定为轻伤一级。① 本案中,用于认定行为人主观上存在故意的概括故意,与德日刑法理论中的未必故意是一个类型。

通过上述梳理可知,我国司法实践中所使用的概括故意概念,与德日刑法理论中的概括故意概念内涵并不相同,其范围更接近于不确定故意概念。那么,有无必要区分概括故意、择一故意与未必故意呢?理论上关于是否有必要区分概括故意、择一故意和未必故意存在不同看法。一方面,"概括故意与择一故意仅仅在到底是多者取一还是二者取一的问题上有所区别,而在其本质上并没有什么不同"②。如果再结合未必故意的对象是一个的特征,三者的区别标准不过是行为对象的个数。另一方面,概括故意、择一故意与未必故意的区别仅在于对结果发生是否存在确定认识,但是择一故意与概括故意在个别对象的侵害方面仍然存在不确定的认识,只不过是伴随对象个数变化的未必故意的变种。③ 学者们认为区分三者的意义有限,主要是因为不确定故意的各种类型都是由于认识因素上的不确定而区别于确定故意,④ "区别确定故意与不确定故意的关键在于故意的认识因素,即行为人对危害结果的认识内容与认识程度。……凡是行为人明知故意的具体内容和确定趋向的,是确定故意;凡是行为人对故意的具体内容和发展趋向不甚明确的,是不确定故意"⑤。因此,三种类型的不确定故意所聚焦的核心议题具有共通性,在解决此共通性问题时没有必要区分三者。此外,概括与具体、详尽相

---

① 参见陕西省西安市雁塔区人民法院(2021)陕 0113 刑初 1168 号刑事附带民事判决书。
② [韩] 李在祥:《韩国刑法总论》,韩相敦译,中国人民大学出版社 2005 年版,第 149-150 页。
③ 参见 [日] 井田良:《刑法総論の理論構造》,成文堂 2005 年版,第 74 页。
④ 参见赵远:《论概括故意的构造与司法运用》,载《法学评论》2015 年第 3 期;张永红:《概括故意研究》,载《法律科学》2008 年第 1 期。
⑤ 高铭暄主编:《刑法学原理》(第二卷),中国人民大学出版社 2005 年版,第 63-64 页。

对，本身就具有不确定之意。所以，我国司法实践中以"概括故意"的概念指称不确定故意的所有情况也并无不当。

本文将与我国司法实践保持一致，在不确定故意的层面上使用概括故意的概念，其包括所有在主观上存在不确定认识的情况。因此，所谓概括故意，是指为行为人明知自己行为的社会危害性，预见到危害结果的发生，但是不确定结果是否实际发生以及发生在什么对象上的主观心理。结合概括故意的核心问题在于认识因素方面的不确定认识，本文将研究的主题限于概括明知。

不过应当注意的是，尽管三种类型的不确定故意都以行为人主观上存在不确定的认识为特征，但是在最终的定罪量刑方面仍然存在各自特殊的问题。特别是择一故意的场合，行为人只有导致一个结果发生的认识，客观上却造成两个结果的发生，在此种择一故意中发生了重叠结果的情况下，如何对行为人的行为进行定性，理论上存在较大争议，与概括故意和未必故意场合出现重叠结果时的定性也不相同。因此，在具体案件行为定性的问题上，仍然可能使用择一故意、未必故意的概念。

（二）概括明知的认定分歧

近年来，为了应对电信网络诈骗、互殴型轻伤害、聚众斗殴、走私、毒品等类型案件中犯罪故意认定的需要，概括明知被我国司法实践频繁用于认定行为人主观上存在明知。概括明知概念的使用，为司法机关认定行为人仅有概括性认识时，主观上仍然存在犯罪故意提供了行之有效的方法。但是，由于概括明知的内容本身不确定，行为人主观上对客观构成要件事实的认识需要确定到何种程度才能被认定为概括明知，存在范围界定不清的问题，极易造成司法认定的范围过宽的问题。[①] 在行为人不具有主观明知的情况下，就认定需要对客观结果承担责任，存在客观归罪的危险，特别需要予以警惕。通过对具体案件的分析，我们可以发现当前司法实践中对概括明知的认定存在以下三个方面的争议。

---

① 参见赵远：《论概括故意的构造与司法运用》，载《法学评论》2015年第3期。

第一，概括明知的范围缺乏限制。在以概括明知判断行为人主观上是否存在故意时，如若"一括了之"，极易产生客观归罪的问题。例如，在行为人驾驶超标电动车发生交通事故，涉嫌危险驾驶的案件中，行为人对于所购买的电动车是否超标并不知情，仍然被认定为存在危险驾驶的故意，存在认定上的偏差。余某良危险驾驶案中，被告人余某良醉酒驾驶机动车在道路上行驶，经检测，被告人静脉血液中酒精含量为110.02 毫克/100 毫升。辩护人辩称被告人案发时驾驶的电动车不属于机动车，其亦不明知自己驾驶的是否是机动车。判决只以客观鉴定认定该电动车属于机动车，并指出余某良明知自己喝了酒，对周围驾驶环境不能达到安全要求的清醒认识，而驾驶最大设计车速达 50 千米/小时左右的超标电动车上路行驶，可能对他人生命、财产安全造成危险，其主观为故意。对行为人是否明知其所购买的电动车超标没有任何回应。①本案中，超标电动车是否被法律评价为机动车固然属于违法性的问题，但是行为人对自己所购买的电动车是否超过了技术指标的认识，是对犯罪工具事实属性的认识，属于事实认识的范畴。在行为人缺乏该事实认识的情况下，就认定其主观上具有导致危害社会结果发生的故意，存在客观归罪的嫌疑。概括明知的运用是否使得某些案件的故意认定中存在客观归罪的情况，难免让人产生担忧。

第二，概括明知的未遂评价不当。在概括明知的案件中，一般只依据实际发生的危害结果对犯罪予以定性，未实际发生的结果不在责任追究范围之内。例如，在郑某东等故意伤害案中，被告人郑某东与其女朋友分手，其认为是因被害人李某的出现所致，遂决定自制爆炸物邮寄给李某，伺机报复。2012 年 1 月，郑某东准备了电线、电池、小玻璃药瓶、小灯泡、钢珠、电解液等，并购买了鞭炮、微动开关等物品，在出租屋内，自行研制爆炸物 1 个，并用纸盒包装好。随后将该爆炸物邮寄给李某。李某回到出租屋，发现门口的邮件，打开后发生爆炸，致其重

---

① 参见江西省南城县人民法院（2017）赣 1021 刑初 60 号刑事判决书。

伤。① 法院采纳辩护意见认为，现有证据不能证明郑某东有积极追求李某死亡结果发生的主观故意，其报复的主观故意属于概括故意，现发生致人重伤的结果，宜以结果定性。问题在于，既然认定行为人主观上存在概括故意，那么其中就包括对行为可能导致死亡结果的认识，当客观上没有产生死亡结果时，仍然有可能构成故意杀人罪的未遂犯。判决却以客观上没有造成死亡结果为由认定构成故意伤害罪，没有对故意杀人罪的未遂作出任何评价，难言妥当。

第三，概括明知的判断构造匮乏。例如，在陆某走私废物案中，公诉机关指控，应某敏、陆某违反海关法规，逃避海关监管，采用伪报品名的方式进口固体废物逾389吨、进口普通货物偷逃应缴税额74万余元，其行为已构成走私废物罪、走私普通货物罪，应数罪并罚。本案中，行为人具有走私废物的故意，但是在所走私的废物中夹藏有普通货物，是否应当构成走私普通货物罪存在争议。② 如上所述，相关司法解释对走私犯罪中行为人主观故意的认定采取的是概括故意的认定方法，并不要求行为人对所走私的物品种类存在确定的明知。但是，本案中，人民法院认为，如果行为人具有走私的概括故意，对其以实际走私的物品定罪处罚并无不妥；但是如果行为人不具有走私的概括故意，对其以实际走私的物品定罪处罚则违背了主客观相统一原则。在确定应某敏、陆某缺乏走私普通货物主观故意的前提下，仅凭其走私的废旧电子产品中混有普通货物，认定应某敏、陆某构成走私普通货物罪与走私废物罪两个罪名，显然属于客观归罪。笔者认为，尽管本案对于走私类案件中概括明知的认定具有指导意义，却仍然没有解决概括明知司法认定的根本问题。这是因为，判决只是从消极排除的角度将确定不具有的认识排除在概括明知的范围之外，却没有从积极正向的角度去说明如何认定概括明知存在与否以及范围如何的问题。

---

① 参见广东省广州市中级人民法院（2012）穗中法刑一初字第424号刑事判决书。
② 参见《上海市人民检察院第一分院诉应某敏、陆某走私废物、走私普通货物案》，载《最高人民法院公报》2014年第5期。

综上所述，本文试图立足于现行刑法第 14 条的规定，从概括明知的规范根据出发，为建构其判断构造作出些许尝试，以期为司法实践中概括明知的规范化认定提供借鉴。

## 二、概括明知的规范根据

我国刑法第 14 条第 1 款规定："明知自己的行为会发生危害社会的结果，并且希望或者放任这种结果发生，因而构成犯罪的，是故意犯罪。"据此，我国刑法通说见解认为，犯罪故意在立法上采取了直接故意与间接故意的分类。① 对犯罪故意应当从认识因素和意志因素两个方面予以把握，其中的认识因素就是条文中所规定的"明知自己的行为会发生危害社会的结果"。结合司法实践，明知又被认为包括知道或者应当知道，但是这两种情况都难以将概括明知囊括在内，概括明知能否从现行立法规定中找到规范根据存在疑问。

### （一）明知属于确定知道

所谓明知，一般作为确定知道来理解。明知的对象是作为客观构成要件的事实，主要包括主体特征、行为的性质、行为对象以及危害结果等。既然通说见解认为，我国刑法中所规定的明知是指确定知道，那么就应当认为概括明知并不在立法明确规定的故意范围之内，概括明知往往被归于理论层面的故意类型。② 不过，我国司法实践对概括明知的认识并非仅停留在理论层面，如上所述，概括明知是实践中认定故意的重要方法。由于依据概括明知所认定的故意范围会大于确定知道的情况，即可能将并非确定知道的情况也纳入故意的范围，这将使得实然处罚的对象较之立法规定有所扩张。因此，如果认为刑法中的明知不包括概括的明知，则司法实践中运用概括明知认定故意就存在违背罪刑法定原则

---

① 参见陈兴良：《规范刑法学》，中国人民大学出版社 2023 年版，第 247 页；周光权：《刑法总论》，中国人民大学出版社 2021 年版，第 153 页等。

② 参见赵远：《论概括故意的构造与司法运用》，载《法学评论》2015 年第 3 期。

之嫌。鉴于此，学者们试图在刑法第 14 条的规定中找到概括明知的规范根据。

为了在立法上为概括明知的适用扫清规范性障碍，理论上主要从明知的解释入手，认为明知不仅包括确定知道，也包括可能知道、预见到。例如，张明楷教授认为，"由于明知就是指知道、认识到、预见到，所以，明知并不限于确切知道或者确定性认识，而是包括了不确切的明知与不确定的认识"①。又如，有学者认为，"'可能知道'应属于'明知'的内涵"②。司法实践中也有见解认为，"明知不等于确知，尽管确定性认识和可能性认识存在程度上的差异，但两者都应纳入明知的范畴"③。但是，明知的用语是否可以被解释为包括可能知道、预见到在内，笔者认为并非不存在疑问。

第一，将明知解释为包括了"预见"，并不符合明知的文义。从明知的用语来看，其是明确知道、确定知道的意思，难以从明知中解释出"预见"。尽管笔者认同故意的认识因素应当包括概括明知的情况，但是从故意的认识因素应当包括预见的应然立场出发，并不能直接推导出我国刑法将"预见"作为了故意的认识因素，更无法推导出"明知"的内涵本身就包括"预见"在内。因此，对刑法第 14 条应当采取文义解释的方法，将明知的内涵限于确定知道。第二，将明知解释为包括了"预见"，扩大了故意的范围。将明知解释为包括了"预见"，则刑法第 14 条的内容就有可能成为"预见自己的行为会发生危害社会的结果"。此种情况将使得故意的认定仅需要行为人对所有构成要件的事实存在预见即可。那么，犯罪故意的成立是否不需要对任何事实存在明知呢？例如，间接故意与过于自信的过失，在主观上都是预见到了结果可能发生，但理论上一般认为，两者的区分主要在于过于自信的过失对于结果

---

① 张明楷：《犯罪故意中的"明知"》，载《上海政法学院学报（法治论丛）》2023 年第 1 期。

② 张蔚伟：《犯罪故意认识因素研究》，知识产权出版社 2016 年版，第 173 页。

③ 最高人民法院刑事审判第一、二、三、四、五庭主办：《中国刑事审判指导案例3》，法律出版社 2017 年版，第 187 页。

的预见并不真实,行为人主观上只是预见到了结果发生的非现实的可能性。对结果发生可能性的认识是否现实,必定是基于对某些事实的不同认识,所得出的不同结论。也即,故意的判断中,尽管对结果的发生仅仅是预见,却不能否认行为人主观上对其他客观事实的明知。将明知理解为包括了"预见",使得对刑法第 14 条的解释产生了"预见自己的行为会发生危害社会的结果"的情况,混淆了故意成立时应当明知和可以"预见"的对象。也即,故意的成立中,行为人即便对结果这一认识对象存在"预见",这种区别于过失的"预见"也是以主观上对某些事实的"明知"为基础的。因此,第 14 条规定的明知恰恰限定了犯罪故意成立的范围,以"预见"替代明知,使得犯罪故意的范围失去了必要的界限,存在犯罪故意认定扩大化的问题。

此外,司法实践中将明知解释为应当知道,仍然难以为概括明知提供规范根据。这是因为,应当知道不过是推定的明知,最终结论仍然是行为人主观上确定知道,只不过这种确定知道的结论是通过推定得来的。司法实践中也有见解认为,"应注意避免以应当知道的证明取代对于可能性明知的证明,后者属于实然层面的心理状态,前者属于应然层面上的注意义务,两者不可混为一谈"①。这也从另一个侧面说明应当知道与概括明知并不是一回事。因此,将"明知"的内涵理解为应当知道,不过是明知认定方法、规则的扩张,并不是明知内涵的延展,仍然无法为概括明知提供规范依据。

综上所述,笔者认为,刑法第 14 条规定的"明知"不应当包括"预见",而仍然应当保持确定知道之意,这既是"明知"文义解释的必然结论,也是区分故意与过失的必然要求。不论将"明知"理解为"知道"还是"应当知道",都属于确定知道,不包括不确定认识的情况。既然如此,要在刑法规定中为概括明知提供法律规范的根据,通过对"明知自己的行为会发生危害社会的结果"的现有解释路径是难以

---

① 最高人民法院刑事审判第一、二、三、四、五庭主办:《中国刑事审判指导案例3》,法律出版社 2017 年版,第 187 页。

实现的，需要对故意认识因素进行重构。

(二) 故意认识因素的重构

故意的认识因素，是行为人对客观构成要件事实的认识。如果将我国刑法中故意的认识因素仅仅理解为"明知"，那么就要求行为人在主观上对所有客观构成要件的事实都确定地知道。问题在于，行为人在行为当时是否存在对所有客观构成要件事实的确定认识呢？行为人在行为时对自己将要实施的行为的社会危害性可以存在确定的认识；对行为所要作用的对象在某些情况下也存在确定的认识；但是，行为人在实施行为之后，对于行为将要导致的结果却难以形成确定的认识。"在行为时，结果尚未发生，行为人对于将会发生结果的预见，无论在何种情况下，都只能是一种可能性的认识，而不可能是必然性的认识。"[①] 陈兴良教授指出，"这里的明知必然发生或明知可能发生都是行为人在当时情况下的一种主观判断，因而属于主观认识的内容，而非客观的真实事实"[②]。有学者基于此就认为，"不论行为人对自身的认识判断能力多有自信，在犯罪行为完成前，其对构成要件事实的明知都只能是一种个人的推测"[③]。此种见解否定了行为人在行为时对所有客观构成要件的事实存在确定认识的可能，并不符合客观实际。陈兴良教授所言"属于主观认识的内容，而非客观的真实事实"，并非指行为人主观上对于任何客观事实都无法形成确定认识，主观认识既有可能与客观事实一致，也有可能与客观事实不一致，当主观认识与客观事实不一致的情况下会产生认识错误的问题，但是并不能认为行为人的主观认识都是错误认识。也不能认为行为人主观认识完全不可能达到清晰、确定的程度。例如，行为人朝着被害人的头部开枪，其对该行为具有致人死亡的危险性存在确定的认识，但是对于死亡结果是否确实会发生，行为人无法产生确定的认识。

---

[①] 贾宇：《犯罪故意研究》，商务印书馆2020年版，第5页。
[②] 陈兴良：《本体刑法学》，商务印书馆2001年版，第337页。
[③] 张蔚伟：《犯罪故意认识因素研究》，知识产权出版社2016年版，第169页。

基于上述考察，笔者认为，可以对我国刑法中故意的认识因素构造作重新的架构。从刑法第14条的规定来看，"明知自己的行为会发生危害社会的结果"的表述，实际上包括两层含义，即"明知自己的行为"的社会危害性与预见到"会发生危害社会的结果"。由此，我国刑法中故意的认识因素就不再是通常所理解的只有一个要素，即"明知自己的行为会发生危害社会的结果"；而是包括了两个认识因素：一个是行为人对行为社会危害性的明知，另一个是行为人对危害结果的预见。两个认识因素相结合才能完整地体现行为人主观上的认识心理。

第一，所谓"明知自己行为的社会危害性"，是指行为人明知自己将要实施的行为是什么、行为的性质如何，体现的是行为人对行为可能造成何种危害的认识。对此，行为人在主观上是能够形成确定认识的，否则难以认定行为人主观上存在导致危害结果发生的故意。前述行为人驾驶超标电动车涉嫌危险驾驶的案件中，行为人对所驾驶的电动车是否属于超标电动车没有认识，也就难以认为其主观上对自己驾驶超标电动车的行为所具有的危害性存在认识，应当否定危险驾驶故意的成立。由此可见，行为人明知自己行为的社会危害性，又是通过其主观上对行为属性相关事实的认识来形成的，最终体现为行为人对行为的危险性产生了意识。第二，所谓"会发生危害社会的结果"，则是指行为人在实施了具有危险性的行为之后，对行为可能导致的结果的预见。行为人主观上之所以能够认识到"会发生危害社会的结果"，就是基于其主观上对行为危险性的明确认识。但是，对行为危险性的明确认识还不足以形成对发生结果的明确认识，因为行为的危险性不过是发生结果的可能性。所以，行为人尽管明确知道其所实施的行为的危险性，至多产生了对结果发生可能性的认识，对于结果是否能够确实发生却未必能够形成确定的认识，也即行为人主观上可能对结果的发生只具有预见。

此外，需要明确的是概括明知并不能与直接故意或者间接故意中的任一种类型故意画等号。尽管"会发生"包括必然会发生和可能会发生两种情况，但实际上不论是哪种"会发生"的情况，行为人主观上都不能确定结果一定发生，所以即便说行为人认识到结果"必然会发生",不过是其主观上对结果发生有更高程度的"预见"。因此,基于预见程度的不同使得确定的故意与不确定的故意、直接故意与间接故意在结果发生与否的认识上存在程度的差别,但是在对结果的发生不存在"明知",只存在"预见"的认识上不存在区别。基于预见程度的区别,行为人在明知行为的危害性进而选择实施行为时,对结果的发生产生了不同程度的认识:既有可能是较为确定的认识,即"确知";也有可能仅仅是较为模糊的认识,即"预见"。两者的区别在于,前者是对结果发生的可能性有较大程度把握的预测,而后者是仅对结果的发生有一般程度的可能性认识。①

综上所述,故意的认识因素就可以进一步表示为"行为明知+结果确知"的确定明知与"行为明知+结果预知"的概括明知。由此,通过对我国刑法中故意认识因素的重构,能够为概括明知的司法认定提供规范基础。可以认为,概括明知本身就是刑法第14条所规定的明知类型,概括故意也是我国立法所确认的故意类型。

## 三、概括明知的判断构造

### (一)判断基础:行为的危险性

概括明知在故意的认识因素方面存在不确定的认识,那么如何在司法实践中判断行为人主观上存在概括明知以及合理限定其范围呢?对不确定性的人为判断本身就具有不确定性。因此,"在评价某些事件或事物出现的频率,以及某一特殊事件发生的概率时,我们通常会求助于具有可利用性的启发式程序。也就是说,人们想起发生过的事件和想象未来发生事件的容易程度,驱动了他们的概率判断。"② 当然,概率的判

---

① 参见蔡圣伟:《刑法判解评析》,我国台湾地区新学林出版股份有限公司2019年版,第8页。

② [美]格来哲·摩根、麦克斯·亨利昂、米切尔·斯莫:《不确定性》,王红漫译,北京大学出版社2011年版,第131页。

断绝不是脱离了客观事实的纯粹推断，而仍然是基于客观事实所作出的判断。因此，概括明知的认定，与犯罪主观方面认定时所采取的主客观相统一的判断原则并无本质区别，仍然需要通过所掌握的确定事物出发推断出尚不确定的事物，或者说是要从确定的东西中推断出不确定的东西。

如上所述，概括明知在规范设置上是"行为明知+结果预知"的构造，因此在认定概括明知时，就需要从确知的内容出发推断行为人主观上所预见的内容。行为人决意实施的具有社会危害性的行为，不论对结果的发生是追求还是放任，都是基于其主观上对该行为所具有的社会危害性的明知。行为人基于对行为社会危害性的认识，仍然选择实施该行为，才体现出行为人对犯罪实现的主观态度。行为的社会危害性是指行为导致法益侵害结果产生的危险性，这种危险性内含于行为中、表现于行为外，因而我们也就能够从行为人所实施的危害社会的行为中判断出其所具有的导致结果发生的可能性。所以，在认定行为人主观上对结果发生是否具有预见，应当以行为人所实施的行为的危险性为基础，通过判断行为人是否认识到了体现行为危险性的事实，来判断行为人主观上是否存在对将要发生结果的认识。也即，当行为人明知自己所要实施行为的社会危害性时，行为人仍然选择实施该行为，说明行为人对于结果的发生具有主观上的预见。反之，如果行为人认识到所创出的危险很小，原则上我们应当认为其确信结果不会发生，没有作出与保护法益相敌对的决定。此种情况，即便客观上产生了结果，也不能认为行为人主观上对于结果的发生存在预见。

那么，行为人对于行为的社会危害性或者危险性的认识需要达到何种程度呢？有见解认为，对行为性质的明知只要存在对行为客观属性的明知就够了，不要求行为人具有对规范的意义的认识。"要求行为人认识的行为性质，在这里还不是法律规范评价，而是指对行为客观性质的评价，即知道自己在干什么……这里还不涉及行为人对该种行为是否有社会危害性,是否有违法性的评价,只要求行为人知道行为在客观上是什么。"① 基于此,对构成要件中规范构成要件要素的认识也将被归于违法性认识,对其认识的错误也不会影响到故意的成立。但是,要肯定行为人明知行为的社会危害性,仅仅认识到行为的客观属性是不够的,客观属性的认识只是达到了对行为客观外部特征、类型的认识,缺乏对行为社会危害性的认识。

笔者认为,对于行为的明知还应当要求行为人认识到行为的社会危害性,即要认识到行为在法律规范看来是不好的、坏的行为。或者说,行为人确定知道所实施的行为在法律规范上是禁止实施的行为。由于故意的构成要件规制机能是以刑法规范为手段的一般预防的要求,② 反之,刑法规范一般预防的机能如何实现将影响故意认识内容的确定。刑法通过向规制对象提供行为规范的指引来实现犯罪预防的一般效果。即一般预防目的的实现,依赖于人们遵从法规范的期待来安排自己的行为,由于法规范的目的在于保护法益,所以遵从法规范而行为最终有利于实现刑法法益保护的目的。因此,法规范所期待的是,在行为人认识到自己所实施的行为是法规范所禁止的或者说是法所不允许的可能导致法益侵害结果产生的行为时,其能够在主观上形成不实施该行为的反对动机。行为人违背法规范的期待没有形成反对动机,进而实施了法所不允许的行为,才需要在刑法上被谴责。所以,行为人需要对自己将要实施的行为在刑法上所具有的规范期待存在明确的认识。既然如此,那么"故意中的'事实的认识',不是'对物体的认识'或者'对裸的事实的认识',而必须是'对含义的认识'"③。至于行为人所实施的行为在法律上具体如何评价,是评价为甲罪还是评价为乙罪,则不属于明知的范围。因为行为人对法规范所期待的内容的认识,只要明确知道行为被法规范所禁止就够了,并不要求行为人对法规范具体的评价结论也存在

---

① 贾宇:《犯罪故意研究》,商务印书馆 2020 年版,第 83 页。
② 参见 [日] 井田良:《讲义刑法学·总论》,有斐阁 2018 年版,第 165 页。
③ [日] 松原芳博:《刑法总论重要问题》,王昭武译,中国政法大学出版社 2014 年版,第 179 页。

认识。

此外，前述的"法律规范"，并不限于刑法规范，而是就广义的法律规范而言的。法益保护立基于整体法秩序的要求，从法秩序统一的角度来看，任何侵害法益的行为都是整体法秩序所不允许的。法规范的期待也应当从整体法秩序的角度作统一的理解，而不能是在刑法规范看来是合法的行为，在非刑法规范判断却是违法的；反之亦然。因此，行为人与他人实施互殴的行为，不要求行为人明知自己的行为是达到了刑法规范禁止程度的社会危害性的行为，只要认识到该行为为广义的法律规范所否定、所禁止就够了。

（二）判断内容：行为危险性的决定要素

行为人对行为危险性的确知是判断概括明知的基础，因此对概括明知的判断就转化为了行为人是否明确认识到行为危险性的判断。而对行为危险性是否明知的判断又可以进一步具体化为行为人对决定行为危险性的诸多客观要素是否存在明确认识的判断。尽管这些要素实际上就是客观构成要件所具有的要素，但是对这些要素的认识未必需要达到完全清晰准确的程度，就能够确定行为人对行为的社会危害性存在明知。因此，有必要具体展开分析行为人需要对哪些要素认识到何种程度才能够认定其主观上对行为的危险性存在明知。决定行为人认识到行为危险性的要素，主要包括以下五个方面。

第一，行为所作用的部位及程度。行为所作用的部位及程度不同，决定了所可能导致的结果不同，对行为的危险性具有决定性的意义。行为人如果对打击的部位没有确定认识，则难以认定其对行为危险性的明知。例如，行为人与被害人在脚手架上相互撕扯对方的衣服领子，并手持工具相互厮打，后行为人在跌落时将被害人拽落倒地，致被害人受伤，二人倒地后又起身相互厮打，其间，行为人手持铁钎子击打被害人的头部、胸部。①通过行为作用部位与程度的判断，可以认为本案中行

---

① 参见山东省青州市人民法院（2017）鲁 0781 刑初 437 号刑事判决书。

为人对行为能够造成他人伤害结果的危险性存在明确的认识。反之，行为人与被害人撕扯的过程中只有轻伤害的行为，最终却导致死亡结果的发生，不能认为行为人所实施的轻伤害行为具有致人死亡的危险性。行为人在行为时也就不能认识到自己的行为可能造成死亡结果的发生。

第二，使用的工具。行为人行为时所使用的工具在表征行为危险性时也会发挥一定作用。例如，到底是使用棍棒还是使用管制刀具，在伤害行为的危险性程度上就存在差别。又如，在电信网络诈骗案件中，行为人出借银行卡的行为是构成帮助信息网络犯罪活动罪还是掩饰、隐瞒犯罪所得、犯罪所得收益罪，主要看行为人主观上是否明知所出借银行卡将被如何使用。但是在司法实践中，提供"两卡"特别是提供银行卡，既有可能是被电诈分子用于在诈骗过程中直接接受被害人转账过来的款项，也有可能是被用于在诈骗得手后分流赃款、取现。由于行为人主观上并非确定知道，其只关心出售、出租银行卡获利，并不关心、介意其所提供的银行卡具体被用于哪个阶段，因此很难确定行为人明知到底是事前、事中还是事后参与犯罪。但是，行为人对自己转借银行卡的行为的危险性的明确认识并不要求其需要认识到银行卡会在具体哪个环节被使用，而是只要认识到出借银行卡是违规的、存在被违规使用的可能性，即可认定行为人主观上存在对行为社会危害性的明知。

第三，行为的方式。行为人对行为方式的明知，限于决定行为危险性的行为方式，与行为的危险性之间不具有必然关联的，不在明知考察的范围之内。有学者认为，行为人对行为手段的不确定认识也属于概括明知的范围，例如，到底采取枪击还是刀砍的方式杀人，到底采取暴力还是胁迫的方式抢劫，到底采取窃取还是骗取的方式贪污，都属于概括明知的范围。① 由于这些行为手段都处于同一构成要件范围内，都是实现同一构成要件的方式，不会产生故意认定的问题，也就没有必要纳入概括明知的讨论范围。所以，既然对行为的社会危害性的明知只需要达到法律规范所禁止的范围，则"明知自己的行为的社会危害性"就不

---

① 参见张永红：《概括故意研究》，载《法律科学》2008年第1期。

意味着对所有危害行为的情状都属于"明知"的范围。

第四,行为的对象。概括明知包括对结果将在哪个对象上发生的概括认识,但是这不等同于行为人对自己行为所作用的对象完全不存在确定的认识。在某些情形中,行为人对行为将作用于何种对象的认识,决定了其对自己行为的社会危害性的认识,因此仍然属于判断行为危险性时需要认识的要素。但是,对行为对象的认识,只要能够判断出行为的社会危害性就够了,因此这里所谓对行为对象的明知,并非指对物品到底是什么的明知,而是对物品所彰显的规范属性的明知。例如,在毒品类案件中,行为人是否认识到自己持有、贩卖的是毒品,对于行为危险性的判断具有直接影响。但是,在运输制毒原料的过程中,行为人辩解对具体所运输的物品是什么不知情的情况下,能否通过认定行为人认识到所运输的是违禁品,即认定行为人具有概括的明知呢?如上所述,行为人对自己行为的社会危害性的认识需要确定认识到自己的行为是为法规范所禁止的,因此当行为人明知所运输的物品属于违禁品,也即"最起码知道其所携带的是不正常、不合法的物品"①,就已经认识到了其行为的规范禁止性。至于具体案件中客观上到底运输的枪支还是毒品,皆在行为人概括明知的范围之内,仍然可以认定其主观上的故意。

第五,规范构成要件要素。行为人要形成不实施法所禁止的行为的反对动机,依赖于行为人对规范意旨的准确理解,因此,价值的要素应当纳入故意的认识内容。在规范的构成要件要素成为决定行为危险性的要素的情况下,只有行为人对该要素所具有的含义具有明确认识时,才能认为其主观上明确认识到行为的危险性。因此,对于规范的构成要件要素的认识属于事实认识,而不属于对行为违法性的认识。例如,针对贩卖淫秽物品牟利罪中的"淫秽",仅仅认识到物品中存在文字与图片的组合并不充分,需要行为人认识到该物品属于下流的、为社会主流道德观念所不齿的内容,才能认为行为人对贩卖该物品的行为的社会危害性具有明确的认识。

---

① 李武清:《引入概括性认识的概念》,载《人民检察》2007年第21期。

### 四、概括明知案件的具体定性

司法实践中,针对概括明知案件的定性,都是根据客观上实际造成的结果予以确定的。此种定性方式存在以客观结果的内容掩盖主观恶性评价的问题,因此理论上有必要从主客观相统一的立场出发作更为精细化的判断。

（一）结果概括明知中的未遂定性

司法实践中针对概括明知的案件,在认定行为人主观上存在故意的前提之下,往往以客观上实际发生的结果作为最终定罪的依据。例如,在行为人与被害人厮打过程中,行为人用随身携带的水果刀将被害人捅死的情况,"按照概括故意的处理原则,如果死亡结果发生,就应该定故意杀人罪,如果仅仅发生了伤害结果,就只能认定为故意伤害罪"[1]。前述郑某东等故意伤害案中,最终即是以结果定性认定行为人构成故意伤害罪（致人重伤）,而不是故意杀人罪（未遂）。但是,笔者认为,在概括明知的案件中,皆以结果定性未必妥当,可能存在对主观要素评价不当的问题。对此,1989年10月12日最高人民检察院刑法修改小组《修改刑法研究报告》就指出："行为人意图伤害他人,对造成轻伤还是重伤,往往是概括故意,主观恶性大小与实际造成的伤害后果不完全一致。对于主观恶性大,造成伤害后果较轻的,完全依照后果处罚是不妥当的。"[2] 这也可以说明,以结果定性也未必是司法实践中概括明知案件处理的固有认识。

在概括明知的案件中采取结果定性往往与将概括明知作为间接故意来对待存在某种关联。但是,如上所述,不能认为概括故意等同于间接故意,行为人在概括明知的认识之下实施行为,在意志因素上既有可能

---

[1] 张永红:《概括故意研究》,载《法律科学》2008年第1期。
[2] 参见高铭暄等编:《新中国刑法立法文献资料总览》,中国人民公安大学出版社2015年版,第1221页。

是积极追求，也有可能是听之任之的放任。因此，概括明知并不能完全等同于间接故意，在概括明知的案件中也就无须完全按照实际发生的结果来定性。在直接故意的场合，不论是伤害的结果还是死亡的结果，均是行为人概括明知的认识之下所追求的结果，并非发生也可不发生也可的放任心态，而是发生伤害结果也可发生死亡结果也可的任意心态，客观上发生什么样的结果均是行为人积极追求导致的。当行为人所实施的行为具有致人死亡的危险性时，即便死亡结果没有发生，致人死亡的危险性却已存在，因此是伤害结果与死亡危险并存的状态。所以，行为人在概括明知的认识之下实施了一个行为却触犯了数个罪名，应当构成想象竞合，依照想象竞合的处断原则从一重处断来具体定性。

前述郑某东等故意伤害案中，行为人制造爆炸物邮寄给被害人的行为，从制造爆炸物所使用的物品来看，行为本身就具有了导致他人死亡的危险性。行为人在明确认识到行为危险性的前提之下，尽管对到底造成伤害的结果还是死亡的结果难以确定，却对任一结果皆为积极追求的心态。从促使行为人形成不实施行为的反对动机的角度来看，不能不对其主观上杀人的故意不予评价。因此，应当认定行为人的一个行为同时触犯了故意伤害罪（致人重伤）和故意杀人罪（未遂），应认定在两罪之间构成想象竞合的关系，从一重处断。

反之，行为人主观上虽然存在概括明知，但是客观上的行为最终只能触犯一罪，则直接以所触犯之罪定罪即可，不能以想象竞合论处。前述"两卡"犯罪中，行为人所提供的银行卡，既有可能是被用于在诈骗过程中直接接受被害人转账过来的款项，也有可能是被用于在诈骗得手后分流赃款、取现。由于行为人主观上只存在概括明知，即其只关心出售、出租银行卡获利，并不关心、介意其所提供的银行卡具体被用于哪个阶段，此种情况下行为人的行为到底构成何罪还需要根据客观现实发生的情况予以判断。如果依照客观现实的情况最终确定行为人的行为只能构成一罪，则不存在构成想象竞合并依照从一重处断的原则进行处罚的问题。结合行为人主观上的概括明知和客观上银行卡具体被在哪一个环节使用，可以判断行为人具体构成的是帮助信息网络犯罪活动罪还是掩饰、隐瞒犯罪所得、犯罪所得收益罪。此种情况特别需要注意主客观相统一进行判断，不能以行为人主观上的概括明知径直推导出客观上触犯了两罪的结论。例如，在王某某非法制造、出售非法制造的发票案中，被告人王某某在明知没有真实经营活动的情况下，向秀某公司开具了36份增值税普通发票，价税合计人民币280万余元。经税务机关鉴定，上述发票均系伪造。判决认为，"即使被告人王某某主观上以为其出售的是真发票，但毕竟其客观上出售的却是假发票，其主观上的故意应当属于择一的故意，因此在主客观相统一的立场下，其行为应当以非法出售发票罪未遂和出售非法制造的发票罪既遂，想象竞合从一重论处"①。本案中，行为人客观上出售的发票为假发票，行为在客观上不存在构成非法出售发票罪的危险性，因此只能构成出售非法制造的发票罪，不能以想象竞合论处。

(二) 对象概括明知中的重叠结果

当行为人主观上对结果将发生在何种对象上存在概括明知，却又现实发生重叠结果时，应当对行为人的行为如何定性呢？对象概括明知下产生了重叠结果的问题，有学者主张在量刑中予以解决；有学者认为属于故意个数的问题。结合本文将故意的本质理解为形成不实施危害社会行为的反对动机，则仅仅从量刑上考虑处罚妥当性是不充分的。笔者认为，应当结合故意的个数，在法规范的期待上对行为作出定性。

此外，对象概括明知下产生重叠结果的情况又需要区分对象不特定与对象特定的不同情况予以讨论。其中，所谓对象不特定，是行为人主观上对结果是否发生，在什么对象上发生存在概括明知的情况；而对象特定，是指行为人主观上虽然不确定结果发生在哪一个对象上，但是确定只在一个对象上会发生结果。② 由于两者在故意的个数上存在差别，因此需要分别予以检视。

---

① 上海市徐汇区人民法院（2020）沪0104刑初1279号刑事判决书。
② 前者相当于未必故意；后者相当于择一故意。

1. 对象不特定时的重叠结果归责

对象不特定时,并不能排除行为人对所有对象上发生结果存在概括的明知,因此此种情况不仅仅是客观上产生了重叠的结果,更是主观上存在"重叠的故意"。由于概括明知导致行为人主观上同时存在多个故意,因此是数个主观意图支配之下的一个行为触犯了数个罪名。所以,在犯罪定性时应当以行为所触犯的数个罪名之间构成想象竞合进行结果归责。对该类型的行为定性理论上一般立场较为一致。

我国司法实践中,对于对象不特定时重叠结果的归责问题,也采取了上述立场予以处理。例如,针对以杀害特定少数人为目的而实施投放危险物质行为的案件的定性,司法实践认为,"如果行为人所实施的投放危险物质的行为,除了可能造成其意图杀害的特定少数人死亡的结果外,还可能威胁或危害到其他不特定人的生命、健康或者财产安全,且行为人对此又有认识,则说明行为人在积极追求特定少数人死亡结果发生的同时,还存在放任危害公共安全结果发生的心态,此时,行为人的行为属于(间接故意)投放危险物质罪与(直接故意)故意杀人罪的想象竞合犯,依照想象竞合犯之'从一重处断'原则,应当对其以投放危险物质罪论处"①。

与此不同,在周某故意伤害、故意毁坏财物案中,周某及李某等人拿着钢管及砍刀围着红色小轿车砍砸,将车窗砍破后,又透过车窗砍打车上的人,造成车辆受损价值14180元,车上人员梁某轻伤一级、陈某轻微伤。判决周某构成故意伤害罪和故意毁坏财物罪实行数罪并罚。②本案中,尽管行为人存在对行为导致伤害结果与财物毁坏的概括的故意,但与重叠结果的情况不同,本质上是数个犯罪故意支配之下实施了数个行为,而不是一个行为导致数个结果发生,因此以数罪并罚定罪量刑并无不当。

---

① 陈兴良、张军、胡云腾主编:《人民法院刑事指导案例裁判要旨通纂(上卷)》,北京大学出版社2018年版,第14页。
② 江西省修水县人民法院(2017)赣0424刑初73号刑事判决书。

2. 对象特定时的重叠结果归责

与对象不特定的情形不同，当对象特定时，行为人明知自己的行为只会在一个对象上导致危害结果的发生，至于危害结果到底在哪个对象上发生存在概括的认识，最终在所有对象中都发生了危害结果，行为人的行为应当如何定性存在争议。事例一：行为人以造成一人死亡的认识向甲和乙开了一枪，并不确定会造成谁死亡，最终却导致甲、乙皆死亡。事例二：行为人为了逃跑，向追赶其的甲以及甲所牵着的警犬开枪，并不确定会造成甲死亡还是会造成警犬死亡，最终导致甲与警犬皆死亡。

对于对象概括明知中的重叠结果，理论上存在以下三种立场：第一，两个故意既遂犯的想象竞合，即认为两个结果都应该归责于行为人，构成想象竞合，只是在量刑上考虑行为人在主观上不具有造成两个结果发生的认识。① 第二，一个故意既遂犯与一个故意未遂犯的想象竞合，即认为违反行为人主观预期而产生两个结果，构成一个故意既遂犯和一个故意未遂犯的想象竞合。针对上述事例二不同构成要件的情况，则主张成立重罪的既遂和轻罪的未遂。如若轻罪的未遂不处罚，则以重罪的既遂定罪量刑。第三，一个故意既遂犯与一个过失犯的想象竞合，也是认为行为人主观上只存在一个结果的故意，构成一个故意既遂犯与一个过失犯的想象竞合。在不同构成要件的情况之下，成立重罪的故意犯和轻罪的过失犯。如果轻罪的过失犯不可罚，则以重罪的故意犯论处。

上述立场争议的焦点在于是否承认择一故意事例中存在复数故意的问题。对此，德国通说见解肯定择一故意事例中存在复数故意，因为"以两个构成要件为目标的故意的不法，必须清楚地表示出来"②。择一故意也就不再是独立的故意形态，而是两个故意的结合。按照这种见

---

① 参见［日］佐伯仁志：《刑法总论的思之道·乐之道》，于佳佳译，中国政法大学出版社2017年版，第221页。
② ［德］乌尔斯·金德霍伊泽尔：《刑法总论教科书》，蔡桂生译，北京大学出版社2015年版，第150页。

解，择一的故意与重叠的故意将难以界分，择一故意等同于重叠故意。重叠故意的场合，行为人基于复数故意而实施行为形成想象竞合的关系不存在争议。因此，德国通说实际上忽视了择一故意中行为人对只造成一个结果或实现一个构成要件存在认识，或者说明确认识到自己行为的危险性只会在一个结果中实现。

尽管行为人通过对行为危险性的明知，认识到客观上只会产生一个结果，进而决意实施该危险行为，但这并不意味着行为人没有认识到其所实施的行为对两个对象都存在危险。基于"行为确知+结果预知"的构造，行为人存在"行为确知"，即对于两个对象都存在致其陷于危险的认识；而在"结果预知"方面，行为人只存在导致一个结果发生的认识。因此，即便在行为人看来只能现实性地产生一个危害结果，也不能据此就否认行为人主观上存在所实施的行为对两个对象都存在危险的认识。可以认为，行为人主观上尽管只存在一个既遂的故意（现实结果），却对行为将要产生的两个危险存在认识。结合责任主义的考量，当行为人在主观上确认自己的行为只能造成一个结果产生或者一个构成要件实现时，客观上尽管发生了两个结果或者实现了两个构成要件，仍然应当主客观相统一地认定行为人只对一个结果的产生或者一个构成要件的实现具有故意。因此，笔者认为，择一故意中产生了重叠结果的情况下只能成立一个故意既遂犯，这是贯彻责任主义的必然要求。对另一个结果则不能认定存在既遂的故意，只存在未遂的故意。总而言之，在对象特定的概括明知导致重叠结果产生的情况下，应当构成一个故意既遂犯与一个故意未遂犯的想象竞合，从一重处断。

在两个结果或者两个构成要件属于同一性质的构成要件时，在一个罪名中构成想象竞合不存在疑问。但是，当两个结果或者两个构成要件属于不同性质的构成要件时，则情况就有所不同。笔者认为，在具体案件中应当结合构成要件的特征，针对重罪成立既遂，针对轻罪成立未遂，在重罪既遂与轻罪未遂之间构成想象竞合，从一重处断。如果所触犯的轻罪无未遂形态时，径直以重罪既遂予以定罪，并从重处罚。

# "断卡"行动背景下的
# 帮助信息网络犯罪活动罪司法研究

汤 智[*] 武玲玉[**]

**关键词**

帮信罪 掩隐罪主观明知程度 阶层分析法 证据标准

**内容摘要：**近年来，帮助信息网络犯罪活动罪（以下简称帮信罪）高发，其作为上游犯罪的帮助犯，应遵循共犯从属性原则。部分地区对涉银行卡、资金支付结算账户"断卡"案件以是否存在刷脸、转账、取现行为区分帮信罪与掩饰、隐瞒犯罪所得罪（以下简称掩隐罪）的方案并不可取。帮信罪与掩隐罪在客观行为层面存在同一性，应从主观明知程度角度对二罪加以区分。在司法实务中，可以通过先后判断资金类型、帮助作用发生时间节点、主观故意三个阶层区分帮信罪、掩隐罪以及上游犯罪共犯。在上述帮信罪案件中，应厘清追诉标准和证据标准

---

[*] 作者单位：江苏省高邮市人民检察院；
[**] 作者单位：黑龙江省牡丹江市人民检察院。

的不同功能。查明3000元被骗资金应理解为证明上游诈骗犯罪成立的证据标准，可推广适用至帮信罪所有上游犯罪类型。

为了严密惩治网络犯罪的刑事法网，使得犯罪分子意识到网络从来不是法外之地，刑法第287条之二专门增设了帮信罪。该罪增设后，直至2019年10月21日《最高人民法院、最高人民检察院关于办理非法利用信息网络、帮助信息网络犯罪活动等刑事案件适用法律若干问题的解释》（以下简称《办理帮信案件解释》）发布前，实践中适用该罪名的案件数量非常有限。在《办理帮信案件解释》发布之后，尤其是2020年12月21日《最高人民法院刑事审判第三庭、最高人民检察院第四检察厅、公安部刑事侦查局关于深入推进"断卡"行动有关问题的会议纪要》（以下简称《断卡纪要》）出台，在打击电信网络犯罪以及"断卡"行动的背景下，帮信罪司法适用被"充分激活"，起诉、判决的帮信案件数量呈大幅上升趋势。2022年3月22日出台的《最高人民法院刑事审判第三庭、最高人民检察院第四检察厅、公安部刑事侦查局关于"断卡"行动中有关法律适用问题的会议纪要》（以下简称《断卡纪要二》）则进一步对司法实践中的一些疑问进行厘清，对帮信罪的适用也起到了一定的推动作用。然而，关于帮信罪的司法适用以及和掩隐罪如何区分等问题，刑法理论界和实务界均存在较大争议，各地司法实践做法也各异。针对帮信罪司法适用中出现的较大争议和分歧，本文从实践中最为常见的涉银行卡、资金支付结算账户类帮信犯罪出发，对帮信罪的司法适用、罪名区分、追诉标准和证据标准等问题重点展开研究。

## 一、帮信罪的司法概况

（一）帮信罪司法现状

2022年3月，最高人民检察院发布的《2021年全国检察机关主要办案数据》显示，2021年全国以帮信罪起诉的人数已经达到12.9万人，位居已起诉罪名第三位。据统计，2017年1月至2021年12月，全国各级法院一审审结的帮信罪案件数占刑事案件比率分别为0.06%、0.07%、0.22%、5.78%和54.27%。从这五个数据可以看出，帮信罪在2020年同比激增34倍，到2021年又同比增长了17倍（见图1）。

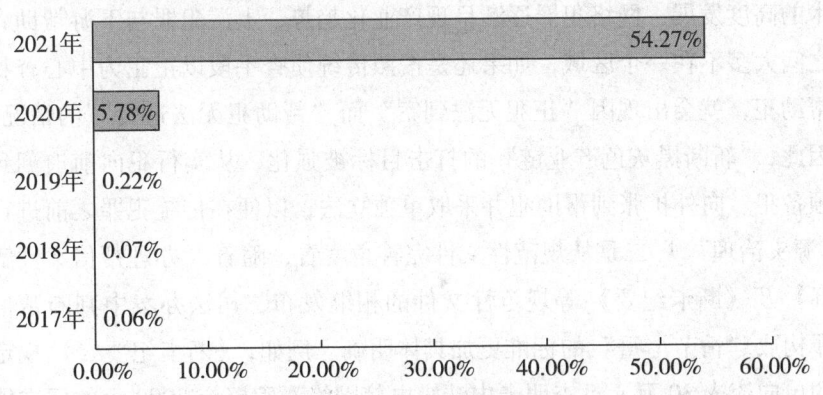

**图1　2017年至2021年法院审结帮信罪占刑事案件的比率**

此外，涉嫌帮信罪的行为人年龄趋于年轻化。其中，18周岁至28周岁占比第一，高达55.09%；29周岁至39周岁占比第二，为34.23%（见图2）。

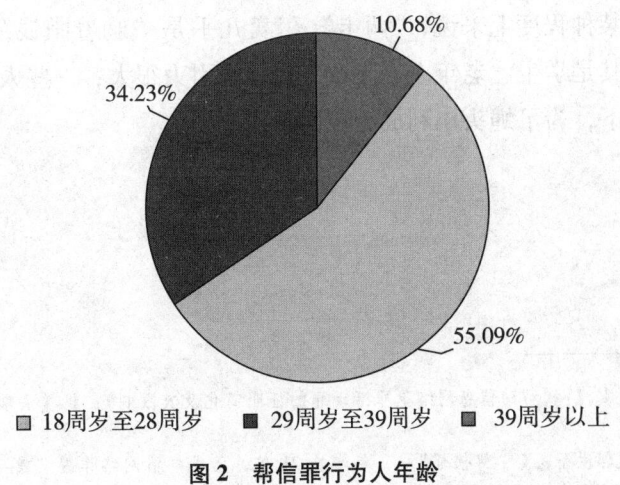

**图2　帮信罪行为人年龄**

### （二）案件数激增原因

帮信罪由原来的"冷门罪名"一下跃居为"热门罪名"，背后存在很多原因。一是从国家司法政策导向角度看，国家对网络犯罪开始实行追本溯源和全链条打击，导致司法机关对帮信罪格外关注。随着信息技术的高度发展，网络犯罪逐渐呈现产业化趋势，上游犯罪与下游帮助者之间大多不在一个区域，如果还是按照传统侦查手段以正犯为中心查找帮助犯，就会出现因"正犯无法到案"而"帮助犯无法追责"的情况。因此，"斩断黑灰色产业链"的打击目标被强化，从实行犯向前追溯到预备犯、向外扩张到帮助犯并采取单独立法，以便在传统犯罪之前进行"源头治理"。① 二是从规范性文件完善角度看，随着《办理帮信案件解释》及《断卡纪要》等规范性文件的相继发布，司法办案中判断帮信罪构成"情节严重"的标准更加具体明确。例如，《断卡纪要二》规定的单向流入30万元且查明卡内涉嫌电信网络诈骗资金3000元的标准能够为司法工作人员处理帮信罪案件提供具有实践操作可行性的处理方案。三是从行为人心态方面看，在好逸恶劳心理的驱使下，办理一套"银行卡四件套"并且出售，就能轻松获取几百元至几千元的回报，有的按上线要求再帮助实施刷脸、取现、套现等行为，还可能获得更高的收益。从某种程度上来说，"两卡"租卖几乎是"躺着赚钱"，这对普通百姓尤其是学生、老年人、无业人员等吸引力很大，一些人在诈骗分子的蛊惑下，为了蝇头小利成为犯罪帮凶。②

---

① 参见冀洋：《帮助信息网络犯罪活动罪的证明简化及其限制》，载《法学评论》2022年第4期。

② 参见郭洪平：《"帮信罪"：一年增长21倍，已成电信网络诈骗"第一罪"》，载《检察日报》2022年5月17日。

## 二、涉银行卡、资金支付结算账户帮信罪与掩隐罪、上游犯罪共犯（帮助犯）的联系与区别

### （一）帮信罪基本立场的理论观点

关于帮信罪的基本立场，在理论上主要存在三种观点：帮助行为正犯化[1]、帮助犯的量刑规则[2]以及积量构罪说[3]。帮助行为正犯化所持观点为，刑法第287条之二第1款系将原本作为他人（正犯）实施的网络犯罪的帮助行为提升为实行行为（正犯行为），并设立了独立的罪名和法定刑。[4] 该观点在学界也是主流学说。[5] 帮助犯的量刑规则主张，刑法第287条之二第1款并没有将帮助犯正犯化，只是对特定的帮助犯规定了量刑规则。[6] 即该帮助行为并没有因为刑法分则条文的规定而被提升为正犯行为，依然是帮助犯。积量构罪说认为，刑法第287条之二第1款规定行为人提供银行卡帮助实施大量轻危害性行为，单次行为无法达到入罪标准，但是累积的危害后果达到情节严重的程度。帮助他人实施轻罪决定了行为的危害单量，帮助次数是"积数"，综合评价所有帮助行为达到应受刑罚处罚的"情节严重"程度。[7]

笔者认为，帮助行为正犯化和帮助犯的量刑规则均有合理之处。对

---

[1] 参见张明楷：《论帮助信息网络犯罪活动罪》，载《政治与法律》2016年第2期。
[2] 参见张明楷：《论帮助信息网络犯罪活动罪》，载《政治与法律》2016年第2期。
[3] 参见戴建军、李星亿：《刍议帮助信息网络犯罪活动罪的法律性质》，载《天津法学》2022年第4期。
[4] 参见钱叶六：《帮助信息网络犯罪活动罪的教义学分析 共犯从属性原则的坚守》，载《中外法学》2023年第1期。
[5] 参见刘宪权、房慧颖：《帮助信息网络犯罪活动罪的认定疑难》，载《人民检察》2017年第19期；于冲：《帮助行为正犯化的类型研究与入罪化思路》，载《政法论坛》2016年第4期；陈兴良：《共犯行为的正犯化：以帮助信息网络犯罪活动罪为视角》，载《比较法研究》2022年第2期。
[6] 参见张明楷：《论帮助信息网络犯罪活动罪》，载《政治与法律》2016年第2期。
[7] 参见皮勇：《论新型网络犯罪立法及其适用》，载《中国社会科学》2018年第10期。

帮信罪的理解应立足于"帮助"和"犯罪"这两个关键词，即在教义学上，本罪依然具有帮助犯的性质，仍要遵循共犯实行的从属性原则，其成立仍以帮助对象实施了"犯罪"为前提。① 作为传统赃物犯罪的掩隐罪在某种意义上来说也是对上游犯罪事后提供帮助，结合并借鉴掩隐罪认定原则和相关司法解释规定，有助于正确理解帮信罪。以收购盗窃赃物型掩隐罪为例，认定下游掩隐罪应以上游盗窃罪成立为前提。例如，甲盗窃的赃物价值为1499元（以黑龙江省盗窃罪追诉标准1500元为例），并以明显低于市场价的200元销售给乙，则乙尚不构成掩隐罪。而如果甲盗窃的赃物价值达到1500元，再以200元的价格销售给乙，则乙可能成立掩隐罪。同理，认定帮信罪也应当遵循这一原理，只有信息网络犯罪本犯行为人达到犯罪标准，才能根据共犯从属性原理，追究提供帮助者的刑事责任。

对于帮信罪的上游本犯来说，是否需要限制为信息网络犯罪？有的学者提出，只有将帮助行为的对象限定为"利用信息网络实施犯罪"之人，才能将帮信罪与网络犯罪的正犯直接挂钩，体现出帮信罪独立的法律性质，而不是将帮信罪误解为泛泛的帮助行为来定罪，从而违背帮信罪设置的针对性。② 笔者赞同这一观点，根据刑法第287条之二的条文内容以及罪刑法定的基本原则，应当将上游犯罪限定为信息网络犯罪。如果被帮助的上游犯罪并非信息网络犯罪，应当适用总则共同犯罪的相关规定处理。至于是否要求犯罪行为人认识到上游实施的是信息网络犯罪，笔者认为，只需要认识到被帮助对象系实施违法犯罪活动，且提供的帮助通常可以适用于信息网络犯罪即可，不要求犯罪嫌疑人供述认识到系"信息网络"犯罪。

结合以上分析，笔者认为积量构罪说的解释路径存有疑问，该说主张上游行为不必符合有关犯罪的入罪标准，会将"帮助犯罪"突破为

---

① 参见钱叶六：《帮助信息网络犯罪活动罪的教义学分析 共犯从属性原则的坚守》，载《中外法学》2023年第1期。

② 参见刘艳红：《帮助信息网络犯罪活动罪的司法扩张趋势与实质限缩》，载《中国法律评论》2023年第3期。

"帮助违法",属于不利于行为人的类推解释。区别扩大解释和类推解释的标准之一是扩大解释为扩张性地划定刑法的某个概念,使应受处罚的行为包含在该概念中;类推解释则是认识到某行为不是刑法处罚的对象,而以该行为与刑法规定的相似行为具有同等的恶害性为由,将其作为处罚对象。如果采取积量构罪的观点,实质上对"犯罪所得"进行了不利于犯罪嫌疑人的类推,违反了刑法的解释方法。如果将帮信罪上游本犯行为扩大至"违法但尚未构成犯罪"的行为,完全可能出现上游行为人不构成犯罪,而下游的帮助者构成帮信罪的情况,突破了刑法条文对本罪适用范围的限制。此外,从刑法条文对非法利用信息网络罪和帮信罪的不同表述也可以得出相同结论。刑法第287条之一将非法利用信息网络实施的各种行为均表述为"违法犯罪",而帮信罪条文中并未采纳这一表述,仅表述为"犯罪"。

(二)帮信罪与掩隐罪以及上游犯罪共犯(帮助犯)的联系

在办理涉银行卡、支付结算账户网络犯罪时,帮信罪、掩隐罪以及上游犯罪共犯(帮助犯)是经常需要判断、选择适用的三个罪名。这三个罪名虽然不同,但是也存在一定的关联。

一是存在想象竞合关系。以电信网络诈骗犯罪为例(下同),帮信罪作为对上游电信网络诈骗犯罪提供帮助的兜底犯罪,在具体案件中完全可能出现电信网络诈骗罪的帮助犯实施的帮助行为符合帮信罪的罪状描述和构成要件。刑法第287条之二第3款也规定了帮信罪与其他犯罪想象竞合时的择一重罪处断原则。掩隐罪系事后帮助上游诈骗犯罪分子转移赃款,其也完全可以通过信息网络实施,帮信罪的上游犯罪也可以包括掩隐罪。最高人民检察院印发的《关于办理电信网络诈骗及其关联犯罪案件有关问题的解答》(以下简称《解答》)对此也予以了认可。故与前述诈骗共犯类似,构成掩隐罪的网络帮助行为也完全有可能符合帮信罪的构成要件,同时构成掩隐罪和帮信罪。

二是存在法条竞合关系。笔者认为,从帮信罪设立的初衷出发,帮信罪与上游犯罪的片面共犯可以理解为法条竞合关系。在绝大部分情形下,提供信息网络帮助行为的行为人与上游诈骗犯罪分子之间并无直接商议、共谋,而在网络犯罪链条较长的背景下,上游诈骗犯罪分子也无从得知是具体由哪些供卡人为自己的诈骗犯罪提供了帮助。因此,上述帮信罪行为人,如果结合自己生活经验、涉案信息得知了上游犯罪是诈骗犯罪之后仍然提供帮助的,符合诈骗罪的片面共犯。但帮信罪设立后,为了不致架空帮信罪以及保持罪责刑相一致,一般应排除电信网络诈骗罪中片面共犯的适用,且帮信罪相对诈骗罪共犯来说认定犯罪、数额的证明标准均降低,有利于对网络帮助行为的全链条打击。因此,在片面共犯情况下应参考法条竞合的特别法优先处断原则,将片面共犯行为人认定为帮信罪。

三是存在罪名关联关系。掩隐罪是诈骗犯罪的事后赃物犯罪,基于事后不可罚原则或者期待可能性原理,认定诈骗罪的犯罪嫌疑人不再认定转移对应诈骗犯罪所得的掩隐罪。一般情况下,区分诈骗罪和掩隐罪的界限在加入犯罪的时间节点:在犯罪既遂之前参与诈骗犯罪的,可以认定为构成诈骗罪;而一旦诈骗罪既遂之后,则排除对后参与者的诈骗罪适用,符合掩隐罪条件的,可以认定为掩隐罪。

(三)帮信罪、掩隐罪以及上游犯罪共犯(帮助犯)的区分

**1. 司法实践现状**

目前,各地区对帮信罪和掩隐罪的区分标准不一,对《断卡纪要》等相关规范性文件、指导意见的理解也各不相同。经查询中国裁判文书网相关裁判文书并对不同地区司法观点进行了解,发现有相当一部分地区是以是否存在刷脸、转账、取现等"转移赃款"行为来区分二罪的。笔者选取了中国裁判文书网上不同地区判决的6个案例来进行分析(见表1)。

表 1 不同地区帮信罪和掩隐罪相关案例

| 案由 | 主要案情 | 裁判依据 | 裁判结果 |
|---|---|---|---|
| 案例1：王某某掩隐案（二审）① | 2022年6月，被告人王某某为获取非法利益，经网友介绍知悉将银行卡提供给他人用于犯罪转账可以获得高额报酬。同月14日，王某某按转账人要求在河北省邢台市开办了中国邮政储蓄银行的银行卡及U盾1套、河北农村信用社银行卡1张，当晚乘坐飞机到达广州。15日，王某某转乘火车抵达潮汕，按要求先后乘坐对方事先安排的黑色轿车、摩托车至位于半山腰处的一房屋内，将携带的2张银行卡、1个U盾、身份证、手机等交给上游人员，由专人负责操作王某某提供的手机，在其手机上下载了对应银行App后开始操作转账。至转账结束，王某某的中国邮政储蓄银行的银行卡转入资金77万余元并转出，河北农村信用社银行卡转入资金42万余元并转出。其间，王某某全程在场并以提供输入密码、刷脸验证等行为辅助转移赃款。经查，王某某的中国邮政储蓄银行的银行卡转入诈骗资金共计444898.05元，河北农村信用社银行卡转入诈骗资金共计254800元。王某某共计获取违法所得4700元。 | 刑法第312条 | 原审法院认定王某某构成掩隐罪罪名正确，判处王某某有期徒刑三年，并处罚金人民币3000元量刑适当。二审驳回上诉，维持原判。 |

---

① 参见甘肃省张掖市中级人民法院（2023）甘07刑终24号刑事裁定书。

续表

| 案由 | 主要案情 | 裁判依据 | 裁判结果 |
|---|---|---|---|
| 案例2：董某掩隐案（二审）① | 2023年3月11日，被告人董某在微信上经他人介绍，乘飞机前往海南刷银行卡流水以获取非法利益。后对方驾车将其接至酒店。董某在明知银行卡等不能出借、出售、出租给他人使用的情况下，仍将其中国邮政储蓄银行的银行卡、中国农业银行的银行卡、中国工商银行的银行卡及支付密码、身份证、手机交给对方刷流水，并配合刷脸认证。2023年3月12日，董某的中国邮政储蓄银行的银行卡转入诈骗资金117900元，后董某帮助对方分5次分别卡取现金共计94900元，又通过微信扫码方式支付对方23000元。经查证，董某三张银行卡共计转入427900元，董某帮助上游犯罪嫌疑人取现361900元，购买金饰43000元，微信支付23000元，合计427900元。 | 刑法第312条 | 董某犯掩隐罪，系从犯适用减轻处罚，判处有期徒刑二年六个月，并处罚金人民币1万元。二审驳回上诉，维持原判。 |
| 案例3：高某某掩隐案（二审）② | 2022年4月22日，被告人高某某在上网时看到一条日赚3000元的兼职信息后，遂与对方（未查明身份）联系，对方告知其提供两张银行卡帮助网络赌博网站洗钱半天可以赚取3000元，高某某表示同意。同月24日凌晨3时许，对方驾车将高某某从重庆市南岸区接至重庆市酉阳县帮助"洗钱"。高某某将其名下的中国农业银行的银行卡、身份证、手机及支付密码提供给对方进行转账。途中，因其提供的银行卡不能转账，高某某在对方的陪同下到银行柜台取现34767元交给对方。次日凌晨，高某某通过扫描对方提供的微信二维码的方式帮助转账2000元。之后，高某某在对方的带领下到黔江城区办理了一张建设银行的银行卡，并将该银行卡提供给对方进行"洗钱"。经查，高某某提供的两张银行共计帮助转移违法资金35万余元，事后获利2000元。现已查明：高某某的建设银行的银行卡、农业银行的银行卡共计转入诈骗资金138000元。 | 刑法第312条 | 一审法院认定高某某构成掩隐罪，判处有期徒刑八个月，并处罚金人民币2000元。二审法院因其退缴违法所得，改判有期徒刑七个月，并处罚金人民币2000元。 |

---

① 参见甘肃省庆阳市中级人民法院（2023）甘10刑终214号刑事裁定书。
② 参见重庆市第四中级人民法院（2023）渝04刑终60号刑事裁定书。

续表

| 案由 | 主要案情 | 裁判依据 | 裁判结果 |
|---|---|---|---|
| 案例4：韩某帮信案① | 2023年4月至5月，被告人韩某明知他人可能利用信息网络实施犯罪，仍按照对方要求在辽宁省海城市开设公司对公账户，并将上述公司银行账户出售给他人使用。经查，2023年5月23日、24日，韩某出售的银行账户单向流入金额人民币1600余万元，其中电信网络诈骗犯罪金额人民币400余万元。 | 刑法第287条之二 | 韩某犯帮信罪，判处有期徒刑一年四个月，并处罚金人民币8000元。 |
| 案例5：钟某勇帮信案② | 2023年4月13日，被告人钟某勇为了牟利，在明知他人利用信息网络实施犯罪活动的情况下，仍按照对方的要求，前往江西省余干县一偏僻平房内，将名下的中国银行的银行卡及取款密码、公民身份证、手机交给两名陌生男子用于接收违法资金，获利人民币1000元。经民警在公安部反诈骗平台比对，钟某勇名下中国银行账户涉及诈骗资金共计6274元，资金总流水共计60万余元。 | 刑法第287条之二 | 钟某勇犯帮信罪，判处有期徒刑七个月，并处罚金人民币5000元。 |
| 案例6：白某林帮信案③ | 2023年3月，被告人白某林通过他人"某手"平台所留QQ号联系到"跑分"上线，为获取金钱利益，白某林在明知他人从事违法犯罪活动的情况下，仍按照上线要求让尚某榜及李某昀（均另案处理）办理了中国银行的银行卡及中国建设银行的银行卡，后根据上线安排先后带领二人携带银行卡、身份证前往甘肃省兰州市七里河区进行支付结算操作。经核查，尚某榜两张银行卡支付结算金额达460万余元，李某昀两张银行卡支付结算金额达274万余元，上述合计735万余元。被告人白某林从中非法获利71700元。 | 刑法第287条之二 | 白某林犯帮信罪，判处有期徒刑一年，并处罚金人民币5000元。 |

从上述不同省份不同地区有代表性的6个案件判决结果可以看出，目前实务中以是否具有刷脸、转账、取现等行为来区分帮信罪和掩隐罪

---

① 参见浙上海市徐汇区人民法院（2023）沪0104刑初745号刑事判决书。
② 参见江西省南昌高新技术产业开发区人民法院（2023）赣0191刑初272号刑事判决书。
③ 参见青海省西宁市湟中区人民法院（2023）青0122刑初199号刑事判决书。

的案例大量存在。如果具有上述行为，就直接认定为掩隐罪；如果在售卡、租卡等提供卡的行为之后没有上述刷脸、转账、取现行为，就认定为帮信罪。其中，部分案例中尽管行为人获利较少，也认定被告人构成掩隐罪；部分是因被告人提供的银行卡转移资金数额远超过10万元，均被法院认定为"情节严重"并适用三年以上七年以下的法定刑。后法院通过认定从犯适用减轻处罚调节量刑，最终判决刑期在三年以下，如案例2。有的行为人因为没有提供刷脸、转账、取现等帮助，即使作为"卡头"组织他人出租银行卡并在短时间内非法获利高达7万余元，也被认定为帮信罪而判处有期徒刑一年，如案例6。

这种认定思路导致部分被告人在提供银行卡之后，仅因"顺带"实施了少量刷脸、转账、取现等实现银行卡功能的行为，就被认定了不同罪名，进而导致部分案件可能从尚未达到帮信罪追诉标准变成了构成掩隐罪甚至"情节严重"。与此同时，也有部分涉卡犯罪"组织者"因未实施刷脸、转账、取现行为而被以帮信罪轻处。上述处理结果是否符合罪责刑相适应原则值得司法人员反思并深入研究。

2. 以刷脸、转账、取现等客观行为区分帮信罪和掩隐罪的问题所在

笔者认为，以刷脸、转账、取现等客观行为直接作为区分帮信罪、掩隐罪的标准虽然简便易操作，但在法理和实践层面均存在多方面问题，不应再继续采用。主要有以下五个方面理由。

（1）在规定层面，与规范性文件冲突。在《断卡纪要二》发布后，以刷脸、转账、取现等行为作为区分帮信罪、掩隐罪标准已经与该文件内容相矛盾。《断卡纪要二》第4条规定，行为人出租、出售的信用卡被用于接收电信网络诈骗资金，但行为人未实施代为转账、套现、取现等行为，或者未实施为配合他人转账、套现、取现而提供刷脸等验证服务的，不宜认定为《办理帮信案件解释》第12条第1款第2项规定的"支付结算"行为。换言之，在提供银行卡后有刷脸、转账、取现等行为才能被认定为帮信罪中的"支付结算"行为。如果只要存在刷脸、转账、取现等行为即可以认定掩隐罪，那么该条将没有存在的必要。同时还需要注意《断卡纪要二》第5条规定中第2项的相关内容"行为

人向他人出租、出售信用卡后，在明知是犯罪所得及其收益的情况下，又代为转账、套现、取现等，或者为配合他人转账、套现、取现而提供刷脸等验证服务的，可以掩饰、隐瞒犯罪所得、犯罪所得收益罪论处"。与上述第4条对比，可以发现存在刷脸、转账、取现等行为既可能成立帮信罪，也可能成立掩隐罪，二罪的区分关键不在于刷脸、转账、取现等客观行为，而应在于其他要件。再结合该条第3项表述的"明知他人利用信息网络实施犯罪……"内容，可以发现该文件对帮信罪、掩隐罪主观明知要求的表述方式明显不同。而仅以刷脸、转账、取现等行为作为区分标准，则无法圆满解释《断卡纪要二》的上述规定的内在逻辑周延性问题。这也是在《断卡纪要二》发布后，部分地区司法工作人员认为《断卡纪要二》的内容自相矛盾，不知道该如何适用的根本原因。

（2）在学理层面，未遵循解释原理。在解释刑法时应当遵循体系解释、同类解释等解释方法。以刷脸、转账、取现等行为作为区分帮信罪、掩隐罪标准与其他司法规范性文件规定的认定为掩隐罪情形不协调。对比《最高人民法院、最高人民检察院、公安部关于办理电信网络诈骗等刑事案件适用法律若干问题的意见》（以下简称《办理电诈案件意见》）第3条第5项认定为掩隐罪的行为"多次使用或者使用多个非本人身份证明开设的信用卡、资金支付结算账户或者多次采用遮蔽摄像头、伪装等异常手段，帮助他人转账、套现、取现的"可以看出，《办理电诈案件意见》对于转账、取现、套现等行为，需要满足多次、多个、他人信用卡、异常手段等限制条件，才可以认定为掩隐罪，且有证据证明确实不知道的还应除外不认定掩隐罪。而目前大量以刷脸、转账、取现行为认定为掩隐罪的案件中，被告人都是使用的本人银行卡和资金支付结算账户，并未要求满足《办理电诈案件意见》中规定的诸多限制条件。在大量司法案件中，除查明存在刷脸、转账、取现行为以外，均未调取其他证据用来证明被告人明知是犯罪所得即作为掩隐罪定罪判刑，导致掩隐罪认定标准大为降低，与司法解释规定的推定明知是犯罪所得及其产生的收益情形明显不具有相当性。

(3) 在实践层面，事实上是客观归罪。仅以刷脸、转账、取现等行为作为区分帮信罪、掩隐罪标准，实际上等同于在具体办案时不再区分二罪的主观故意，同时还存在混淆主从犯认定规则的问题。客观归罪在大量案件中可能会导致罪责刑严重不相适应。对于处于供卡链条底层的"卡农"来说，其提供的账户被使用走了大量流水，但获利金额很低，并且一般情况下其获利金额与是否实施少量刷脸、转账、取现行为并不相关。掩隐罪法定刑升格的标准为 10 万元。大量"卡农"在手续费比例、获利金额都极低的情况下，以客观归罪都达到了"情节严重"的标准，可能会被判处三年以上七年以下有期徒刑，导致罪责刑严重不相适应。司法实践中，对于此种情形往往以"从犯"情节减轻处罚来调节刑期以实现在个案中的平衡。但是对于掩隐犯罪而言，"卡农"的刷脸、转账、取现行为直接转移了赃款，系犯罪行为的直接实施者，一般情况下并非当然的从犯，部分地区的判决中确实也是认定了主犯并判处三年以上有期徒刑①，也有部分地区在裁判时对法定刑为三年以上七年以下有期徒刑的被告人认定了从犯并减轻处罚，而对原本法定刑就在三年以下有期徒刑的被告人未作从犯认定。并且，认定从犯减轻处罚平衡后的量刑与以帮信罪定罪量刑相比，在最终处理结果上并无本质区别。因此，以刷脸、转账、取现行为作为区分标准的处理方案对于量刑问题既没有实际意义，同时还带来了主从犯认定混乱的问题。

笔者通过查询中国裁判文书网裁判文书并进行统计发现，以刷脸行为认定为掩隐罪的判决书共计 1195 份，其中认定为从犯的有 725 份，

---

① 参见吉林省长春市中级人民法院（2022）吉 01 刑初 239 号刑事裁定书：2021 年 7 月，被告人王某甲在明知他人转到自己以及介绍的其他人员名下银行卡内的钱是违法犯罪所得的情况下，仍提供银行卡及微信并介绍李某等人，并以刷脸认证的方式，帮助他人将银行卡内 25 万元诈骗资金转出。原审法院以王某犯掩隐罪，判处有期徒刑三年六个月，并处罚金人民币 2 万元。二审驳回上诉，维持原判。另参见宁夏回族自治区中卫市中级人民法院（2022）宁 05 刑初 54 号刑事裁定书：2022 年 3 月，被告人赵某为获取非法利益，在明知他人利用信息网络实施犯罪的情况下，仍向他人提供银行卡、手机等，并在他人操作银行卡的过程中，为配合他人转账而提供刷脸等服务，帮助他人转移犯罪所得。赵某提供的银行卡转移雍某等人被骗资金共计 413559.8 元。原审法院以赵某犯掩隐罪，判处有期徒刑三年五个月，并处罚金人民币 1.5 万元。二审驳回上诉，维持原判。

占比61%；以转账行为认定为掩隐罪的判决共计14286份，其中认定为从犯的有4599份，占比32%；以取现行为认定为掩隐罪的判决共计5438份，其中认定为从犯的有2026份，占比37%。剩下未认定从犯的案件应当理解为认定了主犯。可见在原区分方案背景下，存在认定主从犯不同的现象。

（4）在证据层面，过于依赖难以形成证据闭环的言词证据。除本人直接取现可能存在取款录像可以确证以外，犯罪嫌疑人是否实施了刷脸、转账、取现等转移赃款的行为以及转移了多少笔、哪一笔赃款都只能通过犯罪嫌疑人以及同案人员、同行人员证言等言词证据来证实，缺乏客观证据的佐证，难以形成完整的证据闭环。特别是对于刷脸行为的认定问题尤为突出，由于国家对公民生物信息的管控，事实上无法调取刷脸记录等客观证据。以上游犯罪为电信网络诈骗为例，目前司法实践中认定构成掩隐罪的犯罪实行行为系刷脸、转账、取现等转移赃款行为，认定的掩隐犯罪数额是银行卡或资金账户中接收的已查明被害人被骗金额。但是大部分案件，均只能查明犯罪嫌疑人提供银行卡或者资金支付结算账户后，在部分涉案资金转移过程中存在刷脸、转账、取现等行为，无法查明犯罪嫌疑人帮助转移资金的具体笔数、金额，更难以查明账户中的被害人被骗资金能否对应到犯罪嫌疑人操作协助上游犯罪分子转移的赃款，特别是在涉案银行卡、资金支付结算账户中混同各种已查明多种来源和未查明来源资金的情况下。亦即在具体案件中，判决认定的掩隐犯罪实行行为与犯罪数额之间，无法通过确实、充分的证据证明存在刑法上的因果关系。从事实存疑有利于嫌疑人的角度出发，在大部分案件中即便认为存在掩隐犯罪行为，也难以认定犯罪数额。

（5）在理论证伪层面，可以举出反证。从科学验证角度来看，如果对给定结论能够提出反证，一般即可证明原给定结论不正确。笔者认为即使行为人没有刷脸、转账、取现行为，依然可能成立掩隐罪。例如，行为人在提供银行卡之时就已经与上游犯罪分子约定好按照流水金额的10%收取手续费，如果查明后续转入该银行卡的资金源于电信网络诈骗，即便嫌疑人后续无刷脸、转账、取现行为，也仍然可以根据《最高人民法院、最高人民检察院、公安部关于办理电信网络诈骗等刑事案件适用法律若干问题的意见（二）》（以下简称《办理电诈案件意见二》）第 11 条第 3 项"协助转换或者转移财物，收取明显高于市场的'手续费'的"的规定认定为掩隐罪。

3. 应重新确立帮信罪、掩隐罪区分标准以及阶层判断思路

第一，在客观行为层面帮信罪、掩隐罪具有同一性。根据《断卡纪要二》第 4 条关于帮信罪"支付结算"行为的规定可知实施转账、套现、取现等行为或者提供刷脸等转移资金验证服务才可以评价为帮信罪中的"支付结算"行为。而《办理电诈案件意见》第 3 条第 5 项则规定转账、套现、取现同时也是掩隐罪的典型行为模式。从上述规范性文件内容可以发现，帮信罪的"支付结算"行为与掩隐罪转移资金行为在外观上并无本质区别。换言之，行为人实施的转账、套现、取现、刷脸验证等行为，既可能构成帮信罪，也可能构成掩隐罪。因此，在涉银行卡、资金结算账户案件中，客观行为层面无法作为区分帮信罪与掩隐罪的标准，应立足于从其他构成要件划定二罪的界限。

第二，从主观明知层面区分帮信、掩隐罪。在相同的客观行为模式下，认定行为人构成帮信罪还是掩隐罪的区分关键在其主观明知的内容。认定帮信罪需要明知提供银行卡、资金结算账户帮助信息网络犯罪，且只需要达到其明知范围内上游犯罪分子实施的行为中包含构成犯罪的行为即可，而认定掩隐罪则需要达到明知其转移或者帮助转移的账户内资金是犯罪所得或者其收益。《解答》对于帮信罪主观明知要求亦持相同观点，明确对于行为人提出的"结算赌资"辩解的，不需要严格区分明知内容，而应整体评价，赌博行为包括开设赌场、聚众赌博等犯罪和赌博等违法行为。结合在案证据，能够证明行为人明知银行卡用途具有非法性的即可。而认定掩隐罪的主观明知要求应更为明确，不法程度也更高。一般情况下，掩隐罪的明知程度都应当至少符合帮信罪主观明知的要求，此外还需要进一步明知是犯罪所得。在司法办案中的难点在于当犯罪嫌疑人一直不供述明知犯罪所得时，如何通过案件客观事实推定其主观明知。《最高人民法院关于审理洗钱等刑事案件具体应用

法律若干问题的解释》第 1 条第 2 款、《办理电诈案件意见》第 3 条第 5 项、《办理电诈案件意见二》第 11 条均对直接认定以及依据事实推定掩隐、洗钱的主观明知作出了较为具体的规定。在具体案件中，如果犯罪嫌疑人的客观行为符合前述司法解释、司法指导性文件规定或者与之相当甚至更为严重的，均可以推定犯罪嫌疑人主观明知是犯罪所得及其收益。具体主要包括以下一些情形：（1）知道他人从事犯罪活动，协助转换或者转移财物的；（2）通过使用销售点终端机具（POS 机）刷卡套现等非法途径，协助转换或者转移财物的；（3）帮助他人将巨额现金散存于多个银行账户，或在不同银行账户之间频繁划转的；（4）多次使用或者使用多个非本人身份证明开设的信用卡、资金支付结算账户、收款码、网络支付接口等或者多次采用遮蔽摄像头、伪装等异常手段，帮助他人转账、套现、取现的；（5）为他人提供非本人身份证明开设的信用卡、资金支付结算账户后，又帮助他人转账、套现、取现的；（6）以明显异于市场的价格，通过电商平台预付卡、虚拟货币、手机充值卡、游戏点卡、游戏装备等转换财物、套现的；（7）协助转换或者转移财物，收取明显高于市场的"手续费"的；（8）协助近亲属或者其他关系密切的人转换或者转移与其职业或者财产状况明显不符的财物的；（9）其他可以认定行为人明知的情形。

　　上述情形可以归纳为三种类型。第一种是直接明知，如（1）和（8）；第二种是手段极为异常，如（3）（4）（6）（7）；第三种是手段本身违法，如（2）（4）（5）；或者手段兼具违法且异常，如（4）。需要特别强调的是，笔者认为基于上述情形而认定为具有掩隐罪主观明知的应当理解为"推定明知"，而非"应当明知"。从文义解读上看，"知道"当然属于"明知"，但"应当知道"不一定是"明知"，因为它还包括"应当知道而实际上并不知道"的情形。如同过失犯罪中，过失包括"应当预见，但因疏忽大意而没有预见"，也就是说，"应当知道自己的行为会发生危害社会的结果，但因疏忽大意而不知道"，这是过失的范畴。① 相比"应当明知"来说,"推定明知"更符合故意犯罪的构成要件要求。推定明知是一种基于案件事实、证据、逻辑法则的司法推定,同时也赋予了犯罪嫌疑人提出反证的权利,反证成立则可以推翻原推定事实。但如果犯罪嫌疑人无法提出反证线索,则可以认定推定事实成立,从而肯定犯罪嫌疑人具有特定的主观心态。

简言之,只有当犯罪嫌疑人的主观明知程度达到帮信罪要求时,才进入需要作为犯罪处理的范围,当有证据进一步直接证明或者可以基于客观事实推定犯罪嫌疑人的主观明知达到了掩隐罪要求时,才能认定为掩隐罪。

第三,涉银行卡、资金结算账户犯罪的阶层认定思路。在司法实践中,对于向上游犯罪分子提供银行卡、资金结算账户的网络犯罪,主要涉及帮信罪、掩隐罪和上游犯罪共犯。除了上述已经重点讨论的客观转移资金行为与主观明知程度以外,影响定罪的因素还有银行卡中资金类型属于赌资等违法资金还是诈骗等犯罪资金以及与上游犯罪分子是否存在共谋等因素。将以上因素都纳入整体考量之后,对此类网络犯罪的认定思路可以归纳为依次从资金类型、帮助行为时间节点、主观故意三个阶层来分析判断的方法。

上游本犯以最为常见的网络开设赌场和电信网络诈骗为例,以存在供卡行为作为前提,完整的阶层分析论证路径应遵循以下思路(见图3)。

第一阶层考量银行卡、资金支付结算账户中的资金类型是赌资等违法资金还是诈骗被骗资金等犯罪所得。此阶层主要从基础客观事实层面区分帮信罪和掩隐罪的适用。第二阶层考量帮助行为参与犯罪的时间节点在上游犯罪既遂之前还是既遂之后。此阶层主要是区分上游犯罪共犯与作为赃物犯罪的掩隐罪的适用,因犯罪既遂之前尚未产生犯罪所得,排除掩隐罪的适用。第三阶层考量供卡行为人的主观故意。此阶层主要从主观故意的内容、明知程度来分别区分上游犯罪共犯与帮信罪以及帮

---

① 参见刘艳红:《帮助信息网络犯罪活动罪的司法扩张趋势与实质限缩》,载《中国法律评论》2023年第3期。

信罪与掩隐罪。

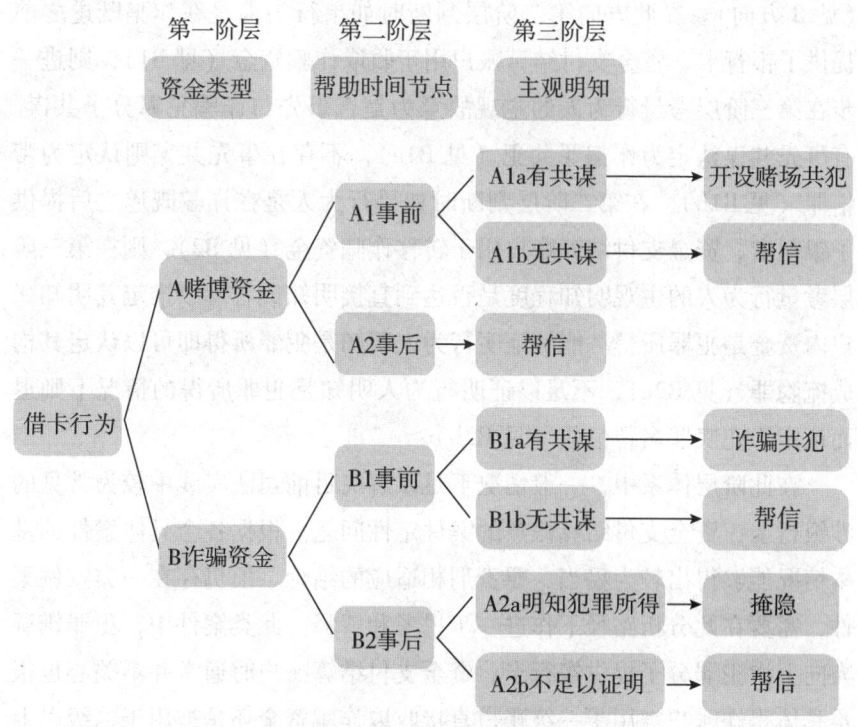

图3 涉银行卡、资金结算账户犯罪的阶层分析

在判断第一阶层资金类型系赌资等违法资金的情况下（见A方向），因不存在犯罪所得故没有掩隐罪存在的空间，则后续将进入开设赌场罪共犯与帮信罪的区分。在此方向的第二阶层判断时，如果行为人系在开设赌场犯罪行为既遂之后才提供银行卡、资金支付结算账户用于转移赌资，则只能成立帮信罪（见A2）。如果行为人系在开设赌场犯罪行为既遂之前就提供了银行卡、资金支付结算账户（见A1），则在第三阶层判断时根据主观故意的不同，分别认定不同罪名。如果行为人与开设赌场犯罪分子有事先共谋，应当作为开设赌场罪的共犯处理（见A1a）；如果行为人并无共同开设赌场的犯罪故意，则认定为帮信罪（见A1b）。

在判断第一阶层资金类型系诈骗被骗资金等犯罪所得的情况下，后续根据第二阶层、第三阶层的判断也会在不同情况下分别得出不同结论（见 B 方向）。在此方向第二阶层判断时如果行为人是在诈骗既遂之前提供了银行卡、资金支付结算账户用于收取诈骗资金（见 B1），则进一步在第三阶层考量行为人的主观故意为是否事先与诈骗犯罪分子共谋。有事先共谋认定为诈骗罪共犯（见 B1a），不存在事先共谋则认定为帮信罪（见 B1b）。在第二阶层判断时如果行为人是在诈骗既遂之后提供了银行卡、资金支付结算账户用于转移诈骗资金（见 B2），则在第三阶层考量行为人的主观明知程度是否达到直接明知或者可以推定其明知账户内资金是犯罪所得。能够证明行为人明知是犯罪所得即可以认定其构成掩隐罪（见 B2a），不足以证明行为人明知是犯罪所得的情况下则退而认定为兜底罪名帮信罪（见 B2b）。

在此阶层体系中，一般情况下足以解决目前司法实践中较为常见的涉银行卡、资金支付结算账户的案件定性问题。根据各个具体案件的基本情况能够得出较为妥当、罪责刑相适应的结论。但仍存在一类特例案件，需要在此分析路径下作进一步思考和解释。此类案件中，犯罪嫌疑人向上游犯罪分子提供银行卡、资金支付结算账户时通常并不关心也很难具体得知账户被用于一级账户直接收取诈骗资金还是被用于二级以上账户转移诈骗资金。在犯罪嫌疑人与上游诈骗犯罪分子无共谋的情况下，其提供的银行卡、资金支付结算账户客观上有可能事实上发生于上游犯罪分子实施诈骗犯罪之前或者同时，一般情况下此类型应认定为帮信罪。但是如果在具体案件中，犯罪嫌疑人根据其供卡行为中的违法性和异常性能够推定其明知道流经其银行卡、资金支付结算账户为犯罪所得，此时仅认定为帮信罪是否存在放纵犯罪的可能。

案例 A：行为人甲向上游犯罪嫌疑人乙提供银行卡 1 张，双方约定按照银行卡使用期间的流水金额 10% 支付手续费。经查，该卡被用于电信网络诈骗中直接收取被骗资金，总流水合计 50 万元，并被上游犯罪分子全部转出。其中已查明诈骗被害人的被骗资金 10 万元。

在此案例中，从犯罪嫌疑人收取明显过高的手续费可以推定其明知流经其银行卡的资金系犯罪所得。但是犯罪嫌疑人提供的银行卡被用于诈骗一级卡，也就意味着犯罪嫌疑人供卡之时上游诈骗犯罪行为尚未既遂，根据阶层分析路径的 B1b 路径应认定为帮信罪。而类似基础事实情形下，如果提供的银行卡客观上被用于二级卡，帮助了下游赃物犯罪分子，则可以根据 B2a 路径认定掩隐罪。但是从最终认定结果看，在犯罪嫌疑人实施了外观相同行为的情况下，存在帮助上游诈骗犯罪分子的定罪量刑轻于帮助下游赃物犯罪分子的定罪量刑，上下游犯罪的帮助犯倒挂问题。

笔者认为在整体运用前述阶层分析思路的前提下，可以通过刑法理论解决上述"倒挂"问题。对于供卡行为可以换一个角度思考，即行为人虽然供卡行为发生于诈骗犯罪既遂之前，但根据一般生活经验可知该银行卡必然会被先后用于接收诈骗款（流入）和转移赃款（转出），其提供银行卡的行为对上游犯罪所起的帮助作用一直延续到转出赃款为止。在肯定明显过高的手续费比例可以推定主观明知是犯罪所得的前提下，行为人客观上既为事前诈骗犯罪行为提供了帮助，也为事后掩隐犯罪行为提供了帮助。故行为人系同时构成帮信罪与掩隐罪的帮助犯，应根据想象竞合犯的处断原理择一重罪论处。因此在案例 A 中，行为人有成立掩隐罪的空间，而避免上下游犯罪之间的罪责刑不相适应。

## 三、帮信罪追诉标准和证据标准的厘清与分析

（一）追诉标准、证据标准概述

追诉标准和证据标准是两个不同的概念，但司法实践中常见对追诉标准和证据标准功能混淆的情况。追诉标准是指判断案件是否可以作为刑事犯罪追诉的标准，最高人民检察院、公安部联合发布了《最高人民检察院、公安部关于公安机关管辖的刑事案件立案追诉标准的规定（一）》等多个系列规范性文件对其予以规定。其意义在于犯罪行为达到追诉标准就属于刑法第 13 条规定的犯罪，即可在构成要件层面先形式入罪，后续再考量责任和处罚必要性。而达不到追诉标准的行为则在

构成要件层面就被排除出犯罪圈之外,最多仅能作为行政违法处理。证据标准是指司法机关在刑事诉讼中认定案件事实所要达到的证明程度,刑事诉讼法第 55 条规定了定罪量刑"确实、充分"的证据标准。

在帮信罪案件中,由于行为手段多样、理论观点纷杂等多方面原因,实践中往往对于司法规范性文件未明确列举的情形如何认定无所适从,进而出现了各种理解思路,因此有必要分别加以分析并对追诉标准、证据标准在帮信案件办理过程中的指引价值予以明确。

(二)涉银行卡、资金支付结算账户帮信罪追诉标准、证据标准分析

1. 追诉标准

根据刑法第 287 条之二的规定,构成帮信罪需要达到"情节严重"的程度。《办理帮信案件解释》第 12 条第 1 款规定了"情节严重"的认定标准,即前述帮信罪的追诉标准。《办理帮信案件解释》规定了七种情形,包括:(1)为三个以上对象提供帮助的;(2)支付结算金额 20 万元以上的;(3)以投放广告等方式提供资金 5 万元以上的;(4)违法所得 1 万元以上的;(5)二年内曾因非法利用信息网络、帮助信息网络犯罪活动、危害计算机信息系统安全受过行政处罚,又帮助信息网络犯罪活动的;(6)被帮助对象实施的犯罪造成严重后果的;(7)其他情节严重的情形。另外,该条第 2 款还规定了"五倍条款",即实施帮助信息网络犯罪行为,确因客观条件限制无法查证被帮助对象是否达到犯罪的程度,但相关数额总计达到第 1 款第 2 项至第 4 项规定标准五倍以上,或者造成特别严重后果的,也可以认定为帮信罪并追究行为人刑事责任。

对于第 7 项的兜底条款,在部分司法规范性文件中也作出了具体规定,如《办理电诈案件意见二》第 9 条规定了两种情形作为"其他情节严重的情形"处理:(1)收购、出售、出租信用卡、银行账户、非银行支付账户、具有支付结算功能的互联网账号密码、网络支付接口、网上银行数字证书 5 张(个)以上的;(2)收购、出售、出租他人手机卡、流量卡、物联网卡 20 张以上的。另外,在《断卡纪要一》第 5

条也列举了三种情形：（1）向三个以上的个人（团伙）出租、出售电话卡、信用卡，被帮助对象实施的诈骗行为均达到犯罪程度的；（2）出租、出售的信用卡被用于实施电信网络诈骗，达到犯罪程度，该信用卡内流水金额超过 30 万元的；（3）利用被出租、出售的电话卡、信用卡实施的电信网络诈骗犯罪，造成被害人及其近亲属死亡、重伤、精神失常的。其中第 1 项、第 3 项情形系对《办理帮信案件解释》规定中第 1 项、第 6 项的具体说明，第 2 项 30 万元流水应理解为"其他情节严重的情形"，而该项由于其便于实践操作的特点，也成为司法机关在办理帮信案件中最常适用的追诉标准。值得注意的是，《断卡纪要二》第 4 条对上述 30 万元流水标准的补充说明"出租、出售的银行卡被用于实施电信网络诈骗，达到犯罪程度，该信用卡内流水金额超过三十万元的，按照符合《解释》第十二条情节严重的处理，在适用时应把握单向流入涉案信用卡中的资金超过三十万元，且其中至少三千元经查证系诈骗资金。行为人能够说明资金合法来源和性质的，应当予以扣除"。对于 30 万元流水标准来说，限制计算单向流入资金是为了避免重复评价，以免部分地区在适用时将流入流出资金流水累加计算使得事实上将该项追诉标准减半，与需要行为人参与度更高的支付结算 20 万元追诉标准倒挂。而查明 3000 元被骗资金的限制则对应着证明被帮助的上游犯罪分子"达到犯罪程度"的证据标准，而非帮信罪追诉标准，具体理由后文再详细阐述。经笔者了解，司法实务中不乏将该项追诉标准理解为 30 万元流水+3000 元被骗资金者。

2. 证据标准

证明帮信罪犯罪事实达到确实、充分的标准，除了犯罪嫌疑人主体身份、刑事责任年龄等各类刑事案件共通的需证明事项以外，在客观事实层面主要需要证明犯罪嫌疑人提供了帮助行为、帮助行为达到情节严重、上游行为人构成信息网络犯罪这三个方面。司法实践中，由于帮信案件的上游犯罪分子多数未到案，整体看大部分案件中证据较少，但仍应把握证据底线。

（1）提供帮助行为。帮信案件的犯罪实行行为是为信息网络犯罪提供帮助。具体来说，在涉银行卡、资金支付结算账户类的案件中就是向上游行为人提供银行卡、资金支付结算账户以及附随的提供其他相关证件、U盾和提供密码、验证码、刷脸、转账、取现等服务。在司法办案中，在认定该事实时除了犯罪嫌疑人供述其提供了上述帮助以外，仍需有其他证据印证。否则在仅有犯罪嫌疑人供述孤证的情况下，一旦其改变供述就会陷入证据链断裂难以认定案件事实的境地。例如，犯罪嫌疑人到案后供述了其卖卡获利的事实，但是后期改变供述称并未出售银行卡，系遗失后未挂失导致被其他犯罪分子拾取使用。在改变后供述对应的事实中，犯罪嫌疑人既无主动提供帮助的行为，也缺乏犯罪故意，不构成帮信罪。因此，司法人员在办案时不能完全依赖于犯罪嫌疑人的认罪供述，而应多方收集证据证实案件事实，尤其是客观证据。如犯罪嫌疑人供述去外地出售银行卡，可以调取其出行记录、住宿记录、交易地点的监控录像等证据。对于卖卡收益则可以调取对应的银行卡、微信、支付宝交易记录。犯罪嫌疑人辩解其银行卡丢失则可以调查其是否到银行挂失，梳理同一时间段银行卡进出账资金特点、取款录像等证据，综合认定案件事实。

（2）达到情节严重。帮信犯罪行为达到"情节严重"才构成犯罪，对于涉银行卡、资金支付结算账户类帮信犯罪来说，司法实践常见类型为资金流水30万元、提供5张（个）银行卡或账户、支付结算金额20万元。上述三种情形的认定均以存在基础客观事实为前提，也相对较为容易调取客观证据。需要注意的是，如果犯罪嫌疑人提出辩解，则对于银行卡中进、出款项是否存在非上游犯罪分子使用的部分应进行排除性核实，如果确实存在供卡人本人使用产生的资金进出，则应当予以扣减。对于此类犯罪中可能涉及的其他"情节严重"标准，也需要注意建立完整的证据体系。如违法所得1万元以上的情形，需要核实获利1万元的证据是否充分、收款中是否夹杂其他资金等。

（3）上游行为人构成信息网络犯罪。前文已述《断卡纪要二》第4条规定的查明3000元被骗资金是证明被帮助的上游犯罪分子"达到犯罪程度"的证据标准。可以发现，上述规定在涉电诈案件中要求查明

3000元的数额与电信网络诈骗犯罪的追诉标准一致。再结合帮信罪的基本原理,不难发现,这里的查明3000元被骗资金可以同等替换为"查明上游犯罪分子构成诈骗罪",故在查证3000元诈骗金额时应限于同一上游犯罪分子所实施才能认定上游行为人构成诈骗罪。究其本质,仍是帮信罪作为帮助犯能否成立犯罪首先依赖于本犯的成立。

由于电信网络诈骗非接触性、针对不特定对象的特点,绝大部分案件中,被害人报案后无法确定实施诈骗行为的犯罪分子身份。因此,查证到单一被害人单笔被骗金额超过3000元的必然符合上述证据标准;同一被害人在同一时间段因为同一事由或者连续"剧情"先后被骗的款项一般情况下也可以认为是同一波犯罪分子所为,符合证据标准。而如果查明同一张(个)涉案银行卡、资金支付结算账户中多个不同被害人分别被骗少量财物,即使被骗总金额超过3000元,也并不当然能够证明上游行为人构成诈骗罪。在此情形下,需要进一步查证多个被害人被骗时间段、被骗事由、对方使用的诈骗电话号码、微信账户等是否同一或者存在关联来综合判断是否系同一批犯罪分子所为。经查证,能够证明确系同一批犯罪分子实施的、诈骗金额累计超过3000元才符合证明上游行为人构成诈骗罪的证明标准。对于以提供银行卡、资金支付结算账户超过5张(个)追诉标准认定帮信罪的,则需要查明提供的每一张银行卡中被骗资金均符合上述证明标准。

实践中还可能存在的一种常见情况,帮信犯罪嫌疑人提供的银行卡、资金支付结算账户并未被用于一级卡直接收取诈骗资金,而是被用于多级卡转移资金。在此情况下,因一级卡以及中间流经的多级卡存在资金池沉淀且转移资金分散,经常会出现银行卡、资金支付结算账户无法直接关联到被骗资金的情形。此时,强求查证流入流水中必须存在至少3000元被骗资金不切实际,可以从资金关联和共犯从属性角度来寻求其他解决方案。笔者认为,如果能够查明银行卡、资金支付结算账户与已经符合上述证明标准的涉案银行卡、资金支付结算账户存在资金进账或者出账的流动,即可认为足以证明帮助了构成诈骗犯罪的上游行为人,从而认定供卡行为人成立帮信罪。因为从二级卡往后的所有存在资金流动的银行卡、资金支付结算账户都可以认为是为使用一级卡的诈骗分子提供了帮助。

在厘清证据标准概念以及确定了帮信罪中证明上游行为人构成信息网络犯罪所需达到的证明标准后，可以进一步延伸至诈骗罪以外的其他上游犯罪对应的帮信罪案件。比如，上游犯罪经查证系敲诈勒索罪的，应查证的被敲诈勒索资金则为2000元（对应黑龙江省敲诈勒索罪立案追诉标准），上游犯罪经查证系盗窃罪的亦是同理。另一类较为常见的上游犯罪是网络赌博行为对应的开设赌场罪。根据《最高人民法院、最高人民检察院、公安部关于办理网络赌博犯罪案件适用法律若干问题的意见》第1条第1款的规定，只要能够查明上游行为人存在赌博网站相关事实即可认定上游行为人构成开设赌场罪，其他新型网络赌博也可参考开设赌场罪的办案思路综合判断是否构成开设赌场罪。据此，笔者认为通过向与涉案银行卡、资金支付结算账户存在赌资交集的参赌人员取证，如果参赌人员提供的证据足以证明其参与了赌博网站、赌博群组等网络赌博活动，且可合理推断必然存在某一些组织者构成开设赌场罪，即符合证明上游行为人构成开设赌场罪的证明标准。那么，提供银行卡、资金支付结算账户的犯罪嫌疑人如果达到"情节严重"追诉标准，即可被认定为帮信罪。

# 拐卖、收买妇女、儿童犯罪立法省思及重构

熊建明*

**关键词**

拐卖妇女、儿童罪　收买被拐卖的妇女、儿童罪　拐卖、收买儿童罪
拐卖、收买妇女罪

**内容摘要**：刑法将拐卖、收买妇女、儿童的行为，分设在第 240 条拐卖妇女、儿童罪和第 241 条收买被拐卖的妇女、儿童罪的依据是行为类型的同一性，无视被害主体法益侵害有重大区别。拐卖与收买行为侵害的法益具有高度同质性，宜按照法益受害主体同一性，重设此两条为拐卖、收买妇女罪和拐卖、收买儿童罪；在刑罚配置上，应充分考虑被害人亲生父母及原生家庭等持续存在的法益侵害。收买妇女通常会造成妇女遭受无限次且持续的强制性行为、拘禁、伤害、侮辱和虐待等。这些侵害均以年计，数罪并罚量刑模式忽视上述侵害在时间上的乘数效

---

\* 作者单位：南昌大学法学院。

应。应统一按加重处罚情节配以重刑。拐卖、收买妇女、儿童罪宜原则上收买应重于拐卖，重构拐卖、收买罪刑量。

## 引言

拐卖、收买妇女、儿童行为背后是一系列侵害行为。具体而言，行为人通过各种手段，使某个妇女或儿童从原生家庭及社会环境中分离，强行安置在与其毫无关联的家庭和社会结构中，与陌生的他人建立新的家庭关系，甚至被非法拘禁、强制生育等。将这一系列侵害行为简化为拐卖、收买妇女、儿童之举，恐怕不足以完整评价其法益侵害性和社会危害性。立法上规定某种行为为犯罪，或者司法上认定某种行为有罪，根本理由是该行为有损或有害于法所保护的各种利益（法益）。立足于法益视角，全面分析、检视、评价、省思拐卖和收买妇女、儿童犯罪规范，较之从行为类型解析角度，可能更为有益。

本文正是这种尝试。除引言和结语外，全文共分三个部分：辨析拐卖、收买妇女、儿童两罪法益，解构省察现行规范，论证规范重置建议。

### 一、法益呈现与省思

一般而言，妇女、儿童总是具体地生活在与其有身份关系的人际结构中。他们对这些关系里的相对方，是具有重要的物质、人格、身份、情感、依赖、幸福等多重不可或缺亦不可替代因素的复合存在。拐卖和收买行为扯断并隐匿了这种自然人际联系：被拐卖、收买的妇女、儿童失踪，处于失联窘境中的家人会开启找寻之旅。拐卖、收买妇女、儿童行为侵害的法益具有整体性：撕扯割裂共居共存的人际关系，其中的每一个体相关法益都受到侵害。即使有幸找回被拐卖、被收买者，亦可能仍难填平更不可能消除漫长分离造成的隔膜和疏离；未得善终的尴尬现实并非鲜见。表面上看，拐卖、收买妇女和拐卖、收买儿童所侵害的法益极为相近，但具体情形仍有较大区别。

(一) 拐卖儿童罪侵害的法益

2016年12月21日《最高人民法院关于审理拐卖妇女儿童犯罪案件具体应用法律若干问题的解释》（以下简称2016年《解释》）第9条规定，刑法第240条、第241条规定的儿童，是指不满14周岁的人。① 其中，不满1周岁的为婴儿，1周岁以上不满6周岁的为幼儿。本文采此定义，限于篇幅，只讨论被拐儿童被收买后，成为新家庭新成员的情形。

从时序角度看，拐卖行为包括"拐"和"卖"两个阶段。"拐"是拐卖者使被拐儿童从其日常生活的人际环境中骤然脱离，置于己方控制和照管之下，表现为拐骗、偷盗、绑架、麻醉、抢夺或掳走等。从"拐"至"卖"有一个过程，会发生日夜照料、贴身陪护、一直关禁闭、轻度暴力或暴力威胁、依指令接送或中转等，通过控制其人身自由，不让儿童与他人接触或报警或逃跑。而拐卖中的"卖"是将被拐儿童交付收买人，儿童由被拐卖转为被收买，人身自由转由买方控制，拐卖之举就此完结。

拐卖行为侵犯两类主体法益：一为亲生父母及原生家庭享有的，与被拐儿童间包含亲情在内的身份上诸种权利和利益；二为被拐儿童所享有的，在亲属人际关系中正常自然地生活、成长的各种权益。② 如果拐之举止，包含暴力、暴力威胁，或采取麻醉等手段，那么直接构成对被拐儿童故意伤害——尽管不一定会构成犯罪。如果被拐离的儿童为幼儿年龄以上的孩子，即使被麻醉至不省人事地步，只要醒来，他们对亲生父母及原生家庭的思念与记忆不可能消失。这种伤害可能最为持久亦最为痛苦。最重要的是，将被拐儿童当成一个活的可买卖的人形物件，贬

---

① 未成年人保护法、《国际儿童权利公约》将未满18周岁的自然人确定为未成年人或儿童。刑法沿用公约取名儿童，虽未明示儿童年龄上限，却在八个条款中有"不满十八周岁的人"；2016年《解释》将"儿童"上限确定为14周岁，未成年人与儿童成为两个概念。

② 参见黄晓亮：《拐买儿童罪的法益追问与规范再造》，载《法学杂志》2020年第7期。

损了儿童作为人当享有的人格和尊严。①拐卖儿童罪侵犯的法益具有综合性,其中被拐儿童法益当居优位。

(二) 收买儿童罪侵害的法益

收买被拐卖儿童的目的,是强行让儿童成为一个陌生家庭新成员,获得新身份,建立新家庭关系。被拐卖的儿童在新家庭中通常不会遭受虐待、囚禁、伤害、侮辱等一切可能或明或暗的不好待遇。新家庭及其身份完全取代原生家庭及亲生父母,亲权与亲情等被彻底阻隔切断,原有的未来期待被强行消灭。如果收买时,儿童对其亲生父母及原生家庭有记忆,则收买行为可能导致一些后续的身体伤害(如逃跑被抓回关禁闭,或者养家觉得难养,退回卖方或转卖至新养家)或者心灵创伤。但多数情形下,尤其是收买婴儿和低龄幼儿,除了被强行剥夺与亲生父母及原生家庭共居生活外,似乎不存在其他法益侵害。

与之相对,被买儿童亲生父母及原生家庭遭受的法益损害,则在收买完结之后,逐渐持续加深并可能永固。家庭活力消失,家庭的整体成长几乎停滞;有些家庭还可能解体,但父母仍不得解脱,尤其自认为孩子走失被拐当归咎于己的成员,一生都心怀内疚。不仅如此,他们还会漫无目标和方向感地找寻。他们与被买儿童间基于身份所可能有的,可计算和不可计量的合宜、合法、正当的权利和利益,彻底因被拐而中止,因被买而剥夺;即使今后有幸重新团聚,亲情关系及权益也因缺乏相互陪伴与长久共居难以圆满,总有一些鸿沟与隔膜,遗憾、残破难免。

因此,与拐卖儿童罪不同,收买儿童罪损害的法益,几乎完全由亲生父母及原生家庭承受,即使儿童对亲生父母及原生家庭有记忆也如此。当然不可否认,儿童也受有损害,但还是不能与亲生父母及原生家庭所受苦难相提并论。

---

① 参见梁根林:《买卖人口犯罪的教义学析:以保护法益与同意效力为视角》,载《国家检察官学院学报》2022年第4期。

### (三) 拐卖妇女罪侵害的法益

2016年《解释》规定,拐卖妇女罪中妇女当为年满14周岁以上女性。依女性智力和精神状态,将妇女再分两类:一为一般妇女;二为有精神障碍或智力缺陷的妇女。

拐卖有精神障碍或智力缺陷的妇女所造成的法益侵害,承受主体有两类:一是本人,其人身自由受到限制和侵害,如被禁锢、被麻醉、被性交,甚至被轮奸、被打骂、被威胁、被哄骗等,但通常不会被虐待,拐卖主体管理、照护、控制妇女的目的和手段,绝非为了妇女本身权益;二是被拐妇女亲生父母及原生家庭,隔离切断了对被拐妇女的亲权和共居等。

拐卖一般(主要指认知与意识能力正常)妇女所造成的法益侵害虽承受主体亦为两类,但作为被拐妇女本人所受损害和伤害会远重于有精神障碍或智力缺陷的妇女。一是有正常甚至敏感的自主意志和认知能力;二是有明显甚至激烈的表达和反抗能力,会表现为不服从、愤怒等意志上反感与身体上对抗。在被拘禁过程中,还可能发生捆绑、封口、关在无人能听见或看见的暗黑封闭空间里等,妇女反抗还可能招致身心摧残,这些行为会对被拐卖妇女的人格尊严造成严重侵害。如果被拐妇女已有婚姻,其家属范围随之扩大,伤害和损害会全面波及夫妻所组建的家庭以及夫妻双方的原生家庭。

### (四) 收买妇女罪侵害的法益

妇女被收买,本身就意味着其被物化,人格与尊严被剥夺,作为女性的性自主能力与意志被控制或消灭,身心双重摧残几乎不可避免:没人愿意他人不像人对待人一样对待自己,更没人能够接受自己身体被人当物件(甚至不如物件)凌辱式使用。

有精神障碍或智力缺陷的妇女自主意识能力较低或者欠缺,所以反抗或者不服从的意思相对较弱,被收买后身心受故意伤害与特别凌辱的可能性较低,即便有,力度与频度也通常相对较低,因为通过暴力威胁、哄骗等即能顺利与其性交，就无暴力强制必要；但被禁锢，甚至不将其视为家庭成员而受虐待的可能性也存在。收买被拐卖的妇女的主要目的不仅是实施性行为，更多是完成生育。如果妇女不能怀孕、流产可能性较高或者分娩的孩子也存在精神障碍或智力缺陷等，就可能会被转卖。一旦被转卖，就意味着其生育能力受"市场"低劣评价，甚至可能只剩性欲满足机能；这可能会导致下一买家更随便更粗暴地对待该妇女，成为用过即弃之人的可能性上升。随着转手次数不断增多，身体上的故意残害、殴打、虐待的可能性不断增大，最终被遗弃几乎是宿命。

通常而言，一般妇女会遭受更严重的侵害。拐卖只是强奸、伤害、污辱、虐待、囚禁等侵害的序幕。被收买的妇女不仅将日常性地遭受强制性行为，其身体也随时依收买人心境与需要被伤害、心灵和意志被侮辱践踏、人身自由被拘禁，甚至在承受身心暴虐同时，还需要为收买人及其家庭干活劳动，整个人被收买后处于被奴役的状态，除非屈服或者成功逃脱或者侥幸被解救等，否则绝无解脱。收买人所在家庭及周遭物理生活空间，就是专为该一般女性一个人设置的"特别集中营"。收买人及家庭成员是第一道核心看守，该家庭所在村庄或社区，是更多人参与看管监督的大监狱。中间唯一可得到缓解的是，被性交后受孕、待产、哺乳，一直到该女性被迫自愿地成为收买人家庭成员为止，才可能不再遭受伤害打骂虐待等，但强制性行为、拘禁等仍可能持续。其法益受害主体虽也有两类甚至三类，如妇女亲生父母及原生家庭，如果妇女被拐之前已为人妻人媳人母，就还有派生家庭以及配偶原生家庭，但受最直接最严重损害的是被收买的妇女。她直接承受暴虐或残害；所有可能美好甚至正常的前程与安宁化为灰烬，所有可能的社会角色被剥离，只剩下最为原始的一种，即成为可供他人泄欲和传宗接代的生物工具。产出子女后，作为母亲的角色，可能会唤回一些作为人的乐趣与尊严，生活处境可能会相对改善。

从这个意义上看，女性，尤其是有生育潜能的女性，在被收买后受到的损害和伤害，远重于由"拐"到"卖"这一段时间的侵害。即使每次实际遭受的伤害，轻于或同等于被拐卖期间，但乘以时间，经由累积而生的重度与烈度，绝非拐卖可比。

综上所述，拐卖儿童、收买儿童、拐卖妇女、收买妇女，这四类行为的法益侵害性存在本质区别。刑法和司法解释仅仅根据行为方式，将拐卖、收买妇女、儿童罪分设为拐卖妇女、儿童罪和收买妇女、儿童罪，其合理性与正当性值得反思。

（五）罪名当依法益受害主体分设

现行罪名的设置主要依据是行为方式，即将在行为方式上具有同一性的行为归于一个罪名之下。这样的立法模式忽略了在此同一性下，行为承受主体的法益受害不仅有本质不同，还有量度迥异：拐卖儿童是为了收买儿童，收买儿童是为了让其成为收买家庭新成员，并且身份与地位预先设定；拐卖妇女虽然也是为了出卖，但最终目的可能是利用妇女满足性需求，进而实现买家生育目标，哪怕是有精神障碍或智力缺陷的女性，也会被收买，因而也会被拐卖；而在绝大多数情形下，有精神障碍或智力缺陷的儿童都不会被拐卖和收买。

儿童被拐卖和被收买，最重的法益损毁由亲生父母及原生家庭承受，儿童的法益损害比亲生父母要轻；女性被拐卖和被收买，本人遭受的法益损害比亲生父母及原生家庭或派生家庭恶劣。拐卖、收买所致伤害，儿童自身权益损害呈减轻趋势，亲生父母及原生家庭权益损害则越来越重，甚至会被击垮；女性被收买后，因存在时间乘数效应，会放大、加重自身伤害，女性亲生父母及原生家庭，以及派生家庭亲生子女权益损害虽也会越来越重，但还是不及本人身心残害。

拐卖儿童、收买被拐卖的儿童最终目的是收养，形成新的家庭关系，收买被拐卖的儿童后，儿童面临的侵害会降低甚至消失。拐卖妇女、收买被拐卖的妇女最终目的是满足收买者的性欲与生育需求。拐卖是损害的开端，收买是损害的继续，且越来越恶化。收买是拐卖的动力与归宿，拐卖是收买作为需求触发的，基于同一主体法益受损视角，收买可吸纳拐卖。

刑法的目的是保护法益，罪名的划分应该因刑法保护法益的类型和性质不同而有所区别。刑法也存在打破行为同一性,基于保护法益的同一性和同质性①设置专项罪名的情况。紧随第240条、第241条之后的第242条即典型例子。

第242条两款两个罪名,第1款规定的行为是"以暴力、威胁方法阻碍国家机关工作人员解救被收买的妇女、儿童的",该行为构成妨害公务罪;第2款规定的行为是"聚众阻碍国家机关工作人员解救被收买的妇女、儿童的首要分子",该行为构成聚众阻碍解救被收买的妇女、儿童罪。从行为方式的角度看,此两罪当置于刑法分则第六章妨害社会管理秩序罪中最为适宜。理由是,无论是暴力、威胁方法,还是聚众闹事,阻碍解救被收买的妇女、儿童,都是在妨害国家工作人员行使国家权力的职务行为,破坏了国家治理社会的管理秩序(含被管理的社会秩序)。

然而,刑法第242条将上述行为以专条列于"侵犯公民人身权利、民主权利罪"一章。其理由在于,该条所保护的法益与第240条(拐卖妇女、儿童罪)和第241条(收买被拐卖的妇女、儿童罪)的法益更为接近。尽管第242条同时也间接保护社会管理秩序这一附属法益,却不是该罪保护的最主要法益。从这一规定可以看出,刑法为了实现法益保护的连贯性、一体性,完全可能将以同一方式实施的行为分设在不同章节。

总之,笔者认为,刑法关于收买、拐卖妇女、儿童罪的规定从罪名到具体规定都需要反思,重新分设为拐卖、收买妇女罪,拐卖、收买儿童罪。

## 二、现行规范的省察

拐卖和收买都内含时限。拐卖是"拐—卖",只有在实际控制被拐妇女或儿童人身之后,才可交付被控制者的人身完成交易。拐是实际控制他人人身之开端,一直到交付为止,拐与卖间是人身控制之持续。收买是"买—收",从"卖方"处获得被拐妇女或儿童人身控制后,就收

---

① 参见罗翔:《论买卖人口犯罪的立法修正》,载《政法论坛》2022年第3期。

归并囚禁在足以控制的空间范围内。买是获得人身控制之起始，一直到不能或无须控制为止，收是人身控制之接续；买与收之间基本无时间间隔。两种行为间具有接续性，是"拐—卖—买—收"，在卖与买之间时限极短，但拐与卖之间时限较长，收当以年计量，具有收归于其控制之下并予持续之义。

刑法第240条拐卖妇女、儿童罪中规定的一些加重处罚情形，就发生在拐与卖的间隔期；第241条收买被拐卖的妇女、儿童罪中规定的一些数罪并罚事项，出现在收归之后与买家共居生活中。反思此两条定罪及量刑，就是解构此两罪规范。

（一）加重处罚范式合理：第240条教义学解析①

拐卖妇女、儿童罪，以发生一次拐卖一名妇女或儿童作为入罪最低门槛，配置刑量是五年以上十年以下有期徒刑。这种法定刑，既高于故意杀人罪中"情节较轻的，处三年以上十年以下有期徒刑"，也比故意伤害罪和强奸罪的法定刑高。若行为及后果符合条文加重情形，最低法定刑为十年以上有期徒刑。在此分类讨论加重处罚情形。

第1款中第1项、第2项、第7项列示了拐卖行为及严重后果：行为人是拐卖妇女、儿童集团的首要分子，拐卖妇女、儿童三人以上，造成被拐卖妇女、儿童或其亲属重伤、死亡或者其他严重后果；旨在着重打击并预防拐卖集团犯罪（以出卖为目的，从事拐骗、绑架、收买、贩卖、接送、中转妇女、儿童行为之一的即可，集团拐卖分工操作极为明显），遏制其规模化和职业化经营。上述行为是可同时侵害多人人身权利在内的严重犯罪，可称为结果型加重。第8项将妇女、儿童卖往境外是指和境外人口贩卖组织内外勾结，将同胞卖往境外，不仅增加案件破获难度，更使得被拐儿童重返家园可能性更低，被拐女性人身境遇可能更悲惨难测；不加重处罚不足以亮明刑法保障人权的本旨，可称为特别

---

① 参见张勇：《人格尊严视角下收买被拐卖的妇女儿童罪的刑事责任》，载《人权》2022年第5期。

型加重。第 5 项、第 6 项实施"拐卖"中"拐"走妇女、儿童的行为,与绑架罪中实现绑架的方式并无二致,行为本身就构成绑架;以出卖为目的,可等效绑架罪中主观目的,处十年以上有期徒刑,保持体系一致。婴幼儿只给出偷盗乃举轻以明重,从成人手中抢走婴幼儿,或将看护人麻醉或伤害以掳走孩子是更严重的犯罪。

第 3 项奸淫被拐卖妇女构成强奸罪。在拐卖期间,女性已置于拐卖者完全控制之下,人身遭拘禁,意志被压制,身体遭伤害,被奸淫并非出自己意,符合强奸罪构成;并且可能不只被奸一次,甚至不只被一人所奸;本项加重情节,实为强奸罪第 3 款(即处十年以上有期徒刑、无期徒刑或者死刑的情形)的移植,配以十年以上期待徒刑顺理成章。如果将被拐妇女卖给他人迫使其卖淫,则与第 358 条强迫卖淫罪相近,法定刑与拐卖妇女罪相同,二者叠合成为拐卖妇女罪加重情形乃自明之选。

在拐卖期间,对被拐女性实施奸淫,或诱骗、强迫其卖淫,或转卖他人迫使其卖淫,对被拐儿童,如果采取暴力、胁迫或者麻醉方法,或者偷盗婴幼儿,相当于强奸罪加重情形吸收拐卖,或者拐卖与强迫卖淫叠加,或者绑架吸收拐卖,加重处理并无不当,与相关罪名及量刑在体系与教义上等极为吻合。加重处罚范式合理还有一个更基本理由,就是拐卖所历时限短于收买,基于拐卖犯罪而加重,在司法操作上较为便利。①

故第 3 项、第 4 项、第 5 项、第 6 项这 4 项可称为附随型加重;第 5 项、第 6 项是基于行为方式,可称为特别型附随加重。

无论哪种情形均未采数罪并罚,亦未按择一重罪处置,而是作为拐卖行为加重处罚情节单列。原因在于,这些情形都以拐卖尤其是完成拐走为前提,此时虽未卖出,却已构成拐卖妇女、儿童罪既遂,并由持续保持严密贴身控制被拐女性或儿童人身自由所致:没有拐卖,拐走行为

---

① 参见陈洪兵:《拐卖妇女、儿童罪的实行行为只有"拐卖"》,载《辽宁大学学报(哲学社会科学版)》2012 年第 4 期。

就不会近于绑架，没有拐卖就没有奸淫，亦没有转卖他人迫使其卖淫。同时还需提及，并非所有拐卖女性、儿童的犯罪都有加重情形发生。故采基本犯罪行为中，若行为方式恶劣或行为期间另犯他罪，将其作为基础犯罪行为加重情节，就显得全方位涵摄之合理适宜。①

按理说，收买后收买人对被拐卖妇女实施强制性行为、拘禁甚至囚禁、故意伤害、虐待和侮辱，无论是力度还是频次，不会低于拐卖期间拐卖主体所为。收买人对被买儿童则可能完全相反，不仅不会施虐侮辱伤害，相反还努力让其适应新家庭，尽快成为双向接受的家人。因此，将女性与儿童一并置于收买罪中就有相当大的问题。

笔者猜测，可能正是因为收买被拐卖的妇女和收买被拐卖的儿童具有相同的行为方式而被规定于第241条一罪中，共享同一法定刑。但妇女和儿童被收买后所遭受的法益侵害又有所不同，应该在法定刑上有所区分，所以第241条才放弃第240条加重处罚架构，另创数罪并罚模式，以便在同一罪名内的量刑配置依被买主体而有所区分。但笔者认为，此举并非妥适，遑论合理正当。

（二）数罪并罚模式悖谬：第241条的刑罚配置分析

第241条共计有6款。其中，"收买被拐卖的妇女、儿童"为构成要件，"三年以下有期徒刑、拘役或者管制"为法定刑量。

先论定罪。"收买"会使人依通义，将其理解为让"买"与"卖"对应：于"买"一方忽略了"收"；"收"可解为"收留""收存"，甚至"收归"，核心本义为收留以归己有。于"卖"一方，无视"拐"。买卖是一种即时行为，交货与收货两讫即完结。但对于拐卖，更应当强调拐，于收买，理当着眼于收：买表明所收对象来历与方式，着重点还是在收。定拐卖有罪且重于收买，是因为拐和卖并重，定收买有罪却只在于买，似乎完全隐匿了收，因而收买较之拐卖为轻。但这并非完全合

---

① 也有相对轻判的例外，参见蔡曦蕾：《拐卖儿童罪：设刑与动刑——兼论"轻处"倾向的背后因素》，载《北京社会科学》2016年第7期。

理；故用数罪并罚模式专项针对买收之后，损害被买主体法益的犯罪。但同样亦非合适。

拐卖与收买间有接续性，表现为拐—卖—买—收；从被拐被买主体角度前后予以延展，即呈现"正常而自然的生活—拐—卖—买—收—陌生又异常的新生活"。显然，收买妇女、儿童罪若只重买这一即时举止，则完全忽略买下来后被买者生活状态。买下来收归己有意味着什么？就是和收买人及其家庭同居一起，共同生活。而共同生活于被买的主体如何？这里，可能存在一种想象，就是相较于被拐卖，被买主体会被变得习惯甚至正常的可能性不仅存在，而且可能为绝大多数情形，甚至有可能终结某些拐卖所致罪恶，收买似乎并不那么罪恶。因为买的目的是一起共居生活；买之恶较之卖似为轻，量刑上买当轻于卖。收买量刑轻于拐卖，就在于认定收买之罪轻于拐卖之罪。

再论量刑。正因上述想象，才有刑法修正案（九）将第241条第6款中"可以不追究刑事责任"修正为虽追究责任，但"可以从轻处罚"和"可以从轻或者减轻处罚"。这一修正的情形主要指的是，若为儿童，收买人未对其虐待，且不阻止解救；若为女性，收买人尊重其意愿，不阻碍其返回原住地；但若被买收时间够长，儿童也罢，女性也罢，在新地居住生活，与收买人及其家庭的生命联结的牢固程度是如此深厚绵长，完全可能使儿童忘记或难以再返原生家庭，或使女性即使自愿也不会再返原地，虽会重续与原生家庭及亲人间关系，似乎收买侵害有所减少或者不存在。正如民法典第1052条对被胁迫婚姻的规定一样，尽管成就婚姻时不符合自愿原则，但毕竟领了结婚证，如果在领证之日起一年内，受胁迫一方未提撤销婚姻，就认定可继续合法下去。毕竟结婚一年所经过的时间有可能消灭胁迫恶害，还有可能生出继续共同生活的新约束或新动力。时间的经过与磨洗，会使很多罪恶逐渐消散、淡化至近于无的地步。

司法解释上也有更为明显表达。《最高人民法院、最高人民检察院、公安部、司法部关于依法惩治拐卖妇女儿童犯罪意见》中第30条第2款规定，收买被拐卖的妇女、儿童，对其没有实施摧残、虐待，或者已与其形成稳定的婚姻家庭关系，仍应依法追究其刑事责任，但一般应从轻处罚，符合缓刑条件可以依法适用缓刑。2016年《解释》第5条规定，收买被拐卖的妇女，业已形成稳定的婚姻家庭关系，解救时被买妇女自愿继续留在当地共同生活的可视为"按照被买妇女意愿，不阻碍其返回原住地"。第8条规定，出于结婚的目的收买被拐卖的妇女，或者出于抚养的目的收买被拐卖的儿童，涉及多名家庭成员、亲友参与的，只对其中起主要作用人员追究刑事责任，就是只对其中一人追责。最现实也最显著的表现，就是被买妇女对买其为妻为媳的收买方及其家庭，被买儿童及其亲生父母对买其为子或孙的养家坚持不予追究。①

在立法和司法主流意识中，不仅认为收买轻于拐卖，还坚持并非所有收买妇女、儿童之举，都会对被买者造成严重伤害，甚至虐待摧残。故即使确定收买一律有罪，也当区别对待。因此司法实践中，很少针对收买人实行数罪并罚。如果被拐卖的妇女、儿童不幸遭遇了故意伤害、污辱、虐待等严重伤害，就单独定罪，与收买罪数罪并罚处置。② 这是未采第240条加重情节处罚的理据。以被收买的妇女为例，其被收买后与收买人同居在一起，收买人防范妇女擅自脱离，或明或暗软禁之，并非一定就是非法拘禁；因为有婚姻作为掩饰，或者是奔婚姻而去，一些强制实施的性行为亦不一定被认定为强奸。至于被收买的儿童，因为是作为一家人共同一起生活，彼此家庭身份明确，相互包容关爱极易自然养成，几乎不会有虐待伤害；即使早期有些举止符合非法拘禁，若当成严加看管可能更自然顺理。

这种认知及实践虽不全面，要说有问题却也缺少根据。这涉及如何看待收买被拐卖的妇女、儿童罪。如果坚持整体大于部分视角，忽略最为恶劣悲惨少数情形而以中位数评价之，现行规范中定罪和量刑还是合理有据的。的确有些女性，在收买人家中长期生活，并未受到特别严重

---

① 可见，司法解释未体现从严惩处的转变，个别甚至更加从宽。参见车浩：《立法论与解释论的顺位之争——以收买被拐卖的妇女罪为例》，载《现代法学》2023年第2期。

② 实践中几乎无非法拘禁罪，参见罗翔：《论刑法中的补正解释——以拐卖犯罪为例展开》，载《中国刑事法杂志》2023年第3期。

伤害和侮辱，虐待也是如此；至于性交和生育，本就是买来的目标，经年累月之久，可能已被女性容纳和接受；儿童可能更少最恶劣悲惨情形发生。但如果坚持最小部分中最为恶劣视角，现行规范中的定罪和量刑就显得严重失当。

本文认为，应以被收买的妇女、儿童中处境最糟糕最恶劣的情形作为基准，确定法定刑。毕竟以最重情形作为基准，对处境相对较好的法益保护亦不会差，且可以依据具体情形酌情从轻、减轻处罚以实现实质正义。

另外，如果坚持收买被拐卖的妇女、儿童罪中法益所受侵害不只限于被拐卖的妇女、儿童承担，还将波及亲生父母及原生家庭，就会发现现行量刑规范及实践未能正确认识法益受损的真实情形。具体而言，随时间经过，被收买的妇女虽与生活和解而消解了部分罪恶，但其亲生父母及原生家庭所遭受的法益损害绝未有所减缓，遑论消失；被收买儿童亲生父母及原生家庭更是如此。当坚持从整体视角来看待收买被拐卖的妇女、儿童罪量刑规范。一旦坚持此理念，就会发现，采数罪并罚模式有些悖谬。具体如下。

先论收买被拐卖的妇女。将收买后强制实施的性行为定为强奸罪，非法限制人身自由规定为非法拘禁罪，拘禁期间故意伤害女性身体、污辱女性人格尊严，设为故意伤害罪和侮辱罪，恶劣对待被禁女性设为虐待罪，与收买被拐卖的妇女罪进行数罪并罚并不合适，不符合强奸罪、非法拘禁罪、故意伤害罪、侮辱罪等在刑法中的定义。以强奸罪为例，从刑法第236条可知，发生一次强奸行为即可定罪，强奸次数暗含在强奸罪定义中。妇女被收买后，从第一次被强制实施性行为开始，会不断遭受持续、无限次的侵害。除非处在生理期或有受孕待育征象，否则会一直被侵害至有此征象为止；生育后会恢复中断被侵害的频度，循环至收买家庭传宗接代所需儿子数量为止；虽不再生育，但还会被侵害；除非被解救或逃脱，或者被迫收心和买家成为一家人过下去。这样的无限次、持续的强制性行为甚至可能被视为"正常夫妻生活"内容中一项。如果将这类行为定为强奸罪，那么不用其他罪名，仅此一项，就足以判处行为人死刑。但事实并非如此。司法实践中，即便妇女在被收买后一直被强制实施性行为，仍可能不会被认定为强奸罪。另外，这类行为的法益侵害性已经远超一般强奸行为，被收买的妇女可以说已经沦为性奴，长期严酷地被性剥削、性摧残和性虐待，仅用强奸罪来评价此类行为可能无法实现罪责刑相适应。

至于将收买人囚禁被收买妇女的行为认定为非法拘禁罪，则更不现实。依非法拘禁时限来定罪，就是超过24小时，而妇女被非法拘禁时限，当用年计量；将其定为非法拘禁罪，同样难以实现罪责刑相适应，与整个刑法体系相悖。长年被关禁闭，根本不是拘禁，而是专为一个特定人设立集中营，是奴役。

故意伤害罪有些复杂。妇女被收买后，若有不服从表现等，就会被殴打，每次打击可能不及故意伤害罪定罪标准，但经年累月的打击造成的累积性伤害，可能远超故意伤害罪所能评价的范围。司法实践中，若将行为人的此类行为认定为故意伤害罪，可能无法说明到底是指哪一次，因为若要周延地评价妇女所遭受的身体侵害，不应将视角局限于某一次或几次单独的故意伤害，而应该考虑被迫为奴的非人状态。可能有观点认为，这类行为可以被认定为虐待罪。尽管虐待罪不以次数为计量单位，且时限较长，但无论是妇女还是儿童，其被收买之后生活时长，都会超过一般意义上虐待罪所评价的最长时限。

侮辱行为亦是同理，如果被迫为奴，污辱行为每天都会发生，累积性的污辱积聚，最终若导致受禁女性精神失常，可能无法仅以侮辱罪定之。因为这根本已经超过了侮辱罪所能够涵盖的法益侵害。

总之，刑法第241条中数罪并罚的处罚规则可能并不完全妥当。① 这些行为无疑是极为恶劣的犯罪，但却难以与刑法中相应罪名匹配，即便后者内含对多次侵害的评价，但仍难以容纳超长时间持续反复的侵害。

客观地讲，如果收买后女性始终不从，就会遭受包括强制性行为、

---

① 有学者提出收买型强奸罪，以区别一般强奸罪，维护数罪并罚模式可行性。参见车浩：《立法论与解释论的顺位之争——以收买被拐卖的妇女罪为例》，载《现代法学》2023年第2期。

非法拘禁、故意伤害、虐待、侮辱等综合性的非人待遇，因此宜单独综合定罪：将收买归于己有后伴随的强制性行为、非法拘禁、故意伤害、虐待和极端侮辱等综合成一个持续性极恶行为而单独定为一罪。若仍保留在收买妇女罪中，当作为最顶格加重处罚情节进行整体评价，配以更重刑罚。

相较于女性，儿童情况稍好，但也可能遭受恶害，时间也可能较长，但随着孩子长大，情况好转可能性大增；其恶害远逊于女性。将妇女、儿童置于同一犯罪行为项下，恐怕不合适。

若维持现有罪名格局，当弃数罪并罚，采加重处罚模式；以守护被买者处于最恶劣地步，尤其是女性可能沦陷至最差境遇时，最为基本的法益为底本，匹配重度刑罚系列。这种加重强调的是初始刑量配置。数罪并罚达不到此点，既不可取，与刑法中相关诸罪逻辑亦严重相悖。一旦放弃数罪并罚而采加重处罚范式，就需考虑买卖同罪同刑问题。

### 三、规范重置的建议

现行规范无论是定罪还是刑罚配置，都有重构之必要。如何重构？需要探究以下命题和问题。

（一）买卖同刑

买卖同罪同刑，是指将拐卖和收买行为，依法益受害主体同一标准将其置于同一罪名中，如拐卖、收买妇女罪和拐卖、收买儿童罪，并以同样刑罚系列与之匹配。当然现行买卖同刑是指虽为不同罪名，但配置以相同刑罚。无论哪种情形，相较于现状，主张收买与拐卖同罚，可能是一种更为理性的呼吁。其基础在于：立法和司法都对收买犯罪量刑过轻；但依损害法益类型及程度，收买罪一点也不逊于拐卖罪。主张买卖同刑，不过是对现状的一种矫正。从受害法益主体角度，主张买卖同罪同刑有理由。

先论妇女。妇女被收买进入买家共居生活结构，一般有三种表现。

一是当在拐卖期间所受伤害过于严重时，如果收买人及其家人对该妇女较为友好，妇女融入家庭并非难事；除受到监视和监禁外，其他可能并不觉得受有劣待。买卖同刑似乎受到挑战。然而，这并不意味着妇女没有遭受恶害，而是两害相权取其轻；被收买后妇女的境遇相对较好，意味着其对现实认可和妥协。而无论妇女是否选择妥协，其所面临的境遇都远恶劣于被拐卖前生活境遇。妇女在被收买后进入日常生活轨道，若发现并感受到收买后生活境况及可能预见的未来，是一种以较长时限缓慢呈现于己身的绝境，收买之恶与被拐卖前生活之美的比较和冲击，会在女性头脑中持续发生。就毁灭女性对生活本该有的想象与期盼而论，拐卖与收买形异实同。立法者设立拐卖妇女罪、收买被拐卖的妇女罪并配置法定刑时，可能也正是将拐卖与收买两相比较，认为后者所造成的侵害较低，因此拐卖的刑罚重于收买。收买虽有罪，却较轻，有时甚至不予处罚（2015年8月29日之前），或可以从轻或者减轻（同日之后），甚至还可以缓刑（2010年3月15日之后）。但是，判断收买之恶轻重的标准，绝不能是拐卖所致之恶，收买和拐卖是人性恶的同质表达，同等地侵害被拐卖妇女的基本人权。无论怎样轻看收买罪恶，至少不能低于拐卖，当是基本共识。

二是一般女性被收买后，若仍如被拐卖期间持续、剧烈、坚忍地不从与反抗，伺机逃跑，甚至绝食等，有时还会表现为哀求、顺从，买家会以多种手段暴虐摧残，以压服其接受不能接受的现状，更过分地要求其积极配合；由于时间的乘数效应，收买所致法益损害，远重于拐卖；对收买量刑，当重于拐卖。故买卖同刑还是有所疏漏。

三是主要涉及有精神障碍或智力缺陷的女性。她们被收买后，身体就会基于性欲和生育被利用，甚至被虐待，被逼迫做一些力所能及，甚至力所不及的事情，其人身受到伤害，远超其自然而正常的生活轨迹。而在拐卖期间，相较于一般女性，她们基本不会被实质性伤害，且时限一般较短；但收买则不会，故收买更当重于拐卖。

再论儿童。收买儿童是为了养育成为拟制血亲的亲人，增其家庭圆满和力量，呵护和爱不可能少，监视手段温柔和煦。儿童不会被恶待。

于亲生父母及原生家庭，却是梦魇，难有解脱；拐卖是将此不得解脱强加于亲生父母，收买则将此强加日常化，成为身心一部分，哪怕终得相见团圆，可能也难消除。且因未确知被拐孩子真实信息，于绝望中还会有一种微弱希望，投入盲目寻找中，收买更重度恶于拐卖。

最能证明收买恶于拐卖的，还在于收买使法益持续处于越来越恶化的境地。

（二）收买乃持续之极恶

刑法调整的行为内含时长，是从行为着手至行为终止时差；收买则与一般情形正相反，它只有开始，终止时刻处于不定状态。从着手施拐始，至完成交付，即为拐卖时长。从着手购买起始，至归于己有，即为收买时长；但与拐卖不同，收买后所经时序亦当计入，实则为收买后，被买者与买家同家共居生活时段，是收之时长。

首先，当以受害主体将两种行为串连起来。拐卖和收买，都是对同一主体同一法益的共同损害：始于拐离，显于买卖，终于且更恶于收买之后，在时间上具有接续性，在损害上具有承继性，更有加重性。

其次，卖和买的即时性，与收买后生活的持续性虽同向成对，前者却可完全被后者吸收，成为后者一体架构中的开头。

最后，将上述时序区间，归结至受害主体视角，就会发现：在未成为受害人之前，被拐被买女性或儿童过着正常而自然的生活，经由拐—卖—买—收，被迫过上陌生或异常的新生活。故只要被买儿童一天未返回，被买妇女一天未获解救，所有从前正常自然生活结构中主体的法益受害就一直永续持久；作为拐卖后果，收买可吸收拐卖并处于持续状态。由于时间上的乘数效应，收买所致法益损害，无疑严重于拐卖。因此，买卖同罚并不可取。

（三）从轻情形当及于拐卖

坚持收买重于或至少不轻于拐卖，并非否定特定情形下，收买可当从轻。毕竟收买后，对儿童没有虐待行为，不阻碍对其解救，或尊重女性意愿，不阻碍其返回，从轻或者减轻处罚当然可行。绝大多数情形下养家不会虐待儿童；从轻的门槛于养家极低，只要克制自身，不积极作为即可。如果被买儿童未遇解救机会即长大成人，养家即使违法，仍有养恩。只是从轻背后，完全无视被买儿童亲生父母及原生家庭煎熬和哀痛；即使从轻，其正义根基亦不够坚实。

正如儿童情形，法律并不强行要求买家将被买儿童主动送回，法律同样也不强求收买人将收买的妇女主动退回，或主动要求其返回原住地。只要解救时，尊重女性意愿，不阻碍其返回，即可满足从轻规范要求。在此之前女性身心摧残、桎梏与禁锢，是否秋后算账追究，则可以取决于女性本人态度。解救时，女性已有稳定婚姻关系，自愿继续留在当地共同生活，即符合从轻或减轻规范意旨，解救成功后放弃返回即认定有此意思，不必明示；如果愿意返回，收买人不予干预，就是直接表示不阻碍，也不必明示。前者可能被拐被买很久，生命与当地的联系是打着骨头连着筋，想回都难回；后者可能被拐被买时限不长，可以割断与当地联系。由此，也不难理解，对经年极久的拐卖收买案件，在实践中最终处理方式就是不处理。妇女被拐卖收买，就像水溶入水中一样，变成正常婚姻家庭而消失。

但是，还是应当坚持拐卖期间，如有同样特定情形，亦可从轻甚至减轻，以鼓励集团犯罪中某个环节有松动，而有可能留一个逃生机会，这对所有受害方都有最大益处，它能使收买不能，避免很多恶害。

（四）收买后转卖更当严惩

收买后再转卖的恶性和实害，比单纯拐卖更残酷。

先论儿童。促使收买人在"收养"一段时间后决定转卖的动机主要有两个方面：一是"摔包袱"；二是牟利。滋生"摔包袱"的动机事由或许有三个方面：一为觉得养不亲，无法形成一般和谐的家庭，被拐卖儿童有极大抵触情结而转卖；二为儿童患有疾病，为防止"钱人两空"，在疾病未明显之前转卖；三为家里出现重大变故，不再具备收养条件，为减少损失转卖。如果真为孩子着想，当努力找一个新好下家接手，送孩子过去而分文不取，因此转卖完全不是为了孩子权益。

转卖本身单独构成拐卖儿童罪。如果只按照转卖罪量刑，则可能仅与刑法第241条法定刑情形相符。然而事实上，转卖儿童所致伤害，除了继续加重亲生父母等法益损害外，对儿童也会带来重大伤害。被转卖意味着在儿童买卖市场上，经由价格传达出一种不利于被拐卖儿童的信息，暗示其有疾病或者养不亲，即使是原养家自身问题，也不太会将转卖原因归咎于此；欲收买的新下家不担心其与原生家庭亲，而是忧惧与上一收买家庭断不了根。对于这样的儿童，通常条件较好的买家不会考虑，只有那些有较强收养意愿，但收养能力和条件均不够好的家庭会被选中或主动询价谈判成交。儿童的生存状况、成长与发展环境会蒙上一层阴影；尤其儿童如果开始懂事，在两至三个甚至多个买家间辗转，会给儿童带来心理包袱，将极大可能进一步影响儿童将来身心发育和成长。

再论女性。先收买再转卖，对女性的打击和伤害，严重恶劣于儿童。女性在收买人家中生活过一段时间，收买人会剥削其性和生育价值；被转卖意味着或者女性太过刚烈难以驯服，或者暴虐摧毁时被弄成残废，或者不具有生育能力，或者有疾病，或者已生儿子被转卖等，这意味着妇女的性和生育价值相对较低。转卖本身释放一种不利于妇女的市场信号，除了价格上有所表达外，还有一种暗示，即该妇女不值得亦不需要像人一样对待，只需要将其视为性交对象即可。转卖次数越多，暗示越加明显，在一个又一个新下家里，被摧残力度与频数就会越来越高，最终真的沦为用后即弃之人。此种情形，在有精神障碍或智力缺陷的女性身上尤其显著。因此，收买后再转卖，对女性伤害尤其悲惨剧烈，应予重罚。

但是，刑法第241条第5款却规定，收买后又出卖的行为应认定为拐卖妇女、儿童罪，显然与真实的法益受害情形根本不符。

### 结语

表面上看，无论是维持刑法第240条拐卖妇女、儿童罪，第241条收买被拐卖的妇女、儿童罪,还是重新分设为拐卖、收买妇女罪,拐卖、收买儿童罪,因面向个案都会拆分为拐卖妇女罪、拐卖被拐卖的妇女罪、拐卖儿童罪、收买被拐卖的儿童罪,似乎并无特别差异。但在理论、规范及实践,尤其是刑罚配置上则有重大不同。主要体现在以下三个方面。

第一,"收买被拐卖的妇女、儿童"这一表述本身就表明拐卖与收买行为针对的是同一受害主体。拐卖与收买虽在行为方式和类型上有区别,却都是为了同一目标,只不过各自表现有差别:拐卖一方是将被拐妇女、儿童交由收买一方控制,收买一方向拐卖方支付"货"款。之所以有此差异,正说明拐卖是为了实现收买,收买才是拐卖的兑现途径,受损的法益及主体并无本质区分。① 同时还符合规范表达上的节省原则:在拐卖、收买妇女罪和拐卖、收买儿童罪范式中,拐卖与收买之间是必然内含"被拐卖的",无须明示也能通过补充解释予以明确。

第二,能够展示拐卖和收买行为所致罪刑,在规范上同罪,在法定刑配置上同量,且统一采用加重处罚情节模式,以应对拐卖和收买各自犯罪差异。

第三,拐卖、收买作为同罪之下不同行为方式,既能显示拐卖与收买间时序及间隔,除了吸收拐卖之外,还能呈现收买之长时段的持续状态,为收买重于拐卖的刑罚配置提供事实和规范上的根据;顾及收买重于拐卖的模型预设是以收买后被买主体,尤其是妇女法益处于最恶劣悲惨境地,如果实际情形被收买的妇女并非如此,亦能酌情从轻或减轻处罚收买中不那么恶劣情形,实现罪责刑适应。更能清楚表达数罪并罚模式不能适用拐卖、收买犯罪的真正理由。

因此,无论从哪个角度,都可显示并证明,拐卖、收买妇女罪和拐卖、收买儿童罪的重新布局,都优于拐卖妇女、儿童罪和收买被拐卖的妇女、儿童罪的现行设置。

---

① 参见陈兴良:《关涉他罪之对合犯的刑罚比较:以买卖妇女、儿童犯罪为例》,载《国家检察官学院学报》2022年第4期。

如何设计新分罪罪名？不妨献拙如下。

**新第 240 条［拐卖、收买妇女罪］** 拐卖、收买妇女的，处五年以上十年以下有期徒刑，并处罚金；有下列情形之一的，处十年以上有期徒刑或者无期徒刑，并处罚金或者没收财产；情节特别严重的，处死刑，并处没收财产：

（一）拐卖妇女集团的首要分子；

（二）拐卖妇女三人以上，收买妇女二人以上的；

（三）奸淫被拐卖的妇女，或诱骗、强迫被拐卖的妇女卖淫或者将被拐卖的妇女卖给他人迫使其卖淫的；

（四）以出卖为目的，使用暴力、胁迫或者麻醉方法绑架妇女的；

（五）以出卖为目的偷盗，或收买有精神障碍或智力缺陷的妇女的；

（六）对被收买的妇女，有持续强行与其发生性关系，非法剥夺、限制其人身自由或者有伤害、侮辱等行为的；

（七）造成被拐卖、收买的妇女或者其亲属重伤、死亡或者其他严重后果的；

（八）将被收买的妇女又转卖的；

（九）将妇女卖往境外的。

拐卖妇女是指以出卖为目的，有拐骗、绑架、收买、贩卖、接送、中转妇女的行为之一的。①

对被买的妇女没有虐待行为，不阻碍对其进行解救的，可以从轻处罚；按照被买妇女的意愿，不阻碍其返回原居住地的，可以从轻或者减轻处罚。

**新第 241 条［拐卖、收买儿童罪］**② 拐卖、收买儿童的，处五年以上十年以下有期徒刑，并处罚金；有下列情形之一的，处十年以上有期徒刑或者无期徒刑，并处罚金或者没收财产；情节特别严重的，处死

---

① 介绍买卖妇女、儿童的行为也可作为拐卖收买罪的共同犯罪，参见董文辉：《介绍买卖妇女、儿童行为的性质认定》，载《法学》2014 年第 3 期。

② 新第 241 条"儿童"为未满十八周岁的未成年人，与未成年人保护法、《国际儿童权利公约》一致。

刑,并处没收财产:

(一)拐卖儿童集团的首要分子;

(二)拐卖儿童三人以上,收买儿童二人以上的;

(三)奸淫被拐卖被收买时未满14周岁幼女,或诱骗、强迫被拐卖时未满14周岁幼女卖淫或者将被拐卖时未满14周岁幼女卖给他人迫使其卖淫的;①

(四)以出卖为目的,使用暴力、胁迫或者麻醉方法绑架儿童的;

(五)为出卖而偷盗,或收买有精神障碍或智力缺陷未满14周岁幼女的;

(六)对被收买时未满14周岁的幼女,有持续强行与其发生性关系,非法剥夺、限制其人身自由或者有伤害、侮辱等行为的;

(七)造成被拐卖、收买的儿童或者其亲属重伤、死亡或者其他严重后果的;

(八)将被收买的儿童又转卖的;

(九)将儿童卖往境外的。

拐卖儿童是指以出卖为目的,有拐骗、绑架、收买、贩卖、接送、中转儿童的行为之一的。

对被买儿童没有虐待行为,不阻碍对其进行解救的,可以从轻处罚;按照被买时未满14周岁幼女意愿,不阻碍其返回原居住地的,可以从轻或者减轻处罚。

分置罪名会面临犯罪存量和增量问题。新分立的罪名结构,是为处理增量犯罪而设的,犯罪构成并无更动,有异的只是刑罚配置。绝大部分存量型犯罪,是通过被收买的妇女、儿童及其原生家庭自我承受自我消化而消失的,新的刑罚配置不存在溯及既往适用的可能。只有极少数恶劣的极端个案,才会以极其意外或偶然方式呈现。这类案件参照增量调控模式,不仅可行,也是人间规范正道。

---

① 新条款专设未满14周岁幼女款的部分理由,参王志祥:《拐卖妇女罪中"奸淫被拐卖的妇女"新论》,载《法商研究》2014年第1期。

# 论法秩序统一性的分层逻辑
## ——由高利转贷罪中信贷资金的认定展开

郝赟*

**关键词**

高利转贷罪　信贷资金　法秩序统一性　法域权衡　违法判断相对性

**内容摘要**：刑事违法性的判断根本上源于统一法秩序下的刑法规范目的，一般违法性规范则具有辅助寻找刑法规范目的的基础参考意义。就高利转贷罪而言，应当将其保护法益限定为金融机构资金安全，故"金融机构信贷资金"要件应当以自营性与信用性为要素，仅包括自营性信用贷款以及担保贷款与承兑汇票票款中的无担保数额。不同法域可以且应当在合目的性统一的前提之上，根据各自的规范目的及价值权衡对违法性作相对判断。由此，以法秩序统一性原理分析刑民行交叉案件，应当遵循如下分层逻辑：规范目的明确条件下，法域间辅助理解；规范目的抽象条件下，法域间参考权衡；违法判断与效力判断分离条件

---

\* 作者单位：中国社会科学院大学法学院。

下，有效性与犯罪性并存；要件事实同一作为法域间比例原则之适用前提。

## 一、问题的提出：套取贷款转贷牟利的一般违法与刑事违法

根据中国人民银行发布的《贷款通则》第20条第6项之规定，借款人不得套取贷款用于借贷牟取非法收入。此系套取贷款转贷牟利行为之一般违法性的直接渊源。由于《贷款通则》第1条所述总体规范目的涵括甚广，对不同种类贷款实施套取并转贷牟利的行为均可能落入其中，故前述渊源规范并不区分具体贷款种类，而是概括适用于全部贷款，即无论贷款经营属性（自营贷款、委托贷款、特定贷款）、贷款信用程度（信用贷款、担保贷款、票据贴现），凡是对任一种类贷款实施的套取并转贷牟利的行为，均具有一般违法性。

然而，欲将一般不法进一步认定为刑事不法，尚需刑法规范的确认。根据刑法第175条之规定，以转贷牟利为目的，套取金融机构信贷资金高利转贷他人，违法所得数额较大的，成立高利转贷罪。该刑事不法要件与前述一般不法要件相比，除却数额要素，差异仅在于将套取对象表述为"金融机构信贷资金"而非"贷款"。对此处"金融机构信贷资金"的理解，直接决定了在多大范围的贷款种类上肯认高利转贷行为罪体意义上的刑事违法性。

值得注意的是，该判断只能源于统一法秩序下的刑法规范目的。即使对"金融机构信贷资金"作最广义理解（由金融机构发放的贷款资金），从而与"贷款"等置认定，也是基于统一于整体法秩序的刑法规范目的上的根据，而不能由前述《贷款通则》关于一般违法性的规范直接得出。这是因为，主张一般违法与刑事违法同一的严格的违法一元论系否认刑法在法律体系中的特定功能，不具有合理性；[①] 况且《贷款通则》作为部门规章，甚至不具备成为法定犯前置法源的资格。一般违

---

[①] 参见吴镝飞：《法秩序统一视域下的刑事违法性判断》，载《法学评论》2019年第3期。

法性规范对高利转贷行为的刑事违法性判断而言，仅具有辅助寻找刑法规范目的的抽象的基础性参考意义。就其理论根据而言，在法秩序统一性原理统摄之下具有合理性的缓和的违法一元论与违法相对论，其实均承认不同法域可以且应当在法价值性①、合目的性②统一的前提之上，根据各自法域的规范目的与价值权衡对违法性作相对判断③。二者的区别仅在于对该统一前提的理解：前者系将各法域具体违法性所以为共同基础的这一范畴描述为一般违法概念，同时抽象出可罚的违法性概念作为在一般违法之上叠加刑法规范目的以限定刑事违法的不法量域，故而将法秩序统一性理解为延展自根本上的一元违法、但在不同法域规范目的之下表现为不同违法性样态的系统；④ 而后者则认为民事、行政违法判断的不清晰导致维系违法一元论的一般违法概念事实上无法为刑事违法判断提供参考，同时"一般违法性+可罚的违法性=刑事违法性"的二重抽象也过于形式主义，因而各法域统一的共同基础只能是整体价值评判或者公理层面的一致性，故主张各法域的具体违法概念系在以该一致性为当然内涵的各自规范目的之下作独立判断的违法多元论。⑤ 务实地讲，如果在具体案件中（不奢望从抽象理论上）能够妥当界定一般违法，同时不拘泥于对形式化的可罚的违法性量域作抽象的独立界定，那么就以法秩序统一性原理分析刑民交叉、刑行交叉案件而言，缓和的违法一元论与违法相对论之间的理论纠结似乎不甚具有实益。

由于金融机构自营性信用贷款系高利转贷罪中"金融机构信贷资金"的最小语义，且对其实施套取并转贷牟利的行为直接危及金融管理秩序法益中最具通常意义乃至重要价值者，即金融机构信贷资金安全，

---

① 参见王骏：《违法性判断必须一元吗？——以刑民实体关系为视角》，载《法学家》2013 年第 5 期。
② 参见陈少青：《法秩序的统一性与违法判断的相对性》，载《法学家》2016 年第 3 期。
③ 参见王昭武：《法秩序统一性视野下违法判断的相对性》，载《中外法学》2015 年第 1 期。
④ 参见郑泽善：《法秩序的统一性与违法的相对性》，载《甘肃政法学院学报》2011 年第 4 期。
⑤ 参见王骏：《不同法域之间违法性判断的关系》，载《法学论坛》2019 年第 5 期。

故在套取各类贷款并转贷牟利的一般违法行为中，认为对信用贷款实施套取并转贷牟利者系落入高利转贷罪的规范保护目的，并由此将其进一步认定为刑事不法，这并不存在争议。司法实践中存在分歧的是对金融机构非自营贷款（委托贷款、特定贷款）与担保贷款（抵押贷款、质押贷款、保证贷款）实施套取并转贷牟利的行为以及套取承兑汇票出让他人贴现的行为是否成立对"金融机构信贷资金"实施的高利转贷罪，以下分述之。

## 二、套取非自营贷款转贷牟利的刑事定性

根据《贷款通则》第7条之规定，贷款依据其经营属性分为自营贷款、委托贷款与特定贷款。其中，自营贷款系指贷款人以合法方式筹集的资金自主发放的贷款，其风险由贷款人承担。委托贷款系指由委托人提供资金，由贷款人（受托人）根据委托人的指示代为发放、监督使用并协助收回的贷款，贷款人只收取手续费，不承担贷款风险。特定贷款系指国务院批准并对贷款可能造成的损失采取相应补救措施后责成国有独资商业银行发放的贷款。

（一）套取特定贷款转贷牟利的刑事定性

就特定贷款而言，由于其审批权限归属于国务院，且由国务院对该类贷款可能造成的损失采取补救措施，作为贷款人的国有独资银行仅为国务院批准决定的执行者，故特定贷款作为国家投资的政策性属性明显，其发生过程并未落入刑法分则第三章第四节之规范目的即市场经济意义上的金融管理秩序之范畴。因此，特定贷款不属于高利转贷罪中的"金融机构信贷资金"。

（二）套取委托贷款转贷牟利的司法分歧

就委托贷款而言，司法实践对其是否属于高利转贷罪的实施对象存在分歧。

以住房公积金贷款为例，在燕某某受贿、高利转贷案〔（2018）皖0826 刑初 244 号〕中，法院认为："住房公积金系单位及其在职职工缴存的长期住房储金，该储金由住房公积金管理中心存入银行开设的专户，贷款由住房公积金管理中心审批，并委托银行办理的业务，住房公积金管理中心承担公积金贷款风险。住房公积金个人贷款业务属银行表外业务，为银行非自营性贷款，被告人燕某某将贷款的住房公积金转借他人获利，未侵犯国家对信贷资金的发放及利率管理秩序，没有侵犯国家的信贷管理制度，故被告人燕某某的行为不构成高利转贷罪。"①

而在代某娥受贿、贪污、高利转贷案〔（2016）黔 0625 刑初 179 号〕中，法院则认为："被告人代某娥以转贷牟利为目的，采取虚假的理由套取金融机构贷款（笔者注：本案中系住房公积金贷款）高息转借他人……已构成高利转贷罪。"② 二审判决〔（2017）黔 06 刑终 75 号〕对该认定予以维持。③ 不过本案似乎未对将住房公积金贷款认定为"金融机构信贷资金"这一问题作进一步阐释。

（三）套取委托贷款转贷牟利的刑事定性：规范目的明确条件下法域间辅助理解的逻辑

就委托贷款究竟是否属于高利转贷罪中的"金融机构信贷资金"这一实体问题而言，仍以住房公积金贷款为例：一方面，根据国务院发布的《住房公积金管理条例》第 2 条后段、第 3 条及第 13 条之规定，住房公积金系单位及其在职职工共同缴存的长期住房储金，由住房公积金管理中心在受托银行开设专户管理，其所有权归属于职工个人而非受托银行；另一方面，根据《住房公积金管理条例》第 26 条之规定，住房公积金贷款由住房公积金管理中心审批并委托银行办理，住房公积金贷款的风险由住房公积金管理中心承担。

由此，虽然住房公积金贷款等委托贷款在形式上系通过银行发放，

---

① 参见安徽省宿松县人民法院（2018）皖 0826 刑初 244 号刑事判决书。
② 参见贵州省印江土家族苗族自治县人民法院（2016）黔 0625 刑初 179 号刑事判决书。
③ 参见贵州省铜仁市中级人民法院（2017）黔 06 刑终 75 号刑事判决书。

但本质上只是委托人借由银行"通道"发放。对受托银行而言，委托贷款属于表外业务，既不占用其自有资金，同时其作为代理人也只是执行者，并不具有审批权限。换言之，委托贷款作为金融机构非自营贷款，实际上并非金融机构贷款，而是借金融机构之手发放的委托人的贷款。因此，委托贷款与前述特定贷款的共性在于非自营性导致其发生过程并未落入刑法分则第三章第四节之规范目的即市场经济意义上的金融管理秩序之范畴，故均不属于"金融机构信贷资金"。

需要明确的是，虽然《贷款通则》第7条将自营贷款与委托贷款、特定贷款两种非自营贷款分列为不同贷款种类，但将非自营贷款排除在"金融机构信贷资金"之外的刑法上的判断并不能直接由此得出。这是因为，法秩序统一性从来不是指同一语词在不同法域当然具有概念上的同一性。[①] 同一语词在不同法域各自的规范目的之下可能具有不同的内涵与外延，这是由立法活动的复杂性与不同法域的特定功能所决定的，既常见又正当。若某一语词在不同法域恰好指称同一概念，则不是因为该语词在某一法域所指称的概念被其他法域直接地、当然地承继，而只是因为该语词在不同法域的具体规范目的之下刚好契合为同一概念。

若依据某一法域在所涉具体论题上的规范目的，已经能够妥当地发现语词所指称的概念或者至少足以排除一部分不合规范目的的对象，则对于该法域已发现的妥当概念或者必要而未必充分的可能概念范畴而言，其他法域中依据各自规范目的所发现的相契合的概念则仅具有辅助理解的功能，与确证概念的依据无关。

将非自营贷款排除在"金融机构信贷资金"之外，不是对《贷款通则》第7条的贷款分类作直接援用，而是因为自营性既是由刑法上"金融机构资金"的表述所得出的最符合国民预测可能的通常语义，同时也是依据高利转贷罪之规范目的将非自营性作为排除对象后所能够得到的最大可能范畴。而这一范畴恰与《贷款通则》第7条的贷款分类

---

① 参见简爱：《从"分野"到"融合"刑事违法判断的相对独立性》，载《中外法学》2019年第2期。

相契合，故后者可用于辅助理解前者。

## 三、套取担保贷款转贷牟利的刑事定性

根据《贷款通则》第9条之规定，贷款依据其信用程度分为信用贷款、担保贷款与票据贴现。其中，信用贷款系指以借款人的信誉发放的贷款；担保贷款则指按法定担保方式发放的贷款，包括保证贷款、抵押贷款、质押贷款。需要首先说明的是，《刑事审判参考》第487号指导案例"姚某高利转贷案"一文中有如下表述："对于'套取金融机构信贷资金'，根据中国人民银行发布的《贷款通则》有关'借款人不得套取贷款用于借贷谋取非法收入'的规定，可以认为，凡是将金融机构贷款用于借贷谋取非法收入的行为，均属于套取金融机构信贷资金。"该段表述是为了解释"套取"的概念，即该段接下来的表述："可见，这里的套取实际是一种骗取，即行为人以虚假的贷款理由或者贷款条件，隐瞒将贷款用于转贷牟利的真实用途，向金融机构申请贷款，然后将贷款并非用于从金融机构贷款时约定的用途，而是以高利非法转贷他人。"① 不难发现，该段论述的前一部分并非为了界定"金融机构信贷资金"，故不可将其误当作支持将"金融机构信贷资金"理解为金融机构贷款从而包括担保贷款的依据。

（一）套取担保贷款转贷牟利的司法分歧

就担保贷款而言，司法实践对其是否属于"金融机构信贷资金"存在分歧，这主要体现为民事审判与刑事审判对该语词的不同理解。

根据《最高人民法院关于审理民间借贷案件适用法律若干问题的规定》（法释〔2015〕18号，以下简称《民间借贷规定》）第14条第1项之规定，套取金融机构信贷资金又高利转贷给借款人，且借款人事先

---

① 高洪江：《［第487号］姚某高利转贷案——套取银行的承兑汇票是否属于套取银行信贷资金》，载最高人民法院刑事审判第二庭主编：《刑事审判参考》（总第62集），法律出版社2008年版，第3页。

知道或者应当知道的，人民法院应当认定民间借贷合同无效。由此，民事审判中出现一系列对前述《民间借贷规定》中"金融机构信贷资金"概念以及高利转贷合同效力进行认定的裁判。虽然该司法解释已于2020年修正（法释〔2020〕6号第14条第1项、法释〔2020〕17号第13条第1项），将本条中"金融机构信贷资金"修改为"金融机构贷款"，同时删除"借款人事先知道或者应当知道"的无效要件，即在民事违法性层面，自2020年8月20日起，套取任一种类的金融机构贷款转贷的应当一律被认定为无效；但在刑事违法性层面，由于刑法第175条并未修改关于高利转贷罪犯罪对象的语词即"金融机构信贷资金"，且《民间借贷规定》将"金融机构信贷资金"修改为"金融机构贷款"恰恰说明了民法上"金融机构信贷资金"与"金融机构贷款"并非同一概念，故《民间借贷规定》2015年文本中关于"金融机构信贷资金"的规定以及后文所述最高人民法院过去关于"金融机构信贷资金"风险与界定的裁判说理仍对高利转贷罪对象的解释具有重要的参考价值。虽然《民间借贷规定》修正后，民法对于高利转贷行为的规范目的涵括了对资金使用秩序等较轻法益的保护，但这本身并不能导致刑法对于高利转贷罪的规范目的亦步亦趋地随同扩张至将资金使用秩序等较轻法益纳入刑事保护范围，且亦无充分理据认为刑法上高利转贷罪的规范目的发生了扩张变动。由此，若将刑法上的"金融机构信贷资金"概念直接等同解释为民法上的"金融机构贷款"概念，具有刑法规范条文解释容纳上的障碍，亦难免突破国民预测之虞。亦即，应当认为高利转贷罪的对象仍应限于"金融机构信贷资金"，且其范畴仍需解释，而非当然地、无须论证地随同前述民事违法范围的扩张而亦步亦趋地同一于"金融机构贷款"。这也反映出就刑法与民法各自作否定性评价（刑事犯罪、民事违法）的范畴而言，刑法保护法益的突出重要性以及刑法干预的谦抑性，故本文仍使用《民间借贷规定》2015年文本（下同）。当然，即便在《民间借贷规定》修改以前，实践中也存在如后所述的大量的将担保贷款认定为高利转贷罪对象的裁判，且民事前置法的修改更增加了刑事风险。

以物保贷款为例，在某华实业有限公司、陕西武某建筑工程总公司企业借贷纠纷案［（2017）最高法民申2583号］中，最高人民法院认为："某华公司主张陕西五某公司以某华公司的资产作抵押取得贷款，不属于《民间借贷规定》第14条所规定的套取金融机构信贷资金的情形。"①依据相同的裁判逻辑，在哈尔滨某泽房地产开发有限公司、费某翔民间借贷纠纷案［（2019）最高法民终172号］中，最高人民法院认为："信用贷款系指以借款人的信誉发放的贷款，借款人无须提供担保。由于该项贷款是否能够按期收回完全取决于借款人的信誉，因此金融机构在发放贷款时要对借款人的借款用途、经营状况、管理水平等严格审查，从严掌握，以降低风险。如果允许借款人以信用贷款方式获得信贷资金后，随意转借他人牟利，则会加剧金融机构的信贷风险，扰乱金融秩序。因此，《民间借贷规定》第14条第1项专门就此进行规制，规定因此而订立的民间借贷合同无效。即便某泽公司所述费某翔的贷款系通过股权质押方式由证券机构获得属实，不考虑该借贷行为的性质，仅从类型上看，该借贷因存在股权质押担保，也不属于信用贷款，不能纳入《民间借贷规定》第14条第1项规制的范围。"②由此，在民事审判中，基于前述裁判理由，提供了足额物上担保的贷款不被认定为高利转贷行为中的"金融机构信贷资金"。

然而，刑事审判对该语词存在不同的界定。在葛某芳高利转贷案［（2016）浙0783刑初318号］中，法院认为："被告人葛某芳伙同他人，以转贷牟利为目的，套取金融机构信贷资金（笔者注：本案中系房屋抵押贷款）高利转贷他人……构成高利转贷罪。"③刑事审判中，确实存在，甚至普遍存在不区分信用贷款与担保贷款而将二者一律认定为高利转贷罪中"金融机构信贷资金"的做法，另有学界观点亦持该主张。④

---

① 最高人民法院（2017）最高法民申2583号民事裁定书。
② 最高人民法院（2019）最高法民终172号民事判决书。
③ 浙江省东阳市人民法院（2016）浙0783刑初318号刑事判决书。
④ 参见张明楷：《刑法学》，法律出版社2016年版，第775~776页。

(二）套取担保贷款转贷牟利的刑事定性：规范目的抽象条件下法域间参考权衡的逻辑

有观点认为："信贷资金是金融机构作为贷款发放的资金，包括担保贷款资金与信用贷款资金。"该理解系将"金融机构信贷资金"与金融机构的贷款资金即金融机构自营贷款作同一认定，基本等同于金融机构的全部自有资金。其论证逻辑在于，高利转贷行为之所以被刑法予以否定评价，是因为高利转贷罪的规范目的包括要求借款人遵守贷款用途的有关约定，亦即高利转贷罪所保护的金融管理秩序法益不能仅仅被理解为资金安全的法益，至少还应当涵括资金使用秩序的法益。

客观地讲，前述观点将"金融机构信贷资金"解释为金融机构自有贷款资金并未超出"信贷资金"的最大语义范畴，因此该解释不会沦为所谓社会危害性刑法的类推解释。但其仅作"法益发现"而不作"法益权衡"的解释思路为不当扩张解释留下了可能。

具言之，若某一刑法规范的规范目的是足够具体的、其保护法益是充分明确的，则以该法益解释规范中的构成要件便同时能够发挥妥当限制该规范之处罚范围的作用，从而实现法益的解释性功能与法益的批判性功能的统一。但若某一刑法规范的规范目的本身便具有相当的抽象性、其保护法益也相应地具有被演绎多种意涵的可能性（如金融管理秩序法益，因其抽象而可能"包罗万象"），则仅通过对此种"法益池"中可能具有某种规范（未必刑法规范）意义上之正当性的具体法益进行演绎式发现，从而以该被发现的法益（群）解释规范中的构成要件（法益的解释性功能），则有相当大的概率导致构成要件解释与规范处罚范围的不当扩张（除非被发现的具体法益恰好"幸运地"全部能够通过比例原则的筛查而具有刑法规范意义上的正当性）。该"法益发现"的过程对构成要件与处罚范围的界定而言仅仅是必要而不充分的，此时便须在这一阶段后启动"法益权衡"的过程，以比例原则检视被发现的具体法益在整体法秩序中是否值得由刑法提供保护,① 亦即是否有充分的正当性与必要性专门设立刑法规范以保护之（法益的批判性功能）。只有在这一阶段排除了虽经发现但实质上不具有刑法保护价值的具体法益，法益概念才真正实现了对构成要件与处罚范围的妥当限定功能。一言以蔽之，从规范中演绎出"保护法益"是容易的，其基于社会生活的广阔性与复杂性甚至可能是"无穷无尽"的。然而，如此繁多的具体法益反过来未必都能得出值得动用刑法保护的结论。毕竟，极端地讲，即便是道德都可能被从规范中演绎和发现（虽然分离命题要求法律与道德二分，但法律不可否认地具有一定程度的伦理性②），但在价值多元的社会中，谁又会认为设立刑法规范以保护道德具有正当性与必要性呢？

前述将"金融机构信贷资金"解释为金融机构自有贷款资金从而既包括信用贷款又包括担保贷款的观点，便是仅对金融管理秩序这一抽象法益中可能具有某种规范意义上之正当性的具体法益（如资金使用秩序）进行了演绎式发现，但其后并未通过"法益权衡"以比例原则检视被发现的具体法益在整体法秩序中是否值得动用刑法保护，故其对"金融机构信贷资金"的界定在逻辑上不周延、在结论上也可能因而不妥当。

诚然，金融管理秩序的概念具有相当的抽象性，尤其在《贷款通则》第1条所述总体规范目的之下，金融管理秩序的范畴更是涵括甚广。就担保贷款而言，在提供了足额物上担保的场合，虽然套取该贷款并转贷牟利的行为并不会直接损及金融机构资金安全，但其也确实变更了贷款用途、违背了金融机构资金使用秩序：一方面，在微观上导致实际用款人规避金融机构对贷款用途的审查；另一方面，在宏观上增负社会融资成本。此种金融机构资金使用秩序当然也属于《贷款通则》规

---

① 参见谢鸿飞：《论法律行为生效的"适法规范"——公法对法律行为效力的影响及其限度》，载《中国社会科学》2007年第6期。

② 参见[英] H. L. A. 哈特：《实证主义和法律与道德的分离（上）》，翟小波译、强世功校，载《环球法律评论》2001年第2期。

范目的所保护的金融管理秩序的范畴。然而，这只是在一般违法性层面对金融管理秩序的理解。尽管资金使用秩序能够从金融管理秩序中被演绎出来，但这一"法益发现"过程对于妥当界定高利转贷罪的规范目的与金融管理秩序法益的刑法意涵而言，仅仅是必要而不充分的，尚需通过"法益权衡"以比例原则检视资金使用秩序在整体法秩序中是否值得刑法保护。

具言之，若待评价法益较参照法益（已被确定为刑法规范的保护法益）为重，则举轻以明重，待评价法益当然属于刑法规范的保护法益，其可在最大语义范围内妥当扩张对构成要件的解释；但若待评价法益较参照法益为轻，且单在刑法法域内缺乏充分理由证成待评价法益是否值得刑法保护或者说是否落入刑法规范目的，则须参考其他法域的规范目的及其对该待评价法益的态度（尤其应关注不同法域以同一语词表述的构成要件），根据刑法在整体法秩序中的特定功能，没有理由认为值得动用刑法规范以保护那些足够轻微以致其他法域不予保护的具体法益。①

对担保贷款而言，如前所述，对其实施套取并转贷牟利的行为虽不会直接损及金融机构资金安全，但确实违反金融机构资金使用秩序。然而，尽管此种资金使用秩序能够从金融管理秩序中被演绎出来，但应当认为其较金融机构资金安全为轻；甚至向更轻微处探寻，在担保贷款到期无法得到顺利清偿，金融机构只得通过行使担保权（担保物权或者保证债权）以实现贷款债权时，此种行使担保权导致的相对不便即行权成本（相比于贷款得到顺利清偿，行使担保权以实现债权的方式导致程序负担与财务负担）同样具有被作为某种具体"法益"而从金融管理秩序中发现的可能。然而，前述资金使用秩序等待评价法益较资金安全这一参照法益为轻，且单凭刑法上本身便具有相当抽象性的金融管理秩序法益，缺乏充分理由证成资金使用秩序等是否落入其规范目的而值得刑

---

① 参见王昭武：《法秩序统一性视野下违法判断的相对性》，载《中外法学》2015 年第 1 期。

法保护，此时即须参考其他法域以同一语词表述的构成要件（"金融机构信贷资金"）上的规范目的。

如前所述，根据最高人民法院的裁判观点，民事领域对"金融机构信贷资金"的认定以信用性为要素，从概念上直接排除担保贷款。既然刑法上并未证成资金使用秩序等较轻待评价法益值得刑法保护，亦即没有理由认为在高利转贷行为上刑法具有什么超乎民法的规范目的，那么在刑法上对具体构成要件无明确硬性规定的场合，民法上对以同一语词表述的构成要件的界定就有必要为刑法所参考乃至参照。这既根植于刑法在整体法秩序中的特定功能，同时又维系了国民预测。由此，对高利转贷罪中"金融机构信贷资金"的界定应当参照最高人民法院对《民间借贷规定》中同一语词的解释，亦即以信用性为要素，将担保贷款排除在"金融机构信贷资金"的范畴之外。换言之，在刑法法域内无法就某一规范证成超乎民法的规范目的的场合，便只能推定在该规范上刑法与民法的规范目的相契合，由此便没有理由突破国民预测而在民法之外对同一构成要件另辟其他概念界定。

（三）套取担保贷款转贷牟利的其他问题

1. 套取保证贷款转贷牟利的刑事定性

在物保贷款以外，保证贷款是否属于高利转贷罪中"金融机构信贷资金"的问题似乎更具争议。具言之，物保贷款因贷款人担保物权的存在，确不涉及损害金融机构资金安全的问题，故不属于"金融机构信贷资金"的范畴。但保证贷款系以保证人负担保证债务的方式为贷款提供担保，本质上系借保证人信用（责任财产）以担保贷款债权的实现，由此便可能损及金融机构资金安全。那么是否应据此将保证贷款认定为"金融机构信贷资金"？

诚然，贷款人欲实现其贷款债权，若其以保证债权人的身份向保证人请求实现保证债权，则此种担保方式的可靠性显然不如贷款人以担保物权人的身份径行实现担保物权。然而，保证债权无法实现所导致的金融机构资金安全风险系源于保证人自身的经营风险或者信用破产，该风险与转贷人的高利转贷行为无关。这是因为,保证人用以形成和维持信用并提供担保的责任财产并不会因转贷人实施套取贷款并转贷牟利的行为而有所增减,正如同物保贷款条件下担保物价值不因高利转贷行为而发生变化。

换言之,保证贷款与物保贷款的共性在于用作担保的质料(保证人信用或者担保物)均独立于转贷人自身信用及其高利转贷行为,即便担保存在风险(保证人信用破产或者担保物价值减损甚至灭失),此种资金安全风险也与高利转贷行为无关。这一共性恰具有规范上的重要性,亦即高利转贷罪的规范目的在于避免高利转贷行为本身导致金融机构资金安全受损(如套取信用贷款后转贷导致贷款无法收回且无担保以替代),而不在于奢求杜绝转贷人及其行为以外的其他原因导致贷款资金损失,否则将该损害后果归责于转贷人便不具有正当性。

2. 套取非足额担保贷款转贷牟利的刑事定性

就非足额担保贷款如何认定的问题,笔者认为,宜区分贷款总额中的有担保数额与无担保数额,后根据转贷数额中无担保数额的占比,计算全部转贷所得中相同比例的数额,此即转贷数额中无担保数额所对应的高利转贷罪的违法所得。该计算方法相当于将非足额担保贷款分割为足额担保贷款(有担保数额)与信用贷款(无担保数额),前者不计入"金融机构信贷资金",后者则计入。当然,由于货币乃未经特定化的种类物,故无法现实识别转贷数额中有多少出自有担保数额、有多少出自无担保数额,因而应当作有利于行为人的推定,即首先以贷款总额中的有担保数额为限优先将转贷数额计入其中,仅当转贷数额超过贷款总额中的有担保数额部分时,才将超过部分转贷数额计入无担保数额。

譬如,转贷人自金融机构套取1000万元贷款,并提供价值700万元的担保,若其转贷数额未超过700万元,则应当认定该转贷数额全部出自有担保数额,如前所述,由于足额担保贷款不应认定为"金融机构信贷资金",故转贷牟利行为不成立高利转贷罪;若转贷数额超过700万元,以转贷800万元为例,应当认为转贷数额中有700万元出自有担保数额,仅有100万元出自无担保数额而应当被认定为"金融机构信贷资金",由于该无担保数额100万元占转贷数额800万元的1/8,故应当将全部转贷所得的1/8计为高利转贷罪的违法所得。

(四)违法判断与效力判断分离条件下有效性与犯罪性并存的逻辑

略作延伸,若前述最高人民法院的判决并未对"金融机构信贷资金"这一概念直接作解释(将担保贷款排除),而是仅仅认为以被套取的担保贷款为转贷对象不影响就此订立的转贷合同的效力,则民事上违法判断与效力判断可能的分离将导致前述通过"法益权衡"以比例原则界定整体法秩序中刑法规范目的与保护法益的论证更加抽象、困难以及价值判断化,论证结论也由此更加可能因人而异,且其分歧缺乏具体而强有力的调和依据。

具言之,以民法视角观察民刑交叉案件,合同主体订立合同的行为涉嫌犯罪甚至已被定罪的刑事事实并不当然影响民事合同的效力,即涉罪合同未必无效。根据《民法典》第153条第1款之规定,违反法律、行政法规的强制性规定的民事法律行为无效,但该强制性规定不导致该民事法律行为无效的除外。相应地,《最高人民法院关于适用〈中华人民共和国民法典〉合同编通则若干问题的解释》第16条第1款亦根据规范目的是否系调整行为效力而对不导致民事法律行为无效的强制性规定进行了细化规定。具体到涉罪合同的效力问题,刑法根据其规范目的并不当然规范、甚至通常不规范民事行为的效力问题。[①] 只要合同涉罪所适用的刑法规范不被具体地评价为系针对行为效力进行调整,则民事合同的效力便不能仅因涉罪而被否定,而是应当基于《民法典》等民事规范予以认定,[②] 由此保障相对人依合同主张完满权利的可能。譬

---

[①] 参见浙江省湖州市中级人民法院(2009)浙湖商终字第276号民事判决书;另参见北京市高级人民法院(2018)京民申3488号民事裁定书。
[②] 参见最高人民法院(2016)最高法民终222号民事判决书;另参见最高人民法院(2015)民申字第996号民事裁定书、安徽省高级人民法院(2014)皖民二终字第00655号民事判决书。

如，根据现行《民间借贷规定》第 12 条第 1 款之规定，借款人或者出借人的借贷行为涉嫌犯罪，或者已经生效的判决认定构成犯罪，当事人提起民事诉讼的，民间借贷合同并不当然无效，人民法院应当依据《民法典》第 144 条、第 146 条、第 153 条、第 154 条以及该规定第 13 条之规定，认定民间借贷合同的效力。相关裁判①与文献②不胜枚举，本文不加赘述。

反过来，以刑法视角观察刑民交叉案件，民事合同被认定有效的民事事实是否当然排除相关主体的行为成立犯罪？视角转换但逻辑未变，答案同样是否定的。所谓民事违法系指违反民事法律条文背后的民事规范，其通常导致效力否定或民事责任。但民事违法仅是效力否定的必要不充分条件，民法完全可能基于其保护无过错相对人、第三人或者维护交易安全等规范目的而对某种民事违法行为的效力予以维持，但此时合同被认定有效并不意味着行为合法。此即民事上违法判断与效力判断的分离。该场合下，一个基于民事违法行为而订立、但因民法规范目的而被认定有效的合同上便完全可能并存一个犯罪行为：此种成立犯罪的可能性并不与表象上的合同有效性相矛盾，而是植根于实质上的行为违法性。当然，在此种可能性的基础之上是否现实成立犯罪仍须依据前述刑法规范目的与保护法益以认定。但那种仅以民事合同有效为由排除犯罪性的观点是不能成立的，尚需透过合同效力的表象探查合同违法与否的实质。

仍以非法吸收公众存款为例，为保护无过错的出借人或者投资人能够依据合同主张完满权利，民法对本身具备有效要件的具体民事合同认定为有效，但这并不意味着民事上的这一效力判断否定了借款人或者融

---

① 参见最高人民法院（2013）民二终字第 136 号民事判决书；另参见最高人民法院（2010）民二终字第 69 号民事判决书、最高人民法院（2010）民二终字第 9 号民事裁定书。
② 参见杜万华主编：《最高人民法院民间借贷司法解释理解与适用》，人民法院出版社 2015 年版，第 237~249 页；另参见王真、吴陶钧：《涉犯罪合同效力问题的实务认定》，载 https://mp.weixin.qq.com/s/A1A3_cYNcwgblw6OufPobw，访问日期：2020 年 3 月 23 日；另参见马晨光：《刑民交叉问题研究 I 构成犯罪是否会影响案涉民事合同的效力》，载 https://mp.weixin.qq.com/s/8nGaIqAeOxHx1_J-HEts9g，访问日期：2020 年 3 月 23 日。

资方吸收存款行为的违法性,更不能排除行为成立非法吸收公众存款罪或者非法经营罪等刑事不法的可能性。① 又如,因欺诈、胁迫等撤销事由订立的合同未经撤销便有效,但这显然不表明民法视欺诈、胁迫为合法,也不能排除欺诈、胁迫行为成立犯罪的可能。② 再如,无权代理(表)一旦成立表见代理(表),则为保护第三人、维护交易安全,由此订立的合同发生有权代理(表)的效力,但本质上仍系违法的无权代理(表),不能排除成立犯罪的可能。③ 同样地,民法为保护相对人、维护交易安全而承认无权处分不影响合同效力,且为保护第三人、维护交易安全而进一步地规定了无权处分条件下的善意取得制度从而维持由此发生的物权变动的效力,但这不否认无权处分系违法行为,亦不排除成立犯罪的可能。

前述民法上的此种违法判断与效力判断的分离在行政法上也有体现。根据行政复议法第65条、行政诉讼法第74条之规定,行政行为有下列情形之一的,行政复议机关、人民法院不撤销该行政行为,但是确认该行政行为违法:(1)依法应当撤销,但撤销会给国家利益、社会公共利益造成重大损害;(2)程序轻微违法,但对申请人、原告的权利不产生实际影响。行政行为有下列情形之一,不需要撤销或者责令、判决履行的,行政复议机关、人民法院确认该行政行为违法:(1)行政行为违法,但不具有可撤销内容;(2)被申请人、被告改变原违法行政行为,申请人、原告仍要求撤销或者确认原行政行为违法;(3)被申请人、被告不履行或者拖延履行法定职责,责令、判决履行没有意义。由此可见,行政法上的违法行为并不当然导致被撤销、变更以及判决履行等法律后果,甚至完全可能出于对所涉国家利益、社会公共利益或者程序轻微违法与行政行为效力稳定性之间的利益权衡等行政法规范目的而被维持效力。但此种效力维持或后果豁免并不意味着对行政行为

---

① 参见最高人民法院(2016)最高法民终158号民事判决书。
② 参见最高人民法院(2014)民申字第1544号民事裁定书;另参见最高人民法院(2014)民申字第2093号民事裁定书。
③ 参见最高人民法院(2005)民二终字第242号民事判决书。

违法性的否定,此即行政法上的违法判断与效力判断的分离。

由此,民法、行政法上的违法判断与效力判断的分离将导致一个形式上有效而实质上违法的行为上完全可能并存一个犯罪行为。此种分离系由法的利益权衡本质所决定,体现了法秩序统一性与各法域自有规范目的下违法判断相对性的兼容。① 简言之,民法、行政法上有效性的认定与刑法上犯罪性的成立并不完全排斥。不能仅以民法、行政法就待评价行为认定为有效为由,径行排除成立犯罪的可能。尚需透过效力的表象探查行为违法与否的实质,并依据刑法规范目的与保护法益予以认定。

### 四、套取承兑汇票出让他人贴现的刑事定性

(一) 票据贴现被认定为"金融机构信贷资金"的条件

根据《贷款通则》第 9 条之规定,贷款依据其信用程度分为信用贷款、担保贷款与票据贴现。其中,票据贴现系指贷款人以购买借款人未到期商业票据的方式发放的贷款。另从银行会计的角度来讲,票据贴现系银行运用其资金的一项表内(资产)业务,被纳入信贷科目管理,且在银行统计存贷比、拨备覆盖率以及贷款余额时也均被统计在贷款项下,故票据贴现实为银行发放贷款的一种形式(汇票贴息即贷款利息)。

需要明确的是,虽然票据贴现系与信用贷款、担保贷款并列的第三种贷款,且前文已论述高利转贷罪中的"金融机构信贷资金"包括信用贷款而不包括担保贷款,但这并不意味着票据贴现因并非信用贷款而当然不属于"金融机构信贷资金"。票据贴现是否应当认定为"金融机构信贷资金"取决于套取承兑汇票出让他人贴现的行为是否对金融机构资金安全造成危险。

---

① 参见陈雨禾:《论民事、行政有效性与违法性判断的分离——兼谈法秩序的统一性与刑法判断的独立性》,载《四川警察学院学报》2014 年第 5 期。

由于贴现行（包括回购式转贴现的申请行以及买断式转贴现的转贴行）在汇票到期后得向付款行（承兑行）要求行使票据权利，故票据上的负担与风险一般系由承兑行承担（除非承兑行因故不予付款），亦即承兑使得商业信用（出票人信用）转为银行信用（承兑行信用）。若出票人未在汇票到期前足额缴存票款，则承兑行在向贴现行等付款后得根据承兑协议的约定从出票人保证金专户与其他存款账户扣款。若出票人在申请承兑时系缴纳差额保证金（或者对符合规定的低风险担保出票人免收保证金）且出票人其他存款账户亦不足支付票款，则差额部分由承兑行垫付。此时承兑行将向出票人进行催收，同时就出票人在申请承兑时提供的敞口担保实现担保权。由此可见，因出票人未必在汇票到期前足额缴存票款，且出票人保证金专户以外的其他存款账户很可能发生变动，故在保证金与敞口担保总额不足票款的场合，汇票业务（不足票款部分，在无保证金与敞口担保的场合为全部票款）便具有信用性，该信用性票款虽不是但相当于信用贷款，行为人对其实施套取并转贷牟利的行为便对高利转贷罪所保护的金融机构资金安全法益造成危险。由此，前述条件下的票据贴现便应当认定为"金融机构信贷资金"。

（二）套取承兑汇票出让他人贴现的司法分歧与统一

司法实践对套取承兑汇票出让他人贴现的行为是否成立对"金融机构信贷资金"实施的高利转贷罪原本存在分歧，但已为《刑事审判参考》第487号指导案例"姚某高利转贷案"所统一。

关于该案行为模式的核心争议在于，行为人系套取银行承兑汇票后出让给实际用款人，再由实际用款人向贴现行贴现从而取得贴现款（"金融机构信贷资金"）：在这一过程中，行为人从未取得贴现款，而是套取汇票并出让牟利，银行系将贴现款直接贷给实际用款人而非经行为人转贷，这并不符合高利转贷罪中对"金融机构信贷资金"先"贷"后"转"的行为流程。换言之，持票人自出票人处受让汇票后向银行贴现以实现票据权利、取得贴现款的票据行为，在形式与流程上并不等同于借款人自转贷人处直接受让银行贷款的借款行为。

从银行会计的角度来讲,票据承兑系银行的一项表外(或有负债)业务,不占用银行资金,而票据贴现才系作为银行贷款占用银行资金;亦即贴现使得汇票业务由表外转表内,此时银行才向贴现申请人释放了银行资金。行为人所实施的套取承兑汇票并出让牟利的行为未曾占用银行资金,而真正取得银行资金的票据贴现申请则由实际用款人实施,系民事上合法地实现票据权利的行为。根据法秩序统一性原理,对于此种民法上具有合法性的行为,刑法不应认定其具有刑事违法性(汇票受让人的身份并不当然形成刑法上保证人地位,刑法自身原本便不能苛求汇票受让人承担积极审查出让人取得承兑汇票行为的作为义务)。由此,套取承兑汇票出让他人贴现的行为不成立高利转贷罪(不排除在给金融机构造成重大损失时,套取承兑汇票的行为可能成立骗取票据承兑罪)。《刑事审判参考》第487号指导案例对此种观点予以收录:"在审理中有观点认为,在商业银行业务中,贷款业务和票据承兑等业务是相并列的,贷款关系与票据关系是两种不同的法律关系。因此,骗取银行的承兑汇票并不等同于套取银行信贷资金。同样,持票人的贴现是实现票据权利,是与银行之间的一种借贷关系,而不是从出票人处获得贷款,因此,被告人姚某的行为不能认定为高利转贷罪。"此种观点具有民法上形式理性的思维特征,具有一定的合理性。

然而,《刑事审判参考》第487号指导案例对该观点予以否定:"不能机械地理解刑法第一百七十五条的规定,而应把握高利转贷行为的本质并结合立法精神加以判定。虽然银行承兑汇票与银行贷款表现形式不同,借贷关系与票据关系在法律上也有不同之处,但银行承兑汇票是纳入信贷科目管理的,在银行内部的管理模式和性质上是相同的,银行承兑汇票贴现时使用的资金属于银行的信贷资金,票据贴现也是银行借出信贷资金的一种表现形式,因此套取银行承兑汇票然后转让他人进行贴现的实质上属于套取了银行的信贷资金……这只是套取银行信贷资金的手段形式不同,其实质是一种利用承兑汇票贴现套取银行资金的行为,符合刑法第一百七十五条规定的套取金融机构信贷资金的行为特征。所以,不能以被告人一方与银行、鞍山市某轧钢厂之间具有形式上的票据关系而否认其实施了套取银行信贷资金的行为。"此种观点显然是对高利转贷罪的构成要件进行了实质理解：要么是坚持本罪中"金融机构信贷资金"乃实际用款人向贴现行申请的贴现款，而对先"贷"后"转"的行为流程予以灵活把握；要么是坚持先"贷"后"转"的行为流程，转而认为套取"金融机构信贷资金"的行为乃行为人向承兑行申请承兑汇票（基于票据的设权性、流通性等，认为套取并转让汇票及其所表彰之票据权利的行为，在实际法效果上几乎等价于套取并转让票面金额的银行贷款，即以票据承兑形式套取票款或者套取票据形式而非货币形式的票款）。

由此，《刑事审判参考》第487号指导案例已对套取承兑汇票出让他人贴现行为的定性作出了统一，即成立高利转贷罪。需要说明的是，虽然姚某高利转贷案〔（2006）鞍千刑初字第101号〕中被告人的涉案行为发生于1997年至1999年，[①] 系刑法修正案（六）（于2006年6月29日公布并施行）增设骗取贷款、票据承兑、金融票证罪之前，但最高人民法院刑事审判第二庭主编的《刑事审判参考》总第62集收录、评述该案并将其作为指导案例则系在此之后，故不能简单认为该案裁判系因行为时刑法无骗取票据承兑罪而不得不对高利转贷罪作实质解释，相反，该指导案例在刑法增设骗取票据承兑罪之后仍具有指导意义。

（三）要件事实同一作为法域间比例原则之适用前提的逻辑

前述不成立高利转贷罪的观点具有民法上形式理性的思维特征：民法看关系。其将套取承兑汇票出让他人贴现的整体行为流程区分为出票人与受票人之间的票据转让关系以及受票人与贴现行之间的票据贴现关系，认为在真正取得银行资金的票据贴现关系中，实际用款人实施的贴现申请系民事上合法地实现票据权利的行为；同时着眼于行为人参与的票据转让关系，因其不涉及对银行资金的占用而不认为其成立高利转贷罪。

但《刑事审判参考》第487号指导案例则具有明显的实质理性的思

---

[①] 参见辽宁省鞍山市千山区人民法院（2006）鞍千刑初字第101号刑事判决书。

维特征：刑法看行为。指导案例对行为人套取承兑汇票出让他人贴现的行为作实质理解，认为从整体行为流程观察，该行为模式本质上相当于从承兑行套取票面金额的贷款（因贴现行得要求承兑行付款）转贷于实际用款人，从而完全符合高利转贷罪的构成要件。

那么，此种实质评价逻辑是否违反了法秩序统一性原理关于刑法不干预民事合法行为的要求①？不难发现，前述被民法评价为合法的仅是实际用款人向贴现行申请贴现以实现票据权利、取得贴现款的行为，换言之，对于套取承兑汇票出让他人贴现的整体行为流程，民法仅是将其中的贴现环节评价为合法；而指导案例的裁判逻辑则是着眼于行为人套取承兑汇票转让他人贴现的行为全流程，将整体行为评价为刑事违法。既然就该问题，刑法与民法所评价的要件事实并不同一，那么也就不存在民事违法性（就同一要件事实）以比例原则限制刑事违法性范围的问题，②亦即待评价要件事实同一系法域间以比例原则限定违法性与处罚范围的前提。

仍以非法吸收公众存款为例，若着眼于不法的"量"的积累，③认为非法吸收公众存款行为在刑法上的可罚性根据在于"借贷的集合"而非组成该集合的具体民间借贷，④则民法仅是将具体民间借贷合同认定为有效，而刑法则是将非法吸收公众存款的整体事实评价为犯罪⑤：

---

① 参见陈兴良：《刑民交叉案件的刑法适用》，载《法律科学（西北政法大学学报）》2019年第2期。

② 参见税兵：《涉罪合同的效力认定最高人民法院公报案例"吴某军案"评析》，载《澳门法学》2014年第2期；另参见高华萍：《涉嫌犯罪的民间借贷合同效力及担保人的民事责任》，载 https://mp.weixin.qq.com/s/VFR1pXvIFW4HUdZMPWkeQg，访问日期：2020年3月23日。

③ 参见北京市第二中级人民法院（2018）京02民终3703号民事判决书；另参见耿露：《非法吸收公众存款犯罪中民间借贷合同及其担保合同效力的认定》，载 https://mp.weixin.qq.com/s/Nv_zatECwLvO11hC32HC7g，访问日期：2020年3月23日。

④ 参见刘宪权、瞿寅生：《刑民交叉案件中刑事案件对民事合同效力的影响研究——以非法集资案件中的合同效力为视角》，载《政治与法律》2013年第10期。

⑤ 参见浙江省高级人民法院（2018）浙民终420号民事判决书。

就该问题,刑法与民法所评价的要件事实不具有同一性,① 因此该刑法评价也就并不违反法秩序统一性。譬如,在张某兰、许某南民间借贷纠纷案〔(2019)最高法民申 5053 号〕中,最高人民法院认为:"就非法吸收公众存款罪而言,涉及行为人向社会不特定对象吸收存款或者非法集资。行为人向不特定对象吸收存款或者非法集资往往表现为与不特定对象之间的民间借贷法律关系,当这些民间借贷达到一定规模并扰乱金融秩序时,刑法才对行为人所涉及的民间借贷作为一个整体进行罪与非罪的评价,但其中某一具体民间借贷法律关系并不因此当然无效。"②

(四)套取承兑汇票出让他人贴现的其他问题

1. 套取承兑汇票出让他人贴现的违法所得计算

如前所述,保证金具有债务人(出票人)动产质押的属性,承兑行得就保证金优先受偿,故票款中与保证金等额的部分(无授信额度部分)并不会对承兑行资金安全造成危险,不应计入高利转贷罪中的"金融机构信贷资金"(在全额保证金的条件下,不成立高利转贷罪)。若出票人系缴纳差额保证金或者被免收保证金,则票款中无保证金覆盖的敞口部分(授信额度部分)便需要出票人提供担保,敞口中的有担保数额同样不会对承兑行资金安全造成危险,亦不应计入"金融机构信贷资金"(在足额敞口担保的条件下,不成立高利转贷罪);仅在保证金与敞口担保总额不足票款的场合,该不足票款部分(在无保证金与敞口担保的场合为全部票款)具有信用性,虽不是但相当于信用贷款,行为人对其实施套取并转贷牟利的行为便可能对承兑行资金安全造成危险,因而应计入"金融机构信贷资金"。

由此,票款一般相当于担保贷款,对套取承兑汇票出让他人贴现的行为应当参照前述套取担保贷款转贷牟利行为的区分规则予以认定。若

---

① 参见吴某军诉陈某富、王某祥及德清县中某房地产开发有限公司民间借贷、担保合同纠纷二审案,载《最高人民法院公报·案例》2011 年第 11 期。
② 最高人民法院(2019)最高法民申 5053 号民事裁定书。

保证金和（或）敞口担保已覆盖票款，则参照足额担保贷款，票款全部不应计入高利转贷罪中的"金融机构信贷资金"，该条件下套取承兑汇票出让他人贴现的行为不成立高利转贷罪。若保证金与敞口担保总额不足票款，则参照非足额担保贷款，即区分票款总额中的有担保数额（差额保证金数额、非足额敞口担保数额，不计入"金融机构信贷资金"）与无担保数额（不足票款，计入"金融机构信贷资金"），后根据票款总额中无担保数额的占比，计算全部汇票出让所得中相同比例的数额，此即票款中无担保数额所对应的高利转贷罪的违法所得。

譬如，出票人缴纳300万元保证金，并提供实际价值500万元的担保，自银行套取1000万元承兑汇票，则应当认为票款总额中有800万元出自有担保数额，仅有200万元出自无担保数额而应当被认定为"金融机构信贷资金"，由于该无担保数额200万元占票款数额1000万元的1/5，故应当将全部汇票出让所得的1/5计为高利转贷罪的违法所得。当然，若银行工作人员在无保证金与敞口担保条件下承兑（性质另议），则作为例外，可类比信用贷款，票款应全部计入"金融机构信贷资金"。

### 2. 套取承兑汇票出让他人贴现的犯罪形态

行为人实施的套取行为系以承兑汇票为对象，而取得"金融机构信贷资金"即贴现款的行为则为实际用款人所实施的贴现申请行为，那么对高利转贷罪的实行行为即"套取金融机构信贷资金"的着手当如何认定？

具言之，高利转贷罪系典型的复行为犯，要求一"贷"（套取金融机构信贷资金）一"转"（高利转贷他人）共同构成其实行行为。若认为行为人套取承兑汇票的行为系着手，则要么导致汇票承兑与汇票贴现的混淆（如前所述，将申请承兑理解为以票据承兑形式套取票款或者套取票据形式而非货币形式的票款），要么导致实行行为中的一"贷"被拆分为申请承兑与申请贴现两个行为并分列于一"转"的前后（将套取票款拆分为套取承兑汇票与取得贴现款两个步骤）。

若认为行为人在实际用款人申请贴现时系着手（认为行为人套取承

兑汇票的行为仅使汇票进入一级市场、开启了汇票流通状态，但实际用款人申请贴现、使汇票进入二级市场的行为才直接使得票款被"置换"出来的资金占用事实得到现实化，或可援用间接正犯理论理解行为人利用实际用款人作为其着手的"工具"），则导致在申请贴现行为之前发生的套取承兑汇票行为成为预备行为，这与其作为高利转贷罪的两步构成要件行为之一的法定属性相矛盾，同时也导致高利转贷罪由法定的复行为犯转为单行为犯。进一步延伸，若第一手受票人并未申请贴现，而是继续向后手出让汇票，甚至该后手亦可能不申请贴现而继续向无限多后手出让汇票（汇票付款期限允许范围内），则只要尚未等到某一级后手申请贴现（或直接向承兑行提示付款），那么行为人便没有着手而仅仅是预备。然而该场合下，行为人早已完成需要其实施的套取汇票并出让的行为，且早已收取汇票出让款，对其是否着手的判断竟然需寄托于未来不确定后手的贴现申请，这实在难谓妥当。

此外，以实际用款人取得汇票贴现款之时作为行为人高利转贷罪的既遂时点，其理由在于"由此完成了转贷"，即构成要件要素此时齐备。但以取得贴现款之时为构成要件要素齐备，系以申请贴现为实行行为之一部或全部为前提。如前所述，若以申请贴现为实行行为之一部，即以套取承兑汇票为着手、以汇票贴现为既遂，则导致实行行为中的一"贷"被拆分为申请承兑与申请贴现两个行为并分列于一"转"的前后。若以申请贴现为实行行为之全部，即以申请贴现为着手、以贴现为既遂，则与高利转贷罪作为复行为犯的法定属性相矛盾，且导致对行为人是否着手以及既遂的判断需寄托于未来不确定后手之贴现申请的不妥当结论。但反过来讲，若以行为人套取、出让承兑汇票并取得出让款之时作为行为人高利转贷罪的既遂时点，则事实上系单独以套取承兑汇票为高利转贷罪两步构成要件行为中的一"贷"，虽然符合高利转贷罪的实行行为构造（认为以出让贴现的故意实施套取并出让承兑汇票的行为本身便蕴涵着承兑行可能的票款损失风险，具备行为不法），从而解决了前述以贴现为既遂所存在的问题，但仍导致汇票承兑与汇票贴现的混淆。当然，若采二元的行为无价值论的立场，认为既遂的成立同时需要具备危险意义上的结果不法,则既遂时点又要延后至未来不确定后手的贴现之时,甚至需要进一步延后至贴现行(或者未贴现的最后一手受票人)向承兑行提示付款之时(此时将直接对承兑行资金造成最为现实紧迫的可能风险),则又会落入前述以贴现为既遂的窠臼。

以上为对套取承兑汇票出让他人贴现之行为的实质化认定之下或许有待进一步研究的法解释学问题。

## 五、结语:法秩序统一性与违法判断的相对性

高利转贷罪的保护法益即金融管理秩序应当被限定为金融机构资金安全,故本罪构成要件中的"金融机构信贷资金"须以自营性与信用性为要素,包括金融机构自营性信用贷款以及担保贷款与承兑汇票票款中的无担保数额;对金融机构非自营贷款(特定贷款、委托贷款)以及担保贷款与承兑汇票票款中的有担保数额,则应当排除在"金融机构信贷资金"之外。

法秩序统一性原理肯认不同法域可以且应当在法价值性统一的前提之上,根据各自法域的规范目的对违法性作相对判断。由此,以法秩序统一性原理分析刑民交叉、刑行交叉案件,应当遵循如下分层逻辑。

其一,规范目的明确条件下法域间辅助理解的逻辑。若依据某一法域在所涉具体论题上的规范目的,已经能够妥当地发现语词所指称的概念或者至少足以排除一部分不合规范目的的对象,则对于该法域已发现的妥当概念或者必要而未必充分的可能概念范畴而言,其他法域中依据各自规范目的所发现的相契合的概念则仅具有辅助理解的功能,与确证概念的依据无关。

其二,规范目的抽象条件下法域间参考权衡的逻辑。若某一刑法规范的规范目的具有相当的抽象性、其保护法益也相应地具有被演绎多种意涵的可能性,则对此种"法益池"中可能具有某种规范意义上之正当性的具体法益进行演绎式发现的"法益发现"过程对构成要件与处罚范围的界定而言仅仅是必要而不充分的,此时便须启动"法益权衡"

的过程，以比例原则检视被发现的具体法益在整体法秩序中是否值得由刑法提供保护。具言之，若待评价法益较参照法益为重，则待评价法益当然属于刑法规范的保护法益，其可在最大语义范围内妥当扩张对构成要件的解释；但若待评价法益较参照法益为轻，且单在刑法法域内缺乏充分理由证成待评价法益是否值得刑法保护，则须参考其他法域的规范目的，没有理由认为值得动用刑法规范以保护那些足够轻微以致其他法域不予保护的被发现的具体"法益"。

其三，违法判断与效力判断分离条件下有效性与犯罪性并存的逻辑。在法域间参考权衡的过程中，应当注意，民法、行政法上的违法判断与效力判断的分离将导致一个形式上有效而实质上违法的行为上完全可能并存一个犯罪行为。不能仅以民法、行政法就待评价行为认定为有效为由，径行排除成立犯罪的可能，仍须透过效力的表象探查行为违法与否的实质。

其四，要件事实同一作为法域间比例原则之适用前提的逻辑。若就具体问题，刑法与民法所评价的要件事实并不同一，则不存在民事违法性以比例原则限制刑事违法性范围的问题。

# 我国刑事诉讼财产保全制度的现状与出路

狄克春*

**关键词**

刑事诉讼财产保全　追缴、没收　查封、扣押、冻结　证据保全

**内容摘要**：我国还缺少刑事诉讼财产保全制度的完整设计，虽然刑法第64条规定了对犯罪分子违法所得的一切财物，应当予以追缴或者责令退赔；违禁品和供犯罪所用的本人财物，应当予以没收。有关司法解释及文件也多次予以肯定和指引，但是刑事诉讼法对此未规定配套的措施，现有的查封、扣押、冻结均系证据保全措施，而不是财产保全规定。当前建立刑事诉讼财产保全制度具有现实必要性，但对象范围应仅限于保障刑法第64条的落实，不应包括没收财产和罚金。目前可以扩张解释对物之诉的证据范围，从而对具有证据属性的财产也予以查封、扣押、冻结，变通实现财产保全效果，但是刑事诉讼财产保全制度的整体建立还需要修改相应法律。

---

\* 作者单位：江苏省苏州市公安局。

追赃挽损是涉财产犯罪侦查办案的基本要求,是最终刑事判决和执行的重要内容,也是贯穿刑事诉讼过程的常见用语,后者就涉及刑事诉讼财产保全的操作。但是,刑事诉讼财产保全制度在我国现行法律规范和司法实务中始终似有似无,因为刑法及刑事诉讼法均无此概念,司法解释及有关司法文件却屡屡出现裁判前应当先行追缴或者查封、扣押、冻结(以下简称查扣冻)有关财产的要求,也就形成了先行追缴、应追尽追的操作惯例,但都是套用刑事诉讼法的证据保全规定,而裁判前司法机关对涉案财产的强制控制一般是出于财产保全的需要。我国是否应该建立以及如何建立刑事诉讼财产保全制度,迫切需要理论界和实务界加以系统研究和回应。

## 一、刑事诉讼财产保全的现实需求

诉讼财产保全的主要目的在于有效防止涉案当事人抽逃或者隐匿财产,从而保障将来法院生效裁判的有效执行,但三大诉讼法对应的财产保全制度存在较大差异,刑事诉讼财产保全只能由司法机关依职权启动,而其他诉讼保全的启动一般需要当事人的主动申请。① 因此,虽然我国民事诉讼已经构建比较完善的财产保全制度,但是刑事诉讼财产保全并不能直接予以适用或者借用。而行政诉讼保全就不同,虽然行政诉讼法自身也没有规定财产保全措施,但其明确可以适用民事诉讼法的财产保全规定。②

民事及行政诉讼都将财产保全定位于保障将来法院裁判的有效执

---

① 民事诉讼法第103条第1款规定:"人民法院对于可能因当事人一方的行为或者其他原因,使判决难以执行或者造成当事人其他损害的案件,根据对方当事人的申请,可以裁定对其财产进行保全、责令其作出一定行为或者禁止其作出一定行为;当事人没有提出申请的,人民法院在必要时也可以裁定采取保全措施。"

② 行政诉讼法第101条规定:"人民法院审理行政案件,关于期间、送达、财产保全、开庭审理、调解、中止诉讼、终结诉讼、简易程序、执行等,以及人民检察院对行政案件受理、审理、裁判、执行的监督,本法没有规定的,适用《中华人民共和国民事诉讼法》的相关规定。"

行，对象为可以提前管控的被告财产（包括财产性利益）。由于三大诉讼法的财产保全目的并无二致，因此刑事诉讼财产保全的概念可以此为参照，定义为在刑事诉讼过程中为了保障裁判有效执行而对有关涉案财产先行采取的控制措施。刑事诉讼一般先后涉及立案、侦查、公诉、审判、执行等阶段，有关涉案财产显然越早控制，保障效果越好。因此，公、检、法三机关应尽早依职权启动保全措施，这一过程必然涉及侦查阶段的各个环节。虽然涉案财产的先行控制也可能会出于证据保全的目的，但通常涉案财产的经济必要性远大于证据必要性，因此目前司法实务常见的先行追缴及财产查扣冻措施，大多归于财产保全范畴。但是，整个刑事诉讼法没有刑事财产保全的规定，唯有其第102条提及了财产保全，[①] 却是属于附带民事诉讼的事项，实质上是民事财产保全措施，仅是在刑事诉讼的附带民事诉讼中使用而已。另外，2012年刑事诉讼法修改后第298条新规定法院可以对犯罪嫌疑人、被告人逃匿、死亡案件的没收财产申请予以查扣冻，随后《最高人民法院、最高人民检察院、公安部、国家安全部、司法部、全国人大常委会法制工作委员会关于实施刑事诉讼法若干问题的规定》将该项查扣冻措施扩展至审判前的公安机关、人民检察院阶段，[②] 这是法律目前唯一明确表述的刑事诉讼财产保全条款。

有观点认为，财产保全不宜提前至侦查阶段，主要是顾虑侦查权可

---

[①] 刑事诉讼法第101条第1款规定："被害人由于被告人的犯罪行为而遭受物质损失的，在刑事诉讼过程中，有权提起附带民事诉讼……"第102条规定："人民法院在必要的时候，可以采取保全措施，查封、扣押或者冻结被告人的财产。附带民事诉讼原告人或者人民检察院可以申请人民法院采取保全措施。人民法院采取保全措施，适用民事诉讼法的有关规定。"

[②] 刑事诉讼法第298条规定："对于贪污贿赂犯罪、恐怖活动犯罪等重大犯罪案件，犯罪嫌疑人、被告人逃匿，在通缉一年后不能到案，或者犯罪嫌疑人、被告人死亡，依照刑法规定应当追缴其违法所得及其他涉案财产的，人民检察院可以向人民法院提出没收违法所得的申请……人民法院在必要的时候，可以查封、扣押、冻结申请没收的财产。"《最高人民法院、最高人民检察院、公安部、国家安全部、司法部、全国人大常委会法制工作委员会关于实施刑事诉讼法若干问题的规定》第38条第1款规定："犯罪嫌疑人、被告人死亡，现有证据证明存在违法所得及其他涉案财产应当予以没收的，公安机关、人民检察院可以进行调查。公安机关、人民检察院进行调查，可以依法进行查封、扣押、查询、冻结。"

能会急剧膨胀。① 并且，在我国现存法律中只有刑事诉讼证据保全的规定，既然没有刑事财产保全的规定，说明没有必要建立该制度。笔者认为这个问题的答案要复杂得多。从刑事诉讼相关财产的最终归属看，刑事裁判的执行结果主要有三类：退赔、发还被害人，上缴国库和上交有权机关处理（销毁）。就退赔、发还被害人而言，包括财物被犯罪分子毁坏和非法占有、处置两种情形。前者的被害人具有救济程序选择权，既可以附带民事诉讼，也可以另行单独提起民事诉讼，但都具有申请民事财产保全的权利。但后者就不同，根据《最高人民法院关于适用刑法第六十四条有关问题的批复》等规定，被害人既不能对此提起附带民事诉讼，也不能另行提起民事诉讼，只能由司法机关根据刑法第64条操作，② 即根据某些论者的否定观点，被害人都不能申请财产保全，司法机关更不能依职权启动财产保全。然而财物是被犯罪分子毁坏，还是被非法占有及处置，两者对被害人造成的损失并无区别，都存在生效裁判难以执行、被害损失不能弥补的可能。随着社会的转型，现代社会已经演变为陌生人社会，移动互联网技术的应用导致财产流转便捷且迅速，如果因法律的缺位而使上述财产可能没有得到及时有效的控制，让犯罪分子有机会转移、隐匿财产，最终造成"空判"，那么这样的立法难免被人诟病。另从逻辑角度看，如果上述非法占有行为没有达到刑事追诉标准，则受害人可以通过民事诉讼来主张物权，反而能够申请财产保全。举轻以明重，这样的反向规制恐怕会有损法律的公信力。

再就上缴国库的刑事执行而言，由于不存在被害人的利益，只存在国家财政的损失，伤害性似乎不明显，但如此会鼓励和放纵犯罪。让

---

① 参见谢佑平、江涌：《质疑与废止：刑事附带民事诉讼》，载《法学论坛》2006年第2期。

② 2013年10月21日《最高人民法院关于适用刑法第六十四条有关问题的批复》指出，根据刑法第64条和《最高人民法院关于适用〈中华人民共和国刑事诉讼法〉的解释》第138条、第139条的规定，被告人非法占有、处置被害人财产的，应当依法予以追缴或者责令退赔。据此，追缴或者责令退赔的具体内容，应当在判决主文中写明；其中，判决前已经发还被害人的财产，应当注明。被害人提起附带民事诉讼，或者另行提起民事诉讼请求返还被非法占有、处置的财产的，人民法院不予受理。

"不法行为无利可图"是司法追求公平正义的应有之义，也是刑事诉讼满足社会正当需求的应有责任，因而构建完善的刑事诉讼财产保全制度应该是最大限度剥夺犯罪收益的有效抓手。另外，行政诉讼的非诉执行案件配套了财产保全措施，并且规定非诉执行案件中代表公权的行政机关可以向法院申请采取财产保全措施。因此，同样作为公法上的债权，似乎没有理由对刑事诉讼厚此薄彼。

## 二、刑事诉讼财产保全的规范阙如

现行法律规范对刑事诉讼财产保全的规定存在一定的矛盾，刑法及刑事诉讼法几乎没有提及，而司法解释及有关司法文件对此的关联要求并不少，但呈碎片化且不够明确，大多通过涉案财物的先行追缴及查扣冻措施实现。主要有以下三个方面。

### （一）实体法的规定似乎两可

实体法是程序法保障的目的和内容，刑事诉讼财产保全制度的渊源首先应当来自刑法，而刑法的规定主要体现在关于没收、追缴和责令退赔等职权设置上。刑法第64条规定："犯罪分子违法所得的一切财物，应当予以追缴或者责令退赔；对被害人的合法财产，应当及时返还；违禁品和供犯罪所用的本人财物，应当予以没收。没收的财物和罚金，一律上缴国库，不得挪用和自行处理。"此条款的文字已经表明追缴和责令退赔是替代关系，《最高人民法院关于全国法院维护农村稳定刑事审判工作座谈会纪要》对此就明确规定："如赃款赃物尚在的，应一律追缴；已被用掉、毁坏或者挥霍的，应责令退赔。"在讨论刑事诉讼中的财产保全时，追缴和责令退赔的作用及效果相似，仅是应用场景不同而已。而刑法第64条规定的没收，在实体意义上和前者差别也不大，也仅是对象不同而已。因此，通常认为我国刑法第64条是刑事诉讼财产保全的主要依据，其中以追缴最为典型（以下主要以追缴为例证）。刑法还有五处也使用了"追缴"一词，但第53条中的"随时追缴"针对的是罚金刑的可执行财产，第 201 条、第 203 条、第 212 条中的"追缴"属于涉税行政追缴，第 395 条中的"追缴"是第 64 条规定在巨额财产来源不明罪中的重申。

所谓"追缴"，是指将犯罪分子的违法所得强制收归国有。① 如在刑事诉讼过程中，对犯罪分子的违法所得进行追查、收缴；对于在办案过程中发现的犯罪分子已转移、隐藏的赃物追查下落，予以收缴。② 立法人员对此解读为可以在裁判前先行追查收缴赃物，而不是为了收集固定证据，似乎说明追缴具有刑事诉讼财产保全的性质和功能，因为结果都是在裁判前查扣冻相应财产。不同观点则认为，上述解读尚属于学理解释，刑法第 64 条处在第四章"刑罚的具体运用"的"量刑"一节，仅能表明法院对犯罪所得具有裁判追缴或者责令退赔的职权。既然是"量刑"内容，那么适用主体只有法院，不能是侦查和检察机关。虽然法院裁判对应的事实需要先予以侦查取证和审查起诉，却并不能据此认为侦查、检察机关可以先行采取涉案财产控制措施。可以反证的是法院对符合危险驾驶罪的被告人具有判决拘役的职权，但不能据此在裁判前予以先行逮捕。另外，立法人员的学理解释似乎存在不明确甚至相互矛盾的地方，例如，"与案件无关的财物，不能作为证据使用，因此不得查封、扣押"③。

笔者认为，上述争议的焦点在于刑法第 64 条规定的追缴是否兼具程序意义。虽然刑法的主要功能在于规定、确认权利和职权、义务及责任，但仅从刑法第 64 条的文字内容看，正反理解都没有超出文义射程范围。另外，最高人民法院在多份司法文件中应该是认可了追缴兼具程序意义的观点，其中《最高人民法院关于适用刑法第六十四条有关问题的批复》中关于"判决前已经发还被害人的财产，应当注明"的表述，

---

① 参见最高人民法院执行局编著：《〈最高人民法院关于刑事裁判涉财产部分执行的若干规定〉理解与适用》，中国法制出版社 2017 年版，第 15 页。
② 参见全国人大常委会法制工作委员会刑法室编：《中华人民共和国刑法条文说明、立法理由及相关规定》，北京大学出版社 2009 年版，第 82 页。
③ 王爱立主编：《中华人民共和国刑事诉讼法释义》，法律出版社 2018 年版，第 294 页。

说明该财产是司法机关已经先行追缴后在判决前发还被害人的，而不仅仅是判决后的继续追缴。但刑法第64条的立法原意究竟如何，还要看程序法上是如何具体设定的，因为程序法是实体法的施行保障。

（二）程序法的意见比较隐晦

令人诧异的是刑事诉讼法不仅没有刑事财产保全的规定，而且整部刑事诉讼法只有两个条款出现了"追缴"一词，分别是第298条和第300条，就是前文提及的2012年修法新规定，都是对犯罪嫌疑人、被告人逃匿、死亡案件没收财产申请后采取查扣冻措施的规定，无法适用于其他案件。

先行追缴越早越好，而立案侦查是刑事诉讼的第一阶段，因此侦查机关成为刑事追缴的重要部门。但对于自身是否具有追缴职能，公安机关却莫衷一是，似乎很纠结。1998年《公安机关办理刑事案件程序规定》第220条曾规定"对犯罪嫌疑人违法所得的财物及其孳息，应当依法追缴"，尽管使用了"依法"的指引用语，但明确界定了公安机关的追缴职责。然而，在2012年修改时公安部认为由于刑事诉讼法对追缴没有规定，公安机关予以先行追缴缺乏上位法依据，修改后的规范直接删除了公安机关可以追缴的表述。① 之后对于公安机关是否具有追缴职能这个现实问题，有关文件始终语焉不详。直至2017年底，公安部、最高人民检察院发布的《关于公安机关办理经济犯罪案件的若干规定》第54条第1款规定："犯罪分子违法所得的一切财物及其孳息，应当予以追缴或者责令退赔。"② 尽管文字内容还是在复述刑法第64条的规定，但再次明确了公安机关在侦查阶段的追缴职能，并且不再使用"依法"的指引用语，因为确实无法可引。然而，此规定在层级上属于部门司法性文件，在操作上难以独立作为强制文书的法律依据，在内容上仅

---

① 参见孙茂利主编：《公安机关办理刑事案件程序规定释义与实务指南》，中国人民公安大学出版社2013年版，第495页。

② 狄克春、乔昌续：《刑事侦查视野下追缴犯罪所得探究》，载《江苏警官学院学报》2019年第4期。

针对经济类犯罪适用，因而也只具有宣示价值而已，关于公安机关追缴职能的整体定位还需要上位法予以明确。

尽管现行刑事诉讼法对法院裁判前的先行追缴缺少规定，但从字里行间及逻辑推理上似乎可以找到应当先行追缴或者保全的印迹。例如，刑事诉讼法第245条规定对查扣冻以后作为证据使用的实物应当随案移送，①那么不作为证据移送的实物，只能是刑事诉讼财产保全的结果了。同时，该条款明确对孳息可以先行查扣冻，而孳息一般不具有证据属性，也说明扣押、冻结的孳息是作为刑事诉讼财产保全的对象。另外，该条款还规定对查扣冻的赃款赃物及其孳息中属于被害人的合法财产部分，应当及时返还给被害人，表明这部分财产已经被先行追缴在案。又如，刑事诉讼法第142条对冻结的对象规定为存款、汇款、债券、股票、基金份额等财产，②均为体现为特定权利的财产性利益，财产性利益不同于物权，财产性利益具有证据作用的是权利设立、转移、变更、消灭的过程事实及记载，而不是权利本身。因此，冻结财产性利益的最大作用只能是财产保全，而不是证据保全。"冻结是为防止违法行为人转移赃款、抽逃资金而对涉案财产采取的限制其流动的一种强制性的措施。"③再如，2012年修改刑事诉讼法时新增的查封措施经常涉及不动产，具体操作上是让不动产的登记部门限制和剥夺不动产的财产权利，也面临着与冻结财产性利益同样的质疑。

---

① 刑事诉讼法第245条第1款至第4款规定："公安机关、人民检察院和人民法院对查封、扣押、冻结的犯罪嫌疑人、被告人的财物及其孳息，应当妥善保管，以供核查，并制作清单，随案移送。任何单位和个人不得挪用或者自行处理。对被害人的合法财产，应当及时返还。对违禁品或者不宜长期保存的物品，应当依照国家有关规定处理。对作为证据使用的实物应当随案移送，对不宜移送的，应当将其清单、照片或者其他证明文件随案移送。人民法院作出的判决，应当对查封、扣押、冻结的财物及其孳息作出处理。人民法院作出的判决生效以后，有关机关应当根据判决对查封、扣押、冻结的财物及其孳息进行处理。对查封、扣押、冻结的赃款赃物及其孳息，除依法返还被害人的以外，一律上缴国库。"

② 刑事诉讼法第144条第1款规定："人民检察院、公安机关根据侦查犯罪的需要，可以依照规定查询、冻结犯罪嫌疑人的存款、汇款、债券、股票、基金份额等财产。有关单位和个人应当配合。"

③ 陈国庆、郭华主编：《公安机关适用查封、冻结措施规定释义与实务指南》，中国人民公安大学出版社2013版，第81页。

即便存在上述诸多印证，似乎说明刑事诉讼法的部分条款本身蕴含着应当先行追缴或者保全的意思，问题是如果刑事诉讼法的立法原意是要实施刑事诉讼财产保全或者先行追缴措施，为何不能直接予以表明，而要靠司法人员的猜想和推理。这显然不是一个实体法与程序法之间没有衔接好的简单答复就能让人信服的。

（三）司法文件的要求相当直白

相比于刑事法律对追缴规定的含蓄，司法解释及规范性文件的表述就比较直接明朗。《公安机关涉案财物管理若干规定》关于当事人可以继续合理使用已经控制在案的涉案财产的意见，① 显然针对的是财产保全措施，而不是证据保全，否则会影响证据效力。《最高人民法院、最高人民检察院、公安部、司法部关于办理黑恶势力刑事案件中财产处置若干问题的意见》（以下简称《财产处置意见》）等司法文件也有类似规定。关于裁判前先行追缴的规定则更多，例如，《财产处置意见》第6条的规定。同时发布的《关于办理"套路贷"刑事案件若干问题的意见》第7条规定，犯罪嫌疑人、被告人实施"套路贷"违法所得的一切财物，应当予以追缴或者责令退赔。又如，《人民检察院刑事诉讼涉案财物管理规定》第3条规定："违法所得的一切财物，应当予以追缴或者责令退赔。对被害人的合法财产，应当依照有关规定返还。违禁品和供犯罪所用的财物，应当予以查封、扣押、冻结，并依法处理。"再如，《最高人民法院关于适用〈中华人民共和国刑事诉讼法〉的解释》第445条第2款规定："对判决时尚未追缴到案或者尚未足额退赔的违法所得，应当判决继续追缴或者责令退赔。"还有较早的2000年《最高人民法院关于适用财产刑若干问题的规定》第9条规定："人民法院认为依法应当判处被告人财产刑的，可以在案件审理过程中，决定扣押或者冻结被告人的财产。"2014年《最高人民法院关于刑事裁判涉财产部

---

① 《公安机关涉案财物管理若干规定》第6条规定："根据案件具体情况，在保证侦查活动正常进行的同时，可以允许有关当事人继续合理使用有关涉案财物，并采取必要的保值保管措施，以减少侦查办案对正常办公和合法生产经营的影响。"

分执行的若干规定》（以下简称《涉财产执行规定》）又将保全对象扩大至责令退赔。①

需要注意的是上述司法文件的类似规定，要么使用指引性条款并注明要"依法"，要么重申刑法第64条规定的内容，说明负责起草意见的司法部门也面临着必须回应的现实问题，但又缺少刑事诉讼法等上位法支撑的困境。

### 三、刑事诉讼财产保全的当前困境

刑法是公法的代表，而民法是私法的代表，因此已有的民事诉讼财产保全制度并不能成为刑事诉讼财产保全的应然参照。笔者认为，司法实务操作的举步维艰是由于现行的刑事诉讼法未进行系统设计（抑或故意为之）所致，导致与现实的司法要求存在一定的违和，主要表现在刑事诉讼财产保全的对象范围和手段措施两个方面。

（一）关于刑事诉讼财产保全的对象

1. 刑法规定的对象梳理

一是刑法第64条规定的"违法所得"，实指违反刑法的犯罪所得，即犯罪分子因实施犯罪活动而取得的一切财物。② 通常认为犯罪所得是先行追缴的主要内容，包括通过实施犯罪直接和间接产生、获得的一切财产。例如，生产假药罪所得的假药系"产生"，盗窃所得的汽车、杀人所得的报酬系"获得"。犯罪直接所生、所得之物均系原始犯罪获益，理应予以剥夺。间接所得包括犯罪所得已经部分或者全部转变、转化为其他财产的，也包括增值产生的孳息和投资产生的收益，还包括来自犯罪所得相混合财产中犯罪所得对应部分的收益。例如，将犯罪所得

---

① 《涉财产执行规定》第4条规定："人民法院刑事审判中可能判处被告人财产刑、责令退赔的，刑事审判部门应当依法对被告人的财产状况进行调查；发现可能隐匿、转移财产的，应当及时查封、扣押、冻结其相应财产。"

② 参见孙国祥：《刑事诉讼涉案财物处理若干问题研究》，载《人民检察》2015年第9期。

用于投资或者置业以后形成的财产及其收益，或者与其他合法财产共同投资或者置业以后形成的财产及其收益。"刑法不应也不能允许任何人从犯罪中取得并保有不法利益"，对于间接源于犯罪行为的利益也应当作为违法所得没收，这已基本达成共识。① 总之，只要所得来源于犯罪行为，就应当完全予以剥夺，否则会让犯罪分子在经济上占便宜。但是，当前作为裁判前刑事诉讼财产保全的法理论证并不充分，因为裁判前未实施保全的犯罪所得，完全可以在裁判后予以继续追缴或者责令退赔。更为关键的是刑事诉讼财产保全的法律依据也不明确，成为司法实务人员面临的难题。二是刑法第 64 条规定的"供犯罪所用的本人财物"，也称为"犯罪之物"，既包括犯罪工具，例如杀人的刀，也应该包括犯罪行为的组成之物，例如走私的汽油，虽然不是犯罪工具，也不属于犯罪所得，但是应当纳入"犯罪之物"范围，既符合文义解释规则，也避免法律留白。此处的"所用"，不能简单理解成包括所有使用情形，需要考虑用于犯罪的目的性、直接性和经常性，"犯罪之物"的没收要坚持比例原则，② 这与犯罪所得的完全剥夺原则不同。因而"犯罪之物"的先行保全也要考虑必要性和妥当性。此处的"本人财物"，一般认为也应该包括犯罪分子占有但未所有，但所有权人知道或者可能知道系供犯罪使用的物品。③ 需要指出的是，刑法第 64 条对"犯罪之物"的用语是"没收"而不是"追缴"，说明仅针对现实存在的特定财物。已经灭失或者转化的，则不再没收。但是否据此认为裁判前不能先行保全，笔者认为不然，由于这些财物不属于犯罪分子合法所有的财产，先行保全在案是必要的，否则会导致"犯罪之物"由于不在案而难以没收，从而为犯罪分子恶意转移留下空间，这显然不是法律期待的。三是刑法第 64 条规定的"违禁品"，是指国家规定不准私自生产、

---

① 参见吴光升：《刑事涉案财物处理程序研究》，法律出版社 2018 年版，第 14 页。
② 参见最高人民法院执行局编著：《〈最高人民法院关于刑事裁判涉财产部分执行的若干规定〉理解与适用》，中国法制出版社 2017 年版，第 19 页。
③ 参见郎胜主编：《中华人民共和国刑法释义》，法律出版社 2015 年版，第 66 页。

加工、交易、持有、使用、储存、运输的物品，①常见的有毒品、枪支弹药、爆炸物品、管制刀具、淫秽物品等。既然是国家规定不允许私自持有的物品，则执法机关任何时候发现违禁物品，都要予以扣留和剥夺，因此无须适用财产保全措施。四是刑法第59条规定的"没收财产"，属于刑罚种类中的财产刑，所剥夺的是与犯罪行为无直接关联且犯罪分子现有的全部或者一部分合法财产。②如果裁判生效时该财产已经不存在或者不属于犯罪分子，则不能予以实施"没收财产"，因此不存在先行保全的底层逻辑，且没收结束后不能对合法取得的财产再次执行。五是刑法第52条规定的"罚金"，也属于财产刑，因此具有与"没收财产"相同的逻辑，也不存在先行保全的空间，且可以随时执行追缴，也没有必要先行保全。六是刑法第36条规定的"赔偿金"，③本质上系民事赔偿，应适用民事诉讼的财产保全。

刑法规定的上述六类对象中，通常将前三者称为赃物或者涉案财物，对应的追缴、责令退赔、没收措施被称为特别没收，虽然特别没收的对象和措施存在不同，但在本质和效果上区别不大，都是对刑事涉案财物的剥夺。④后三者则是非涉案财物，往往属于合法财物，因而其中的"没收财产"也被称为一般没收。因此，特别没收是指对犯罪行为相关的财物没收，属于涉案财产处置范畴；一般没收是指对犯罪分子合法财产的没收，属于财产刑罚范畴。

2. 其他对象分析

一是转化物。赃物已经部分或者全部转变、转化为其他财产的，但该财产仍归犯罪分子所有，属于间接犯罪所得范畴。例如，用诈骗资金购买的汽车。二是流转物。不同于转化物，该财产已经不属于犯罪分子

---

① 参见吴云：《追赃学》，云南大学出版社2022年版，第77页。
② 参见最高人民法院执行局编著：《〈最高人民法院关于刑事裁判涉财产部分执行的若干规定〉理解与适用》，中国法制出版社2017年版，第15页。
③ 刑法第36条第1款规定："由于犯罪行为而使被害人遭受经济损失的，对犯罪分子除依法给予刑事处罚外，并应根据情况判处赔偿经济损失。"
④ 参见何永福：《刑事诉讼涉案财物处置程序研究》，社会科学文献出版社2020年版，第83页。

所有，例如诈骗来的汽车卖给了他人。由于流转物已转移至第三人，对于赃物是否适用善意取得，理论上一直有争议。以往司法文件对此的规定也不一致，《涉财产执行规定》首次全面界定赃款赃物的执行中不予追缴善意取得，则裁判前的先行保全也应如此。需要指出的是，作为追缴流转物的犯罪所得，与为定罪量刑提供裁判标准的犯罪所得内涵不同，后者需要研究是否扣除生产、销售成本，而追缴仅需研究是否属于善意取得，因此无须扣除生产、销售成本。①《最高人民法院、最高人民检察院、公安部关于办理非法集资刑事案件适用法律若干问题的意见》规定要求依法追缴集资参与人的回报和经办人员的费用，道理即在于此。对其他涉案财产的刑事诉讼财产保全也不应涉及扣除生产、销售成本（善意取得除外）。三是替代物。一般是应当特别没收的原物不存在了，因而以等价物替代，通常是责令退赔、主动退赔或代为退赔的合法财产，例如，诈骗来的汽车卖给了他人，且卖车钱已经被挥霍。作为退赔的产物，必然是非涉案财物，因此缺少原始犯罪所得的类物权属性，一方面丧失了类物权相比于一般债权的优先性，另一方面先行追缴会直接影响第三人的债权行使，故应当谨慎为之。《财产处置意见》等司法文件对等价财产的追缴要求，难以适用于裁判生效之前，还需要上位法的支撑。② 四是消极利益。有司法解释规定刑法第 180 条的"违法所得"，也包括通过内幕交易行为避免的损失。③ 换个角度看，避免的损失实际上是犯罪分子已经获得的利益，因此可以考虑财产保全。五是优势条件。由于刑法第 64 条规定追缴和没收的对象是财物，因而只能

---

① 参见刘晓虎、赵靓：《"违法所得"概念的界定和司法认定》，载《人民法院报》2018 年 7 月 4 日。
② 《财产处置意见》第 19 条第 1 款规定："有证据证明依法应当追缴、没收的涉案财产无法找到、被他人善意取得、价值灭失或者与其他合法财产混合且不可分割的，可以追缴、没收其他等值财产。"
③ 《最高人民法院、最高人民检察院关于办理内幕交易、泄露内幕信息刑事案件具体应用法律若干问题的解释》第 10 条第 1 款规定："刑法第一百八十条第一款规定的'违法所得'，是指通过内幕交易行为所获利益或者避免的损失。"

限于财产性利益,不能扩大至非财产性利益,① 故因犯罪取得的经营资格或者职务晋升等优势条件,不属于刑事诉讼财产保全的范围。

相对于法院裁判后的继续追缴或者责令退赔,先行保全的主体需要向前扩展,当前在法律层面还缺少依据、实操层面缺少规范的背景下,公安机关及检察机关既要考虑后续裁判结果的自身性质,也要衡量利害关系人的权利影响。对于一般没收的财产刑,由于其清偿顺位劣后于民事责任,② 一旦启动先行保全措施,必然直接影响处于优先级的利害关系人的民事权利,故原则上应否定先行刑事保全的使用。而对于特别没收的犯罪所得和所用之物,其与民事责任清偿顺位的优劣关系,争议至今未有规范予以明确。《全国人民代表大会常务委员会关于惩治违反公司法的犯罪的决定》(已失效)第13条第2款规定:"犯本决定规定之罪,被没收违法所得,判处罚金、没收财产,承担民事赔偿责任的,其财产不足以支付时,先承担民事赔偿责任。"但1997年刑法修改时仅吸收和保留了财产刑的顺位规定,似乎说明不适用于特别没收的犯罪所得和犯罪之物。后来《涉财产执行规定》有所突破,也仅规定了退赔被害人优先于一般民事责任(具有优先权、人身损害赔偿的医疗费除外)。③ 笔者认为,作为追缴、没收后应当上缴国库的犯罪所得和犯罪之物,其本身并不属于犯罪分子合法所有的财产,应当先按照法律规定予以恢复社会关系,也就不能用于清偿普通民事责任(善意取得除外),④ 据此优劣顺位自现。换个角度看,司法机关在刑事上追缴或者责令退赔的财物,在民事上属于物权请求权或者类似于物权请求权的范

---

① 参见吴光升:《刑事涉案财物处理程序研究》,法律出版社2018年版,第12页。

② 刑法第36条第2款规定:"承担民事赔偿责任的犯罪分子,同时被判处罚金,其财产不足以全部支付的,或者被判处没收财产的,应当先承担对被害人的民事赔偿责任。"

③ 《涉财产执行规定》第13条规定:"被执行人在执行中同时承担刑事责任、民事责任,其财产不足以支付的,按照下列顺序执行:(一)人身损害赔偿中的医疗费用;(二)退赔被害人的损失;(三)其他民事债务;(四)罚金;(五)没收财产。债权人对执行标的依法享有优先受偿权,其主张优先受偿的,人民法院应当在前款第(一)项规定的医疗费用受偿后,予以支持。"

④ 参见最高人民法院执行局编著:《〈最高人民法院关于刑事裁判涉财产部分执行的若干规定〉理解与适用》,中国法制出版社2017年版,第184页。

畴，其顺位本来优先于普通民事债权，因而刑事诉讼财产保全对第三人影响不大。

(二) 关于刑事诉讼财产保全的措施

徒法不能自行。如果刑法第64条规定的原意是应当先行追缴犯罪所得，则对应的程序法需要匹配适用的范围、原则、手段等保障措施。然而现行刑事诉讼法对此没有规定，虽然部分条文用语可以映射出查扣冻系先行追缴的手段措施，例如前文提及的第245条，但是毕竟没有明确表述。最为积极的是司法文件的肯定性要求，不少司法解释都有类似规定，当然学术界和实务界大多认同如此解读。

一般认为刑事诉讼保全有证据保全和财产保全之分，而查封、扣押的适用条件是"可用以证明犯罪嫌疑人有罪或者无罪的各种财物、文件"，且强调"在侦查活动中"，显然属于证据保全措施。虽然冻结仅要求"根据侦查犯罪的需要"，但从体系解释的角度，冻结规定处在刑事诉讼法"侦查"一章的"查封、扣押物证、书证"一节中，且明确法院不能使用，故不是财产保全措施。① 因此，查扣冻三种措施的对象都应限于可用于证明案件犯罪事实的证据，即必须具有证据属性，主体一般限于侦查机关和检察院，法院仅在符合刑事诉讼法第298条的犯罪嫌疑人、被告人逃匿、死亡案件中可以使用。

证据保全与财产保全的对象是同一标的物时会产生一定的竞合关系，但是作为财产保全的查扣冻措施有别于证据保全，其重在保持财产价值不贬值，而不是保障证据效力。因此，先行追缴的犯罪所得应当具有一定的经济价值，即必须具有财产属性，而不论其是否具有证据属性，当前刑事诉讼法错位配套的证据保全手段难以满足财产保全的现实

---

① 刑事诉讼法第141条规定："在侦查活动中发现的可用以证明犯罪嫌疑人有罪或者无罪的各种财物、文件，应当查封、扣押；与案件无关的财物、文件，不得查封、扣押。对查封、扣押的财物、文件，要妥善保管或者封存，不得使用、调换或者损毁。"第144条第1款规定："人民检察院、公安机关根据侦查犯罪的需要，可以依照规定查询、冻结犯罪嫌疑人的存款、汇款、债券、股票、基金份额等财产。有关单位和个人应当配合。"

需求。一方面，虽然原始犯罪所得一般具有证据属性，但是种类物、转化物、流转物往往不具有证据属性，例如，诈骗归集账户里的资金、赃款再投资获取的收益、已经偿还他人债务的现金。另外，责令退赔的替代财物往往是非涉案财物，通常也不具有证据属性，如果需要先行追缴，都只能套用证据保全的条款而实现财产保全的目的，自然会产生质疑和非议。另一方面，即使当时追缴的财物具有证据属性，也会因拍录、鉴定等取证替代手段而实现证据价值，此后如果没有财产保全的法条依据，则需要解除原来的证据保全措施。这些问题必然会影响司法实务操作，即对于仅具有财产属性而没有或者不再有证据属性的犯罪所得，究竟能否予以查扣冻？

### 四、刑事诉讼财产保全的权宜之策

当前，刑事诉讼法规定的查扣冻措施属于证据保全范畴，虽然可以附带一定的财产保全功能，但是与财产保全制度的要求还存在借位，尤其是立法机关的答复似乎也表明仍应当坚守查扣冻措施属于证据保全的原定位。然而，在现行法律框架下通过形式解释方法，充分挖掘证据保全的对象及属性的内涵，实现查扣冻措施的有限扩张使用，成为满足现实需求的可能路径。

传统上认为我国刑事诉讼主要是以处理被告人刑事责任为主线的"对人之诉"，一般不重视也很少论及以处理涉案财物为核心的"对物之诉"。但是，我国刑事诉讼制度既有"对人之诉"，也有"对物之诉"，两者相辅相成，缺一不可。前文述及的2012年刑事诉讼法增加的违法所得特别没收程序，就属于典型、纯粹的"对物之诉"。近年来，最高人民法院也多次发文要求加强对在案查扣冻财物的法庭持证及实质审理。

无论是"对人之诉"还是"对物之诉"，法院审查和裁判的核心都是证据。刑事诉讼法第50条规定，可以用于证明案件事实的材料，都是证据。如果仅从以处理被告人刑事责任为主线的"对人之诉"角度分析，证据的要求必然是可以用于证明犯罪行为有无发生及犯罪情节轻重。那么，间接犯罪所得以及转化物、流转物，往往因为缺少关联性而不具有证据属性。但就"对物之诉"而言，无论是"直接犯罪所得财物"还是"间接犯罪所得财物"，一般都具有证明是否属于犯罪所得并需要最终予以追缴的关联性及证据属性。而"犯罪之物"及"违禁品"的对物证明作用更是不言而喻。即特别没收的对象一般都具有"对物之诉"的证据属性。这样的形式解释，既没有超出文义射程范围，也可以印合司法文件反复要求先行追缴犯罪所得的逻辑自洽。因此，作为追缴手段的查扣冻对象，不应限于表面具有证据属性的涉案财物，还应包括表面仅具有财产属性但实质上也具有证据属性的犯罪所得，即先行查扣冻的对象应包括能够用于证明犯罪有无及轻重和是否属于特别没收对象的一切财物。① 这个思维方式和解释路径，同样可以适用于已经转化或者流转的赃物。

依据上述扩张解释，退还的原始赃物是可能具有证据属性而予以查扣冻，但不能无限扩大。由于刑事裁判执行的需要，前文述及的个别司法文件对退赔的等价财物也要求先行查扣冻，然而退赔的替代物可以成为执行的对象，但不会成为裁判的对象，因而不可能具有证据属性，即缺少对与案件无关的当事人及第三人合法财产进行查扣冻的依据。然而，既然属于自愿退赔的，是否可以换个思路操作，考虑让司法机关代为保管，而不是违和的强制控制。

## 五、刑事诉讼财产保全的立法完善

当前司法部门迫于现实需要，被迫借证据保全之名而行财产保全之实，根源在于法律规范不够明确，因此通过修改有关法律，从而全面建立刑事诉讼财产保全制度迫在眉睫，也是解决当前刑事诉讼财产保全杂乱、冲突现状的治本之策。

---

① 参见狄克春、乔昌续：《刑事侦查视野下追缴犯罪所得探究》，载《江苏警官学院学报》2019 年第 4 期。

一是实体法方面,要改变"重定罪判刑、轻财物处置"的现状,健全涉案财物处置的规范和规制。作为不同于刑事责任的非刑罚措施,涉案财物处置应当统一特别没收的名称,刑法单独设置章节,明确特别没收的对象范围。可以借鉴的是 2022 年施行的反有组织犯罪法,不仅单独设置"涉案财产认定和处置"一章,而且将扫黑除恶的追缴等值财物规定吸收上升为法律。①

二是程序法方面,要在刑事诉讼法修改中全面确立独立于证据保全的财产保全制度,建立被追诉人财产全程调查制度,综合平衡保障生效裁判执行和保护第三人权益之间的冲突,明确刑事诉讼各阶段财产保全的规则、对象及措施。适度扩大保全范围至非涉案财产,配套以行为保全、担保解除、允许合理使用等保障制度。坚持对人之诉、对物之诉并重发展,设立相对独立的涉案财产认定和处置程序。

三是权利保障方面,要充分保障当事人和利害关系人的知情权和救济权,引入涉案财产尤其是刑事自诉案件受害人申请保全机制。为避免财产保全对公民私有财产的不合理干预,可以构建侦查机关提请检察机关核准财产保全机制,同时保障紧急情况下侦查机关可以先行保全、事后报备。

---

① 反有组织犯罪法第 45 条第 2 款规定:"依法应当追缴、没收的涉案财产无法找到、灭失或者与其他合法财产混合且不可分割的,可以追缴、没收其他等值财产或者混合财产中的等值部分。"

【判例研究】

# 情境理论在"明知"评价中的地位和运用
## ——基于徇私枉法罪的分析

童德华*

**关键词**

情境理论  徇私舞弊  和谐  宽严相济  证据制度

**内容摘要**：当前，徇私枉法旧案的查办往往遵循的是现有刑事政策、法律观念和证据标准，这种做法未必合理。尤其在对明知是有罪的人而故意包庇不使他受追诉问题的处理中，如何把握"明知"，存在主观标准说、客观标准说、折中标准说。但是这些教义学说都有明显缺陷。在评价时，还应融入情境预防理论。据此，刑事政策的理解与运

---

\* 作者单位：中南财经政法大学纪检察学院（国家治理学院）。本文获得中央高校基本科研业务费项目"数字金融安全的挑战及重大风险问题的刑事治理"（项目编号：2722024AK005）资助。

用、司法制度的实际运行和案件本身的非典型等因素应被视为徇私枉法罪生成的重要因素。对于案件的处理，应当明确：首先，要根据当时的刑事政策，特别是不能忽视和谐理念在特定时期对司法的影响。其次，要按照当时的证据制度和司法常规。最后，还应当尊重司法人员所赋予的自由裁量权。特别是对于刑行交叉案件，完全可能得出行政违法或者刑事违法两种结论。总之，罔顾案件发生时的刑事政策、法律思维和司法制度，对该案件的被告人按照徇私枉法罪定罪处罚并非完全负责的态度。

## 一、案例与问题的提出

近些年以来，随着政法干警教育整顿的展开以及对一些错案的纠办，一些司法人员徇私枉法的"积患"得到了治理。但是，对于过往案件的处理往往遵循的是现有刑事政策、法律观念和证据标准，也暴露一些问题，即用现行做法对过去的司法裁判进行评判的方法是否合理？

（一）案例

2016年底，甲在担任A县公安局B派出所副所长期间，刑满释放人员乙、丙在派出所辖区的一茶馆随意殴打三名来茶馆饮茶的客人。B派出所受理案件后，甲担任案件承办人，依据办案流程和当地公安机关工作惯例，通知三名被害人去相关机构做法医鉴定，但因为受害人要先行垫付鉴定费用，其中一人明确表示自愿放弃伤情鉴定。事后，参加伤情鉴定的两人中，只有一人提交了鉴定意见书，鉴定结论为轻微伤，还有一人迟迟没有提交鉴定意见书。甲遂邀请检察机关对口业务部门会商，考虑到只有一人轻微伤，没有达到司法解释确定的定罪标准，且乙、丙对受害人进行了积极赔偿，所以甲对乙、丙二人作出行政处罚决定。2022年，因为乙涉黑被处理，办案机关在倒查工作中发现申请伤情鉴定的二人当时均被鉴定为轻微伤。据此，该县人民检察院认为，被告人甲身为司法工人员，徇私枉法、徇情枉法，对明知是有罪的人而故意包庇不使他受追诉，其行为触犯了刑法第399条第1款，犯罪事实清楚，证据确实、充分，应当以徇私枉法罪追究其刑事责任。

(二) 问题提出

我国刑法第399条第1款规定："司法工作人员徇私枉法、徇情枉法，对明知是无罪的人而使他受追诉、对明知是有罪的人而故意包庇不使他受追诉，或者在刑事审判活动中故意违背事实和法律作枉法裁判的，处五年以下有期徒刑或者拘役；情节严重的，处五年以上十年以下有期徒刑；情节特别严重的，处十年以上有期徒刑。"显然，构成徇私枉法罪的行为方式包括三种：（1）对明知是无罪的人而使他受追诉；（2）对明知是有罪的人而故意包庇不使他受追诉；（3）在刑事审判活动中故意违背事实和法律作枉法裁判。

毋庸讳言，当前司法实践中最突出的问题主要是第二种情形，即对有罪的人故意包庇不追究其刑事责任。在这种情形中，要求上游行为人有罪。根据形式解释理论，可以认为本案的上游行为人成立寻衅滋事罪，依据2013年《最高人民法院、最高人民检察关于办理寻衅滋事罪刑事案件适用法律若干问题的解释》（以下简称2013年《解释》）第2条规定，随意殴打他人，致1人以上轻伤或者2人以上轻微伤的，以寻衅滋事罪追究上游行为人的刑事责任。

但是问题在于：其一，认定甲明知乙、丙有罪，是根据甲当时的主观认识还是依据一般司法人员的主观认识；其二，因为这个案件核心证据是事后发现的，所以还必须考察是根据甲作出行政处罚决定的时候，还是根据事后发现的情况判断甲是否明知他人有罪。根据甲的认识能力考察可归类于刑法学中的主观标准说，该说一般采取事中评价；而根据一般人的认识能力考察可归类于客观标准说，该说既可能采取事中评价，也可能采取事后评价，但倾向于采取事后评价。当行为人认识能力和一般人有很大差异的时候，依据主观标准说或者客观标准说进行评价的结论相去甚远。例如在上述案例中,甲因为只收到了一份轻微伤鉴定意见书,按照工作规程无法进行刑事立案,而且公安机关和检察机关也进行了会商,其认为自己无法明知他人有罪的辩解并非不合理;公诉人员依据个别不利于甲的证言认为甲应知道他人有罪也有一定道理。实践中应当采取哪种意见为妥?法律的有效性不仅取决于其合法性,而且还取决于其合理性,采取何种标准和立场进行评价,应从有利于实现刑法合理性评价的角度展开。相信这一思考有利于刑法教义学在实践中发挥能动性功能。

## 二、"明知"评价的立场与标准

本案的核心是甲是否明知他人有罪。这一方面取决于他人实施的涉罪行为,另一方面也取决于甲的主观认识,尤其是"明知是有罪的人"这一条件是否成立。究竟何为明知,我国学者一般将其分为三种:一是知道;二是可能知道;三是应当知道。① 应当知道也好,可能知道也罢,都必须承认行为人有认识能力。在实践中,判断行为人的认识能力,存在主观标准说、客观标准说、折中标准说等多种理论。在不同标准中还有立场上的分歧,例如是采取事中评价方式还是采取事后评价方式。

主观标准说认为,应当以行为当时具体条件下行为人本人的认识能力和认识水平为标准,具体而言,就是在当时的客观环境和条件下,根据其本人的年龄、健康状况、认识程度、工作经验、业务能力等进行判断。② 林亚刚教授认为,法规范是一个具有普遍性的客观标准,其与行为人的注意能力是两个不同层面的问题,据此排除普通标准适用的必要性,另外他认为折中说以客观说为根据也不可取,而主观说符合罪责自

---

① 也有学者认为,可能知道和应当知道是同一含义的不同表达。参见陈兴良:《教义刑法学》,中国人民大学出版社2017年版,第476页。

② 参见马克昌主编:《刑法学全书》,上海科学技术文献出版社1993年版,第105页。

负原则。① 张明楷教授却认为，将具体行为人的预见可能性作为结果回避义务的前提，与新过失论的行为基准论相冲突。因为行为基准并不是因人而异的，而是适用于所有的人。② 法律评价不能完全无视被评价对象的实际情况和行为处境，批判观点有一定道理，但容易造成标准抽象化，要求同质化的问题。

客观标准说认为，应当以社会一般人的认识能力、水平来衡量。具体而言，一般人在当时的情况下能预见可能发生何种后果，行为人也就应该能预见到，如果一般人在当时的情况下不能预见，行为人也就不应该预见。③ 日本学者前田雅英主张客观标准说，认为如果行为人不能预见、避免结果，则不能追究其过失责任；过失必须以行为人个人所认识到的情况为基础，以一般人为标准进行判断，此外，还要考虑行为人的年龄、经验、性别、能力等情况，从一般国民的视角出发进行规范性的评价，判断是否可以非难。④ 张明楷教授支持采取这种标准。在德国，则以"行为人所属社会领域内的一般人"为标准，该标准属于类型人标准。类型人标准比一般人标准更为明确，但也被指责为存在定义不明确、范围有弹性等问题。⑤ 对此有学者认为，主观标准说能够结合行为人的能力恰当评价其行为的违法程度，采用主观标准说也不必然导致被害法益保护水平的下降。客观标准说不加区别地科处注意义务，在不法构成的判断中，会不合理地要求明显无能力者做超出自己能力范围的事情，这一点仍是客观标准说的硬伤之所在。⑥ 这种评价不全面，没有看到客观说的优点。

---

① 参见林亚刚：《刑法学教义》，北京大学出版社 2017 年版，第 232-233 页。
② 参见张明楷：《刑法学》，法律出版社 2021 年版，第 379 页。
③ 参见高铭暄等主编：《过失犯罪的基础理论》，法律出版社 2002 年版，第 26 页。
④ 参见 [日] 前田雅英：《刑法总论讲义》，曾文科译，北京大学出版社 2017 年版，第 192 页。
⑤ 参见于佳佳：《过失犯中注意义务的判断标准》，载《国家检察官学院学报》2017 年第 6 期。
⑥ 参见于佳佳：《过失犯中注意义务的判断标准》，载《国家检察官学院学报》2017 年第 6 期。

折中标准说认为，既要考虑行为人个人情况，又要考虑行为人当时所处的具体环境和条件，结合两方面情况综合考察。在行为人的认识能力高于一般人的场合，以一般人的认识能力为标准；当行为人的认识能力低于一般人的时候，以行为人的认识能力为标准。① 德国主流观点是采取折中说，理由是"无理解能力和无控制能力不是抽象的，而总是应当在考虑具体行为构成的实现中来加以确定的"②。所以，一方面通过具体化的客观标准，另一方面考虑行为人是否能正确评价所面对的问题。据此需要考虑行为人的智力、教育、机敏、能力、生活经验和社会地位等因素。③ 还有学者认为，"其中，注意义务依据职业分工、生活领域以及具体情景而有所不同，但不会以负有义务的个人为划分标准。其实行为人的个人能力只有在责任范围内才重要，在此意义上，适用的是双重的过失标准"。传统相当性说允许对行为人不利的考虑，要求其具备特定场景下的具体知识或者具有特殊的经验。④

这种标准还涉及因果关系判断。关于相当因果关系的判断，按照一般人社会生活上的经验，能够认定某行为导致某结果的发生通常是相当的，在这种情形下承认因果关系。⑤ 也有学者认为，关于相当因果关系的判断，依据客观的事后预测来具体判断相当性的方法是正确的，即法官站在具有注意力的第三者的立场，以犯罪行为当时所存在的或者能够认识到的情况为基础，判断相当性的方法。⑥ 或者，客观说由于对国民科以同等的注意义务，所以有利于贯彻平等原则与刑法的法益保护机

---

① 参见马克昌主编：《犯罪通论》，武汉大学出版社1999年版，第356页。

② [德] 克劳斯·罗克辛：《德国刑法学总论·犯罪原理的基础构造》（第1卷），王世洲译，法律出版社2005年版，第591页。

③ 参见[德] 克劳斯·罗克辛：《德国刑法学（总论）》（第1卷），王世洲译，法律出版社2005年版，第724页。

④ 参见[德] 冈特·施特拉藤韦特、洛塔尔·库伦：《刑法总论Ⅰ——犯罪论》，杨萌译，法律出版社2006年版，第402-404页。

⑤ 参见[日] 前田雅英：《刑法总论讲义》，曾文科译，北京大学出版社2017年版，第114页。

⑥ 参见[韩] 金日秀、徐辅鹤：《韩国刑法总论》，郑军男译，武汉大学出版社2008年版，第157页。

能,而且也不会使法秩序所要求的注意义务过高;但是,个人的能力有差异,所以应当同时考虑个人的特殊能力与经验。①

"违法是客观的,责任是主观的",这是学界的通识,但如何理解这个理论,其实有不同看法。结合上述观点,笔者认为,所谓"违法是客观的",主要是指违法性判断应采取一般人的标准,就行为是否与法秩序相一致进行类别化衡量;"责任是主观的",主要是指对违法行为要根据行为人标准,从行为当时的情境出发,对行为人的责任做个别化评价。因为明知问题与合法性判断、责任判断都有关系,所以目前很难断言哪一种标准更为合理,关键是在哪个范畴进行针对性判断。

在实践中这些主张是否具有现实可操作性也值得深思。第一,基于功利主义理论,犯罪嫌疑人或者被告人不会如实展示自己的内心想法,所以对其行为的认识能力或者控制能力往往会加以掩饰,所以司法人员往往不会在意行为人想了什么,而主要看其做了什么。所以在真实司法情境中,主观标准说并不具有实践意义。第二,客观标准说操作难。它使得刑法评价的立场点分散,例如在所讨论的案件中,是否明知他人有罪,是根据普通国民的道德直觉进行考虑还是根据司法人员的专业能力进行考虑已然是一个突出的问题。更复杂的问题还在于:首先,司法人员还可以分为公安人员、检察人员、审判人员,这三类人员由于各自的分工不同,加上长期以来养成了不同的思维定势,对同一个问题的态度和方式有较大差异。公安机关工作人员往往倾向于机械性服从领导指示或者根据司法解释的形式规定办案,而检察人员则倾向于融入个人的价值倾向,把握司法解释中的弹性空间积极指控犯罪,审判人员往往会倾向于从中立立场协调自由和秩序的关系,进而认定犯罪。其次,公安机关内部也存在分工,如治安、刑侦、经侦等,这些分工对办案人员的认知也可能有较大影响。如本案被告人甲是派出所民警,其显然更熟悉治安工作,对于刑事案件的处理多少存在着业务上的短板。所以,最佳的

---

① 参见[韩]金日秀、徐辅鹤:《韩国刑法总论》,郑军男译,武汉大学出版社2008年版,第432页。

限定范围应当基于治安警察这个领域的同业者的一般认知水平。最后，基于行为人立场的主观标准说还是基于一般人立场的客观标准说，显然并不重要，因为在实践中最终作出判断的是某一类型的司法人员，根据办案程序，这些人员的身份会经历由公安人员到检察人员进而到审判人员的变化。最终的裁判者是审判人员。但是，为了避免在不同环节存在较大的分歧，影响到司法机关之间的合作，还是应当就司法人员在判断中的一些共性因素进行分析。

在各种主观标准说和客观标准说中，行为人的智力、教育、机敏、性别、能力、生活经验、健康状况、社会地位、职业分工以及行为所处的生活领域、具体情景都是评价中应当注意的因素。但是，这种评价依然存在明显缺陷。刑法学与犯罪学的关系是相辅相成的，犯罪学理论的发展助力刑法理论进步。自 20 世纪 70 年代之后，犯罪学理论有了新的发展，其中情境预防理论尤其引人注意。根据现代之后的犯罪情境预防理论，可以发现上述理论没有将行为人犯罪的情境性因素予以全面扫描，尤其是对体制性因素没有给予应有的回应。为此，本文吸取犯罪学中的情境理论营养，对犯罪合理评价做进一步分析。

### 三、情境理论对"明知"评价的意义

开宗明义，本文所提倡的情境理论是在吸收犯罪学的情境犯罪预防理论的基础上提出来的。在理论研究中，与"情境"通用的概念是"情景"，但从词源上看，"情境"不同于"情景"，前者描述的是对犯罪发生具有影响力的背景，后者描述的是犯罪发生的景象。

目前，对情境犯罪理论的关注主要存在于犯罪学界，因为情境犯罪学对传统犯罪学造成了较大的冲击。美国学者亚伯拉罕森于 1960 年出版的《犯罪心理学》提出，每个人都不是与社会相隔离的，个人与社会息息相关，个人的行为不仅反映了个人的内在品质，特别是人格因素，而且也反映了行为当时的情境、社会文化的影响。因此，个人犯罪行为的产生，不但与个人的犯罪倾向有关，也与整个社会情境和个人对

诱惑的心理和情绪抗拒力有关。其中，社会的经济发展水平是少年犯罪最主要的客观因素；社会的消极腐败现象也是产生少年犯罪重要的社会情境因素；社会的贫富分化和机会不均等也容易引发少年反社会的心理和行为。①

20世纪70年代末，英国内政部研究小组的"行政犯罪学家"在从事犯罪矫治研究过程中发现，在感化机构中的少年逃脱事件和逃脱当时的环境及机会是密不可分的，于是正式提出了情境犯罪预防理论。他们认为，情境是犯罪与否的决定因素，犯罪的情境因素包括犯罪的时空、机会和条件等要素，它们对犯罪人的理性抉择和犯罪决策有着重要的影响。当犯罪的利益条件超过其成本时，犯罪即可能发生。所以，针对某些特定的犯罪，以一种较为系统和常设的方法对犯罪可能利用的环境加以规划和管理，以增加犯罪的难度和风险，减少可能的犯罪回报，能够达到预防犯罪的效果。② 到了20世纪80年代，情境犯罪预防理论的价值逐渐被发展。所谓情境犯罪预防，其宗旨在于提出一种优先选择的手段，它不依赖于对社会及其结构的改善，而仅是致力于减少犯罪的机会。通过情境犯罪预防减少犯罪机会的措施包括：第一，针对高度具体的犯罪行为；第二，对该类犯罪发生的直接环境的管理、谋划或控制越是具体和持久，效果也就越明显；第三，通过增加实施犯罪的难度和风险，众多犯罪人感到犯罪收益的降低，从而减少犯罪。情境预防理论的核心概念是犯罪机会。③

随着情境理论的深入，有学者认为，情境属于一种关系概念，其本身并不独立存在，只有与个人、团体相联系时才可以成为所谓的情境。具体来讲，情境是指直接影响人形成某种动机，产生某种行动的内在与

---

① 参见孙召路：《犯罪行为情境理论与少年犯罪的生成》，载《青少年犯罪问题》2004年第3期。

② 参见庄劲、廖万里：《犯罪预防体系的第三支柱——西方国家犯罪情境预防的策略》，载《犯罪研究》2005年第2期。

③ 参见刘涛：《表现型犯罪的情境预防——一个西方犯罪学视角的观察》，载《犯罪研究》2012年第2期。

外在环境因素的总和。情境有随机性、不可控制性的特点。犯罪人在具体犯罪情境中,如何使犯罪行为更加合理、更加符合当时的情境,是主观情境因素和客观情境因素交互作用的结果。其中,主观情境即犯罪人的认知因素,可以理解为犯罪人对情境的解释和态度,包括意图认知、责任判断、行为决策、结果价值等认知过程;客观情境是具体情境发生时的客观因素,影响着犯罪人实施的犯罪行为。①

当前,刑法学界很少讨论情境犯罪预防理论。但黎宏教授注意到该理论对预防刑罚观的影响。他梳理了情境犯罪预防理论,并认为该理论对治安管理等具有重大影响。在他的研究中,从不同角度阐明情境犯罪学对犯罪评价的影响。②

(1)标签因素。任何人都可能犯罪,犯罪人和非犯罪人之间几乎没有什么差别,只是在有无犯罪机会方面存在差别。守法公民如果有适当的环境和机会,也可能实施犯罪。因此,不给犯罪提供机会就是最好的犯罪预防。据此,我们不能简单地将犯罪人视为恶人,而应抱有同理性、同情心,设身处地从犯罪人行为时的背景中发现不利于其行为选择的各种主、客因素,对一般人都难以抗拒的因素或者必然深受影响的因素进行必要评价。在此意义上,刑事政策作为一种具有现实影响力的因素,对于办案人员的影响是不言而喻的。在滥用职权案件的处理中,特别要注意时间跨度大的案件,因为基本刑事政策和具体刑事政策的变化对于案件评判都会产生影响。

(2)理性选择因素。每一种犯罪类型都有符合特定目的的构成要素,选择实现犯罪目的的人会根据自己的理性作出决定,作决定的过程受到他们的知识、技术以及场景化因素的限制,因而在刑事政策领域中提出强硬的犯罪镇压模式以及提出环境设计的犯罪预防模式策略。刑罚的目的在于预防犯罪,而不是对犯罪人进行报复。该理论提醒我们,在司法人员涉嫌渎职犯罪的问题时,必须要考虑到涉案司法人员为什么要

---

① 参见张晓东:《犯罪情境预防的理论与方法探讨》,载《犯罪研究》2009年第1期。
② 参见黎宏:《情境犯罪学与预防刑法观》,载《法学评论》2018年第6期。

这样做,这种做法是否普遍。例如,司法人员基于生存策略,在办案过程中一味依赖于上级的决定、批复,导致机械司法问题较为突出,为此最高人民法院、最高人民检察院多次在工作报告中指出要纠正机械司法、就案办案的问题。如果不根据理性选择理论,相关问题得不到真正解决,一味定罪处罚也不可能有效预防其中的犯罪问题。此外,司法实践中经常出现刑民交叉、刑行交叉问题,对这些问题如何处理,不仅在司法界存在争议,而且在学界也有很大分歧,对类似案件如何处理,最理性的方式显然是采取"有利于被告人"的法治规则。

（3）场景化因素。犯罪多发生于特定的失控状态之下,这本身不是犯罪构成要件关注的重点,但是在责任评价中,为了更合理地理解责任,就应当把握这些对犯罪发生具有很大影响的外部状况。即为了防止犯罪,也就必须发现这种场景,营造能够阻止犯罪的新场景。因此,这种见解将目光紧盯在有可能发生犯罪的环境场所、有可能扩大犯罪被害的地理场所,或者发生犯罪危险较高的建筑物等犯罪多发的地点上,通过环境设计预防犯罪。这种环境一般是治安管理意义上的硬件设施。其实,我们还可以将该环境扩大理解为包括制度环境。近30年来,我国刑事法治一直处于中国式现代化发展进程当中,很多与法律适用相配套的机制尚不完善,或者正在完善之中。例如,之前办案经费紧张的问题在基层公安机关较为突出,在一些地方,公安机关正常的办案经费难以落实,以罚款代羁押的问题较为突出。与之相联系的证据制度在实践中常常打折扣,不能落到实处,显然,让办案人员为这种体制问题承担后果是不合理的。

（4）生活与工作方式因素。在具备具有实施犯罪行为动机的人、存在能够适当搬运的对象物、没有对该对象物进行保护或者监控的装置这样三个条件时,发生犯罪的概率极高。因此,预防犯罪的最好方式,通常就是不给行为人提供犯罪机会。行为人有无犯罪动机,其实与行为人的生活、工作状态及其方式有关。处于高强度、高压力的生活工作状态之下,由于精神高度紧张,容易促进犯罪动机的形成。当前,基层公安机关普遍面临人少事务多的窘迫情形,普遍存在办案压力大的问题,普遍存在快速结案的心理。这些情况客观上都成为诱发失职渎职犯罪动机的客观因素。

（5）固有思维因素。根据破窗理论，如果放任环境中的不良现象存在，就会诱使人们竞相效尤，甚至变本加厉。因此，建设社区的祥和气氛，防止地域环境的恶化，有利于预防犯罪。根据该理论，还必须反向思考一些现实的较为普遍的问题。例如，对寻衅滋事罪的司法认定，实践中存在口袋化趋势，[①] 一些司法人员倾向于将一些并非严格意义上的纠纷行为升格认定为寻衅滋事罪。这种方式也可以视为破窗理论的另外一种结论，它鼓励很多人继续按照这种思维对寻衅滋事做犯罪化处理，但也可能让少数人对这种现象产生警惕，而尽可能采取非犯罪化方式。

综上所述，刑事政策的理解与运用、司法制度的实际运行和案件本身的非典型等因素应被视为徇私枉法罪生成的重要因素。

## 四、制度性情景评价

（一）刑事政策的影响

对于刑事政策与刑法的关系，我国学者过去持消极态度，但这种观点有了明显转变。马克昌教授指出，"刑事政策的研究，是研究刑事法最基本的工作，也是终极的目标，研究刑事法而不知道刑事政策，至多只看到刑事法的形式，而没有把握到更高一层、更深一层的灵魂"。[②] 储槐植教授在1989年提出了刑事一体化的思想，他意识到刑事政策与刑法的内在关系，提出了如下观点：刑事政策对刑法具有导向与调节两大功能，导向功能主要体现在划定打击范围、确定打击重点、设定打击程度与选定打击方式之上；刑事政策的调节功能则体现在其构成刑事立法与刑事司法之间沟通的"中介"（内部调节），同时也作为刑事法律

---

① 参见童德华：《寻衅滋事罪的建构理性与司法经验》，载《暨南学报（哲学社会科学版）》2021年第7期。

② 马克昌主编：《中国刑事政策学》，武汉大学出版社1992年版，第14页。

与外部社会状况之间的调节器。①

目前，将刑法与刑事政策相融合已经成为我国较为主流的观点，归纳这些观点，可以得出一个结论：刑事政策是刑法的灵魂。例如有学者提出，"刑事政策是运用刑法武器同犯罪作斗争的策略、方针和原则，是我国刑事立法和刑法司法工作的灵魂"②；或者说，"刑事政策是刑法的灵魂与核心，刑法是刑事政策的条文化与定型化"③。还有学者认为，"刑事政策是刑法的灵魂，是刑法保持社会主义方向，实现党和国家的总路线总任务的根本保证"④。也有学者认为，刑事政策与刑法的关系，要从刑事政策与刑事立法和刑事政策与刑事司法两方面来分析。就刑事政策与刑法立法来讲，刑事政策是刑法的灵魂，刑事政策高于刑法；就刑事政策与刑事司法来讲，刑法则高于刑事政策，刑事政策只能在刑法的框架内运作。在法治社会中，政策发挥作用的空间只有两个途径：要么转化为法律，要么在法律内运作。⑤"灵魂论"与罗克辛的"贯通论"异曲同工，表明刑法学界的共识。但是还有一些学者将刑法与刑事政策对立起来，认为"灵魂论"的观点缺失法理依据，而且有可能损及刑法与罪刑法定原则的价值和尊严。⑥ 这种基于李斯特的"沟壑论"思想应当引起重视。

在我国刑事司法实践中，政策在执行过程中确实存在一些问题，如在打击电信诈骗、扫黑除恶、反腐败过程中，存在升格或者降格现象。但是，这种现象如果没有刑事政策的指导是否就不会出现呢？二者之间的因果关系并不必然。不过可以肯定的是没有刑事政策的刑法是呆板的文字、机械的记述和低化的规训。刑法只能从静态上描述国家关于犯罪

---

① 参见储槐植：《刑事政策的概念、结构和功能》，载《法学研究》1993年第3期。
② 高铭暄、王作富主编：《新中国刑法的理论与实践》，河北人民出版社1988年版，第67页。
③ 陈兴良：《刑事政策视野中的刑罚结构调整》，载《法学研究》1998年第6期。
④ 魏克家：《论刑事政策的几个问题》，载《政法论坛》1994年第2期。
⑤ 参见周洪波、单民：《论刑事政策与刑法》，载《当代法学》2005年第6期。
⑥ 参见董文蕙：《也论刑事政策与刑法的关系——对"刑事政策是刑法的灵魂"论的质疑》，载《云南大学学报（法学版）》2004年第1期。

的基本态度,至于如何操作这些规则,区别不同的行为和行为人,如何最终适应社会的要求,都必须根据由潜在的社会价值形成的基本原则和指导思想。① 犯罪人断然不会按照刑法写好的"脚本"实施犯罪,缺乏政策引导,刑法将无所适从。

中国尚在社会改革发展的攻坚期,而西方发达国家的社会结构较为定型,这种差异决定了要从中国法治的现实社会基础出发选择理论观点。我们对罪刑法定主义认识还有待深入,即便从保护权利和自由的角度看,也应纠正过去片面强调罪刑法定主义形式要求、忽视其实质要求的做法。自 20 世纪 70 年代之后,德国、日本等大陆法系国家的刑法教义学已经完成了从存在论到价值论的发展,机能主义刑法观强势凸显,这都离不开刑事政策对刑法教义学的指导。也只有运用刑事政策的理想指导,刑法才可以发挥其实质性的功能,不仅成为消极的人权保障的工具,而且成为积极地实现正义的武器。因此,我国学界的"灵魂论"与罗克辛"贯通论"对于我国刑法教义学的发展具有现实意义。②

刑法于 1997 年作重大修改,"惩办与宽大相结合的政策"在刑法条文中消失。改革开放以来,"严打"政策始终占据我国刑事领域预防犯罪的主流地位。在 1997 年刑法修订直至 2006 年宽严相济刑事政策的提出这一期间内,在官方文件或法律文本中,政策与法律的关系不是十分明朗。进入 21 世纪以后,依法治国的呼声日益高涨,我国的刑事政策也渐渐转入突出预防犯罪,坚持打防结合,坚持依法办事,坚持保障公民权利与保护社会秩序相结合的新时期,刑事政策开始出现了向预防倾斜的趋势。2006 年 3 月,时任最高人民法院院长肖扬在向十届全国人大四次会议作最高人民法院工作报告时,再次强调了宽严相济的刑事政策。马克昌教授在 2006 年刑法学年会上将宽严相济的刑事政策内容概括为"当宽则宽,该严则严;宽以济严,严以济宽;宽严有度,宽严审时"。另外,马克昌教授还提出,根据宽严相济的刑事政策,我国立法

---

① 参见童德华:《规范刑法原理》,中国人民公安大学出版社 2005 年版,第 11 页。
② 参见陈兴良:《刑法教义学与刑事政策的关系:从李斯特鸿沟到罗克辛贯通 中国语境下的展开》,载《中外法学》2013 年第 5 期。

有必要完善刑种和刑罚制度,① 对我国科学贯彻宽严相济的刑事政策起到了积极作用。"宽严相济"刑事政策既继承了我国古代先哲"宽猛相济"治国方略中的合理内核,又适应了国际社会刑罚轻缓化的发展潮流。它在法律层面上表现为必须发展以人权保障为核心,和谐地协调人权保障与法益保护之间关系的现代法治理念。②

我国政法机关根据国家在不同时期面临的政法任务,分别提出了不同的刑事政策,对于打击犯罪、保护人民群众利益起到了指导作用。2000年之后,随着治安形势和社会矛盾的变化,国家将宽严相济的政策作为基本刑事政策,其核心理念则是和谐。2005年12月,在全国政法工作会议上,时任中央政法委员会书记的罗干同志要求政法机关要更加注重运用多种手段化解矛盾纠纷,更加注重贯彻宽严相济的刑事政策,促进社会和谐稳定。关于"从宽"罗干同志特别提出,要充分重视依法从宽的一面,对轻微违法犯罪人员和失足青少年要继续坚持教育、感化、挽救方针。在对当时形势的准确判断基础之上,中共中央总结经验,于2006年10月在中国共产党的十六届六中全会通过了《中共中央关于构建社会主义和谐社会若干重大问题的决定》,将构建社会主义和谐社会置于社会全面发展的重大战略高度,表明了当时全党工作重点的调整。

在实务部门,关于和谐和宽严相济的理解,比较有代表性的观点认为,宽严相济政策的核心是区别对待,"目标是促进社会和谐稳定,关键是要做到该严则严、当宽则宽、宽严适度、效果良好"③。具体到当时的业务工作,则需要对危害国家安全犯罪、恐怖犯罪、黑社会性质组织犯罪以及严重危害社会治安、严重影响人民群众安全感的爆炸、杀人、抢劫、绑架、毒品等犯罪严厉惩罚,对于具有自首、立功等法定从

---

① 参见马克昌:《"宽严相济"刑事政策与刑罚立法的完善》,载《法商研究》2007年第1期。
② 参见卢建平:《刑事政策与刑法关系论纲》,载《法治研究》2011年第5期。
③ 张军:《切实贯彻宽严相济刑事政策 全力促进社会和谐稳定》,载《人民司法》2007年第21期。

宽情节的被告人，犯罪情节较轻的初犯、偶犯，认罪态度良好、犯罪后积极退赃、赔偿的被告人以及因民间矛盾、纠纷激化引发的案件，被害人存在过错，或者被害方谅解被告人的案件，在处理时要依法从宽。①

对此，理论界的观点也基本如此。如陈兴良教授认为，区别对待是任何政策的基础，没有区别就没有政策。刑事政策也是如此，它是建立在对犯罪严重性程度的区别基础之上的。当然，宽严的区别本身不是目的，区别的目的在于对严重性程度不同的犯罪予以严厉性程度不等的刑罚处罚。②

此外，学界针对缓刑提出了一些具体建议：其一，关于缓刑决定。不可否认，在我国刑事审判中也做了一些缓刑判决，但是当时缓刑决定的态度还不积极，数量还不够多。所以，马克昌教授认为，"宽严相济刑事政策是构建社会主义和谐社会要求的体现"。③ 他认为，为了更好地执行宽严相济的刑事政策，司法机关应当转变观念，对轻微犯罪人员、失足青少年根据条件多判一些缓刑，以利于促进社会和谐。④ 其二，主张在刑法立法上应当对相应犯罪的法定刑轻刑化；在司法层面，应立足于司法机关开始探索的暂缓起诉、刑事和解、恢复性司法等改革，更充分、更大胆地考虑非犯罪化、轻刑化、非监禁化。⑤ 储槐植教授认为，刑事和解是指在刑事诉讼中，加害人以认罪、赔偿、道歉等形式与被害人达成和解后，国家专门机关对加害人不追究刑事责任、免除处罚或者从轻处罚的一种制度。它与恢复性司法的产生理念与背景、表现形式、条件范围等都不同，符合我国民众重调解的传统，有广泛的适用空间。他主张在审判阶段要实行刑事和解制度，适度多用缓刑。只要案情中有和解因素，被害人在与被告人和解后请求从轻处罚的，人民法

---

① 参见张军：《切实贯彻宽严相济刑事政策 全力促进社会和谐稳定》，载《人民司法》2007年第21期。
② 参见陈兴良：《宽严相济刑事政策研究》，载《法学杂志》2006年第1期。
③ 马克昌：《宽严相济刑事政策刍议》，载《人民检察》2006年第19期。
④ 参见马克昌：《宽严相济刑事政策刍议》，载《人民检察》2006年第19期。
⑤ 参见黄京平：《宽严相济刑事政策的时代含义及实现方式》，载《法学杂志》2006年第4期。

院可适当从轻。一方面,能使被害人得到经济赔偿和精神抚慰;另一方面,又促使被告人积极悔罪服法,减少了社会中的对抗因素,有利于社会和谐。①

应当看到,上述意见都积极推动了和解在定罪、处罚中的影响,这种影响到现在都还有积极价值,对公安机关的处理决定也并非没有参考意义。在本文所讨论的案件中,因为所涉及的伤情并不严重,当事人根据无论是当时还是现在都较为普遍的做法,积极采取和解方式,促成乙通过赔偿使受害人获得了经济补偿和精神抚慰,对于积极解决问题、化解矛盾的意义不能被否定,这种方式与前述理论界的意见较为吻合,也符合今天认罪认罚从宽的司法制度。

(二) 司法制度

本案上游行为是否构成犯罪,在很大程度上起源于证据。如何判断有罪的人,理论和实践中有争议。观点一认为,应依据刑事诉讼法第12条进行认定,若前案行为人未经人民法院依法判决,不能将其认定为有罪的人,则后案行为人不能构成徇私枉法罪。观点二认为,有证据证明前案行为人有犯罪事实,即可认定其为有罪的人。②"'知道'是指有证据证明的明知",③ 按照学界的一般观点,"这里所谓有罪的人,不完全是指被法院判决确定有罪的人,只要当时(后案行为人枉法时)有证据能够证明其达到了法律规定的刑事案件的查处标准……"④ 无论是从严格意义上还是宽泛意义上看,证据证明都是不可少的。

但是证据收集、管理等行为在不同时空下与证据相关的司法制度有关。从全国和一些地方关于司法鉴定的管理文件看,目前对鉴定的流程性管理较为薄弱,中间存在较大漏洞。如 2005 年《全国人民代表大会

---

① 参见储槐植、赵合理:《构建和谐社会与宽严相济刑事政策之实现》,载《法学杂志》2007 年第 1 期。
② 参见邱波:《徇私枉法罪中有罪的人的认定》,载《人民司法》2022 年第 20 期。
③ 陈兴良:《教义刑法学》,中国人民大学出版社 2017 年版,第 477 页。
④ 贾宇主编:《刑法学》(下册),高等教育出版社 2019 年版,第 295-296 页。

常务委员会关于司法鉴定管理问题的决定》，就没有明确规定谁可以委托司法鉴定机构进行鉴定，也没有规定委托人所提交的材料应达到什么条件，更没有规定鉴定意见书以何种方式交给委托人。一旦委托人和办案机关不同，工作就会出现纰漏。可能出现的问题是：委托人是司法机关还是当事人？在我国，由于诉讼结构属于职权主义类型，为保障鉴定意见客观真实，提倡由公安司法机关聘请鉴定人，也就是说鉴定人必须由公安司法机关聘请或指派，① 委托人只能是公安司法机关。公安机关让送检人自行去鉴定机构做法医鉴定，造成送检人与委托人不一致。因为送检人不是委托人，从而导致第二个问题很可能出现，即委托人如何保证送检人提交的材料具有真实性、合法性和完整性？最后还有第三个问题，即鉴定意见书是鉴定机构送交送检人还是委托人自取，又或者是由鉴定机构送交委托人。此外，还应当考虑案件本身的大小，当事人基于经济原因的衡量，是否愿意做鉴定。

从当时的情况看，因为鉴定制度不完善，导致司法鉴定在当时存在较为明显的问题。其一，体制上的问题。如有学者指出，受经济利益的驱动和其他因素的影响，当时不少县、市的公、检、法系统都设置了本系统的法医门诊，工作中相互排斥、重复鉴定、各执己"鉴"。后果是规避法律、强行鉴定、违反规定、随意委托、把关不严、盲目鉴定。② 其二，鉴定结论的科学性问题。在很多鉴定意见书中，都存在结论简单、敷衍、明显回避责任，不科学严谨、缺乏务实求真的态度问题。③ 其三，送检规定有漏洞。被害人独自到就诊医院以外的医院拍片诊断的证明，也被当作送检材料使用，受委托机关对送检材料审查不严。其四，鉴定结论变数大。鉴定结论随着医院诊断证明而变化。其五，鉴定人员

---

① 参见尹敬慧：《人身伤害案中伤情鉴定意见实证审查探究——以T市H区人民检察院为例》，载《中国检察官》2016年第24期。

② 参见赵福阳：《人身伤害法医鉴定令人忧》，载《中国司法》2002年第4期。

③ 参见牛宏伟：《当前伤害案件中法医鉴定存在的若干问题》，载《中国检察官》2010年第13期。

素质问题。基层鉴定人员的责任心不强、能力水平参差不齐。①

在本案中,公安机关提交的案外证明表明,当地公安机关因办公经费有限,所以采取的普遍做法是让当事人自行到指定的鉴定机构做鉴定,先垫付费用,等拿到鉴定意见后交给公安机关或者办案民警。如此一来,就存在当事人不愿意鉴定的问题。当事人拿到鉴定意见书后也有两个问题:一是基于个人功利想法,认为有无必要费时费力去公安机关提交鉴定意见书。二是考虑到底是将意见书交给公安机关某个部门还是办案民警。这个问题说明公安机关的通行工作管理存在制度上的漏洞,由于公安机关与鉴定机构之间缺乏直接联系机制,也容易出现当事人故意不提交鉴定意见的问题。这个问题在一个地域内是一个体制性的问题,由这种问题产生的结果自然不能作为办案人员工作能力、工作态度的评价基础。

(三) 行刑交叉

从理想状态看,立法者根据理性立法构建起由不同的部门法所组成的法律体系,民事规范、行政法规范和刑法规范互相协调、彼此配合,共同实现客观法秩序维护与个人权利保障的双重功能。其中,民法问题就是民法问题,行政法问题就是行政法问题,刑法问题就是刑法问题。但是实践并非如此,当前刑法与民法、刑法与行政法之间存在交叉竞合关系。前者泛称民刑交叉问题,后者被称为行刑交叉问题。

就行刑交叉问题而言,有两点需要明确:第一,刑法与行政法不仅具有各自的目的和任务,同时在调整的对象上亦存在差异,因此在两者之间似乎形成了较为明确的界限。第二,刑法与行政法虽然是两个独立的法律部门,但事实上两者之间并非完全相互隔离、没有关联的两大独立个体。就法律规范而言,它们彼此之间相互关照,从而出现法律规范调整对象上的重叠性、法律规范内容上的呼应性、违法行为之间的相互

---

① 参见牛宏伟:《当前伤害案件中法医鉴定存在的若干问题》,载《中国检察官》2010年第13期。

交错性特征，特别是随着刑法功能的扩张，我国刑法修改过程中出现了"行政违法行为犯罪化"趋向，导致刑法与行政法规范之间的界限渐次模糊和交叠。①

在这方面，治安管理处罚法寻衅滋事和刑法寻衅滋事罪的行为方式一致，差别仅仅在于如何把握其中的情节，因为种种原因，实践中出现了寻衅滋事罪口袋化问题，该问题暴露的是将寻衅滋事行为升格为寻衅滋事罪处理的现实问题。

一方面，要注意立法本身的问题。行刑诉讼交叉案件产生的规范层面原因，在于行政法与刑法规制范围的界限不明。从行政法与刑法的各自定位来看，行政法是维护国家社会法秩序的法律规范，具有积极主动施行的特点，而刑法作为行政法等其他部门法得以贯彻实施的保障法而存在，具有被动触发的特点。从行政法与刑法的本质定位来看，二者协调配合，共同为法秩序的确立维护发挥作用。然而，与西方多数国家刑事立法与行政立法不同的是，我国刑法对犯罪行为的界定采取的是"立法定性+司法定量"的双重认定模式，不具有严重社会危害性的行政不法行为无须作为行政犯罪处理，只需给予行政处罚即可。然而，违法与犯罪的二元化法律体制使得大量危害社会的行为究竟是行政违法还是刑事犯罪界限不清，且囿于行政执法机关整体认知水平、取证程序及证明标准等主客观因素限制，可能会对行为人的行为性质产生认知上的差异，从而引发行刑诉讼交叉案件的关联。②正如一些学者所言，寻衅滋事罪的前身就是"口袋罪"，其沿袭了流氓罪的"口袋"基因。"情节严重""情节恶劣""严重混乱"等用语具有高度模糊性。寻衅滋事罪条文同时存在三个情节犯、一个结果犯，这在刑法分则中较为罕见，加剧了寻衅滋事罪沦为"口袋罪"的命运。③

---

① 参见赵宏：《行刑交叉案件的实体法问题》，载《国家检察官学院学报》2021年第4期。
② 参见田宏杰：《行刑诉讼交叉案件的裁处机制——以行政权与刑罚权的双重法律关系为视角》，载《法学评论》2020年第1期。
③ 参见陈小炜：《论寻衅滋事罪"口袋"属性的限制和消减》，载《政法论丛》2018年第3期。

另一方面，还应注意到执法者的主观原因。当前，我国司法实践中较为普遍的问题是"定罪思维"，即"入罪"思维有余，"出罪"观念缺失。① 我国司法适用的僵化造成了法官、法院对司法解释的再解释进行了过多的限制，对司法人员的自由裁量权重视不够，或者认为司法人员不应当具有自由裁量权，导致实践中一味依赖司法解释，没有充分考虑到解释规则的适用主体条件、主观条件和客观条件。司法人员并非思想、认知、追求完全一致的人，每个人、每个司法机关对同样的案件完全可能存在不同看法。在对寻衅滋事罪的认定中，特别是有疑难的案件到底定什么罪，司法机关有时会模棱两可、含糊不清，或者很难找出一个完全符合的罪名。②

有学者认为，寻衅滋事罪的司法适用应以相对明确的刑法规定为基础，但该罪适用明确化的情形较少，除非案件事实非常清楚地符合相关的刑法规定以及司法解释，并在政策导向上具有一致性，否则就会存在该罪适用是否属于口袋化的争议。③ 每个案件都不可能一致，所以强求明确的法律规定，强求案件事实与法律规定相一致，无异于缘木求鱼，不切实际。重要的还是应当尊重司法人员并赋予其自由裁量权。另外，还应当转变司法观念，对于不典型案件，完全可能得出行政违法或者刑事违法两种结论。所以，与民刑交叉案件一样，对行刑交叉案件需要转变思维。对于徇私枉法罪的评价而言，要考虑被告人的地位：其一，他是徇私枉法罪的被评价对象；其二，他是寻衅滋事罪的评价主体。从评价对象的角度看，重要的问题可能已经不局限于被告人对案件处理的合理性，而是其对同类案件是否遵循了统一标准，如果其遵循了统一标准，则其不存在徇私问题，否则就有徇私的嫌疑。

---

① 参见马党库：《从"流氓罪"到"寻衅滋事罪"：规范流变与定性的政策制约》，载《西南民族大学学报（人文社会科学版）》2020年第11期。
② 参见陈小炜：《论寻衅滋事罪"口袋"属性的限制和消减》，载《政法论丛》2018年第3期。
③ 参见刘浩：《寻衅滋事罪口袋化的司法限缩路径》，载《北京理工大学学报（社会科学版）》2022年第1期。

## 五、结语

本文通过上述因素得出结论认为,罔顾案件发生时的刑事政策、法律思维和司法制度,对该案件的被告人按照徇私枉法罪定罪处罚并非完全负责的态度。司法人员在对行为的违法性和责任进行评价的时候,不能对案件进行抽象处理,相反,必须根据教义学原理,将案件事实还原到行为时的时空状态之下,也就是根据现实司法时空结构进行主观因素和客观因素审查。当然,主观因素的审查是目前科学难以解决的问题。就客观因素来说,虽然我们无法全面掌握其全部内容,但是至少可以结合办案的实际要求,总结、提炼出一些对被告人在行为时赋予行为动机的重要因素。

判例研究

# 民刑交叉案件中表见代理行为的刑事认定

罗世龙[*]

**关键词**

表见代理　诈骗罪　职务侵占罪　盗窃罪　财产损失

**内容摘要**：对于利用表见代理取财的行为应该如何定性，在理论界和实务界存在比较大的争议。表见代理与（针对第三人的）诈骗罪能否共存的问题在司法实践中处理得较为混乱，主要存在共存说、不能共存说和不明确说。这几种观点均存在说理不足、论证不合理的问题。理论界虽然注重说理，但是对此类案件的民刑关系存在错误认识和抽象化说理的问题。应承认民法规范对财产损失认定有实质影响，第三人因同时获得了对价，不能认定有财产损失，被代理人才是被害人。在此基础上，对行为人定（传统三角诈骗说）诈骗罪较为合理，具体理由为：一是行为人实施的是欺骗取财的行为而非违背他人意志以平和手段转移财物的行为；二是第三人处理的财物在规范论上应视为被代理人的财物；三是第三人因表见代理的民法规范而获得了处分被代理人财物的权

---

[*] 作者单位：华中师范大学法学院。

限。而职务侵占罪说、盗窃罪说和新型三角诈骗罪说均存在很多不足之处,不应被采纳。

## 一、问题的提出

案例一:2013年至2015年,被告人杨某在担任湖北省武汉市某城市开发有限公司东方某园项目售楼部销售经理期间,为骗取他人财物,在明知公司并未决定对外销售东方某园项目二期商铺的情况下,对到项目部咨询的杨某莉等9人虚构了商铺即将对外销售的事实,要求被害人将订购商铺的款项汇入其个人银行账户,还利用其保管的购房合同、房屋销售专用章、副总经理印章与被害人签订房屋买卖合同,骗取共计1011万元用于赌博等活动。①

案例二:2003年初,被告人唐某某在正某公司、顺某公司担任汽车销售顾问、销售员等职务期间,为偿还因赌博所欠债务等,利用职务之便,与何某某、成某、唐某甲等多名客户先后签订购车合同,向客户出具公司收据或私自购买的收据,以个人账户收取客户款项后全部或部分不交回公司。为填补前述客户的购车款,唐某某又虚构公司有赠品活动,以公司名义与李甲等客户签订借款合同、加盖顺某公司印章、出具盖有正某公司财务专用章的收据,要求客户将款项转入公司账户,向公司谎称该款项为前述何某某等客户的购车款,以此方式多次侵占公司财物,共计1051032元。②

案例三:2008年初,龚某因赌博对外欠债,遂与丁某共谋私下出售龚父名下的房产以还赌债。经预谋,龚某先取其家中户口本向公安机关申领龚父的身份证。然后,龚某持其父身份证向房产登记部门办理产权证挂失登记,获得新的产权证。龚某持其父身份证和挂失获得的房屋产权证,并经化装后冒充其父亲,与丁某共同至

---

① 参见湖北省高级人民法院(2016)鄂刑终244号刑事裁定书。
② 参见重庆市永川区人民法院(2014)永法刑初字第00549号刑事判决书。

公证机关委托丁某出售房屋，骗得委托公证文书。后丁某持龚某交付的房屋产权证、龚父的身份证，与王某签订购房合同。同时，丁某还持龚父的身份证至建设银行开户，并以此账户收取占有了买方的购房款43万余元。①

以上案件中基本的行为模式可以概括为，行为人利用权利外观，以欺骗第三人的方式让其处分财产，行为人从第三人手中获得财产，而第三人获得合同权利或者获得被代理人的财物。此类案件属于典型的民刑交叉案件，涉及民法上的表见代理行为和刑法上造成他人（第三人或被代理人）财产损失的行为应如何定性的问题。②两种不同法律关系的出现致使理论界和实务界对如何处理上述案件产生了很大争议。对于案例一，武汉市人民检察院、武汉市中级人民法院、湖北省高级人民法院均认为杨某构成诈骗罪，③上诉人杨某及其辩护人则提出应以职务侵占罪追究刑事责任。对于案例二，重庆市永川区人民检察院认为行为人构成普通诈骗罪，④重庆市永川区人民法院则认为行为人构成职务侵占罪，⑤有学者却认为行为人构成新型三角诈骗。⑥对于案例三，法院认为龚某构成合同诈骗罪，⑦部分学者亦支持该观点，⑧还有学者认为龚某构成盗窃罪。⑨有鉴于此，本文试图在梳理当前司法裁判文书的基础上，结

---

① 参见吴加明：《合同诈骗罪与表见代理之共存及其释论——一起盗卖房屋案引发的刑民冲突及释论》，载《政治与法律》2011年第11期。
② 需要强调的是，本文的研究均在表见代理能够成立的前提下展开。
③ 参见湖北省高级人民法院（2016）鄂刑终244号刑事裁定书。
④ 参见重庆市永川区人民法院（2014）永法刑初字第00549号刑事判决书。
⑤ 参见重庆市永川区人民法院（2014）永法刑初字第00549号刑事判决书。
⑥ 参见钱叶六：《表见代理型骗财案被害人的认定与罪名辨析》，载《政治与法律》2023年第1期。
⑦ 参见吴加明：《合同诈骗罪与表见代理之共存及其释论——一起盗卖房屋案引发的刑民冲突及释论》，载《政治与法律》2011年第11期。
⑧ 参见吴加明：《合同诈骗罪与表见代理之共存及其释论——一起盗卖房屋案引发的刑民冲突及释论》，载《政治与法律》2011年第11期。
⑨ 参见杨兴培：《龚某盗卖其父房产一案之我见——兼谈不动产可以成为盗窃罪之对象》，载《政治与法律》2012年第3期。

## 二、表见代理是否影响刑事犯罪认定的实务反思与学理辨析

（一）表见代理是否影响刑事犯罪认定的司法现状及问题

笔者于2021年4月25日，将检索条件设置为"本院认为：表见代理""案件类型：刑事案件"，在北大法宝数据库检索出涉及法院对表见代理是否影响定罪论述的裁判文书共82篇，排除故意伤害、交通肇事、以危险方法危害公共安全、虚假诉讼等涉及表见代理的非财产犯罪案件，剩余表见代理是否影响定罪论述的裁判文书共39篇。其中，认为表见代理不影响行为人针对第三人成立（合同）诈骗罪的有19篇，占比48.7%；认为表见代理可以排除针对第三人构成（合同）诈骗罪的有13篇，占比33.3%；认为表见代理可以直接否定任何罪名成立的1篇，占比2.6%；意见不明确的有6篇，占比15.4%。

1. 表见代理不影响针对第三人成立（合同）诈骗罪的两种表述及问题

第一种表述为，表见代理不影响（合同）诈骗罪的认定。具体而言，有判决表述为，"即使行为人的行为构成表见代理，亦不阻却其诈骗的定性"；有判决表述为，"无论行为人的行为是否构成表见代理，涉案财物最终的权属如何，行为人本身符合诈骗罪的构成要件"；有判决表述为，"行为人是否构成表见代理，对于诈骗罪的认定没有刑法上的意义"；有判决表述为，"构成表见代理及民事责任的承担虽已被民事判决确认，但并不影响其行为构成诈骗罪"。[①]

但是，以上表述只给出了表见代理不影响（合同）诈骗罪成立的观点和结论，而没有阐述表见代理为何不影响（合同）诈骗罪成立的理由。应该说，此种情况在司法实务中具有一定的普遍性，与法治国家

---

[①] 对应的刑事裁判文书分别为：河南省通许县人民法院（2015）通刑初字第376号刑事判决书；辽宁省大连市中级人民法院（2020）辽02刑终346号刑事裁定书；青海省民和回族土族自治县人民法院（2017）青0222刑初2号刑事判决书。

要求说理充分的规定存在很大差距。这种裁判值得我们警惕和改进。

第二种表述为，行为人的行为符合（合同）诈骗罪的构成要件，对被告人和辩护人提出其行为是表见代理、不构成诈骗罪的辩护意见，法院不予采信。具体而言，细分为两类。

第一类表述是，因为行为符合诈骗罪，所以该行为不是表见代理。例如，"孙某亭诈骗案"中，法院认为："被告人孙某亭以非法占有为目的，隐瞒真相骗取金某公司的货物，且数额特别巨大，其行为构成诈骗罪。孙某亭提货后变卖的行为已不是表见代理的民事行为，其行为构成刑事上的诈骗。因此，辩护人关于孙某亭没有诈骗的主观故意，对金某公司诈骗不能成立的辩护意见，本院不予采纳。"[1]

此种表述蕴含的说理逻辑似乎是用诈骗罪否定表见代理的成立。"杨某案"中，法院就是以行为符合诈骗罪而认为其与民法活动中的表见代理具有本质的区别。[2] 但是，笔者认为这种说法明显不妥。行为是否构成表见代理，应该依据民法中表见代理的构成要件来认定，而不是根据其是否为犯罪行为来认定。更为重要的是，法院对于第三人是否成立（合同）诈骗罪的问题并没有进行充分的交代，比如没有对刑事法上的受害人为什么不能是被代理人的问题进行讨论。这在本质上是因为实务界没有彻底弄清楚表见代理与刑事犯罪认定二者之间的关系，或者说没有探究清楚二者有关系或者没关系的具体理由。

第二类表述是，因为行为符合诈骗罪，且行为人客观上不符合（职务）侵占罪的构成要件，所以对表见代理意见不予采纳。例如，"曾某准诈骗案"中，法院认为："只要被告人主观上有非法占有他人财产的故意，客观上实施了诈骗的行为，而不是利用职务上的便利条件侵占其经营、保管的单位财产，就应当以诈骗罪追究刑事责任。"[3]

---

[1] 参见山东省临沂经济技术开发区人民法院（2018）鲁1392刑初44号刑事判决书。
[2] 参见湖北省高级人民法院（2016）鄂刑终244号刑事裁定书。
[3] 广东省深圳市龙华区人民法院（2018）粤0309刑初1164号刑事判决书。样本中类似的案例还有"胡某隆合同诈骗、诈骗"案，参见云南省怒江傈僳族自治州中级人民法院（2016）云33刑终4号刑事判决书。

这类表述跟第一种表述的内在逻辑基本一致，即因为行为符合某种犯罪，所以即使成立表见代理也不影响犯罪的成立。虽然这种表述在认为行为符合（合同）诈骗罪的基础上进一步阐述了行为不符合职务侵占罪，但是仍然没有阐述表见代理为何不能影响（合同）诈骗罪的成立。这也反映了司法人员在认定行为人构成针对第三人的（合同）诈骗罪时，存在没有讨论表见代理是否影响被害人认定的问题。

2. 表见代理可以排除针对第三人构成（合同）诈骗罪的两种表述及问题

第一种表述为，构成表见代理，行为人利用职务上的便利侵占或者挪用的是本应该交给被代理人的财物，受害人是被代理人而非被骗人，构成职务侵占罪或者挪用资金罪。例如，"易某诈骗案"中，法院认为："被告人易某是利用外贸主管的职务便利，将本应该入公司账或者属于公司的款项非法据为己有，其行为更符合职务侵占罪的构成，依法应以职务侵占罪定罪处罚。"① "陈某挪用资金案"中，法院认为："被告人陈某身为物业公司物业管理人员，利用职务上的便利，以物业公司名义在小区发布报装燃气管道的信息，并在收取业主报装费后出具盖有物业公司印章的收款单，该行为已构成民事上的表见代理，即被告人陈某系代表物业公司收取业主的报装费，其将收取的报装费挪用归个人使用，数额达人民币 72000 元，数额较大不退还，其行为构成挪用资金罪。"②

这种表述可能存在两个方面的问题：一是对第三人交付的财物究竟是第三人自己的还是被代理人的这一问题说理不够，即法官只给出了财物为被代理人所有的结论，而没有阐明其理由；二是即使财物是被代理人的，行为人是否可以构成职务侵占罪或者挪用资金罪也值得讨论，如下文所述，有观点认为行为人构成传统的三角诈骗或者新型三角诈骗，不构成职务侵占罪或者挪用资金罪。裁判文书对此没有作出回应。

---

① 广东省东莞市第二人民法院（2019）粤 1972 刑初 1136 号刑事判决书。
② 广西壮族自治区柳州市鱼峰区人民法院（2013）鱼刑初字第 304 号刑事判决书。

第二种表述为,表见代理直接阻却（合同）诈骗罪的成立。例如,"伍某顺诈骗案"中,法院认为:"伍某顺的行为符合民法意义的表见代理,而不符合诈骗罪的犯罪构成要件。一审判决对此定性错误,应予撤销。"①

这种表述一方面完全回避了争议焦点,没有就行为人为什么不符合（合同）诈骗罪这一关键问题进行说理;另一方面没有对行为人的定性作出进一步的交代,即行为人究竟是无罪还是构成职务侵占罪抑或挪用资金罪不得而知。

3. 表见代理可以直接阻却犯罪成立的说理逻辑及问题

法院认为,表见代理可以直接阻却犯罪成立的原因在于,表见代理可以通过民事途径救济,因而不构成犯罪。例如,"邱某侵占罪案"中,法院认为:"本案中,根据业已生效的深圳市中级人民法院（2013）深中法民终字第2075、2076号民事判决认定,自诉人邱某委托被告人徐某催收深圳市鱼某贸易有限公司等债务人欠款,自诉人邱某与被告人徐某之间存在表见代理关系。双方之间因涉案表见代理关系发生争议,属于民事法律关系范畴,可通过民事诉讼途径解决。自诉人邱某指控被告人徐某犯侵占罪,依据不足,本案不符合侵占罪的犯罪构成要件。"②

此种观点似乎没有厘清民刑关系,没有正确认识法秩序统一原理。一般认为,民法上的合法行为,刑法不能认定为犯罪,否则违背了法秩序统一原理。但是,如果行为并非合法行为,那么即使通过民事途径解决,也不能排除行为人需要承担刑事责任的可能性。更重要的是,表见代理行为系合法还是违法,以及合法与违法的认定是否需要针对具体的

---

① 湖南省衡阳市中级人民法院（2020）湘04刑终100号刑事判决书。
② 山西省太原市迎泽区人民法院（2018）晋0106刑初650号刑事裁定书。样本中类似案例参见"林某侵占案",法院认为:"楚雄州中级人民法院（2015）楚中民终字第386号民事判决书已确认林某为表见代理,由此造成被代理人新某立公司的损失,新某立公司可向表见代理人林某要求民事赔偿。综上所述,自诉人的上诉理由不能成立,原审被告人及其代理人的辩护意见成立。……被告人林某的行为不构成侵占罪。"参见云南省楚雄彝族自治州中级人民法院（2017）云23刑终60号刑事裁定书。

行为人也都需要讨论。例如，有观点认为表见代理对于第三人而言，不存在违法之说，但是对于被代理人而言是违法的。①

4. 表见代理是否影响犯罪成立论述不够明确的三种情形及问题

第一种不够明确的情形是，法院只提出了应通过民事程序先解决表见代理的行为。但是，如果民事程序确定能够成立表见代理，那么是否还构成犯罪，以及构成何种犯罪并不清楚。例如，在"武某侵占罪案"中，法院认为："……基于《民法总则》的上述规定，在杨某的代理行为是否对装饰公司发生效力、装饰公司是否对杨某的行为承担民事责任等问题尚未经民事审判确定之前，本院并不能确定自诉人的财产权受到了杨某的不法侵害，申言之，自诉人指控杨某犯侵占罪，罪证尚不充分。基于刑法的谦抑性特征，自诉人财产权益的实现或者保护，应当首先适用民事法律规范寻求救济。"②

笔者认为，法院要求首先通过民事法官审查是否构成表见代理的做法并无问题，但是如果认为基于刑法的谦抑性特征，被害人只能通过民事途径寻求救济，则同样存在不能充分保护被害人的问题。因为如果认为表见代理行为不是合法行为，则完全可能构成刑事犯罪。

第二种不够明确的情形是，法院只提出了该情形不符合表见代理的成立要件，而对于表见代理究竟是否影响犯罪成立则不得而知。例如，"张某钰职务侵占、合同诈骗案"中，法院认为："全案证据证明张某钰无履约能力，采取虚构事实、隐瞒真相的手段，骗取他人房款、预订款致不能归还，符合合同诈骗罪的构成要件，构成合同诈骗罪；某房地产开发公司与张某钰约定张某钰不得收取房款及预订款，本案不具备表见代理的成立要件，不成立表见代理。"③ 在"何某诈骗案"中，法院

---

① 参见敖博：《涉表见代理刑事案件的法律认定》，载《刑法论丛》，法律出版社2021年版，第276页。
② 山西省太原市迎泽区人民法院（2018）晋0106刑初650号刑事裁定书。类似的还有云南省楚雄彝族自治州中级人民法院（2017）云23刑终60号刑事裁定书。
③ 贵州省遵义市中级人民法院（2015）遵市法刑三终字第48号刑事裁定书。

以车库并没有办理完成不动产权属变更登记手续为由否定了取得的成立。①

如果刑事法官对于不成立表见代理的认定是正确的，则并无争议。但是，是否应该由刑事法官直接审查表见代理的成立值得讨论，例如，表见代理本身就是无权代理，上述案件中，刑事法官以被代理人与代理人之间约定不得收取房款及其预付款为由否定表见代理的成立可能并不合适。

第三种不够明确的情形是，法院认为相对人不行使表见代理产生的民事请求权，就不产生表见代理效果，即不能确定涉案货款是否归属于被代理人，因而不采纳不构成诈骗的辩护意见。但是，如果相对人主张表见代理，那么法院究竟是否还将其认定为诈骗，不得而知。例如，在"苏某红诈骗、职务侵占案"中，法院认为："……被告人的辩护人辩称被告人与被害人有长期业务关系，其行为构成表见代理，其取得的货款应由公司承担责任，其占有的资金是公司的资金，不构成诈骗。……民事权利的行使取决于当事人的意思自治，如果被害人没有向武汉市某饮料有限公司主张被告人的行为构成表见代理，便不会产生武汉市某饮料有限公司是否应当对涉案货款承担违约赔偿责任的法律争议，因此亦不能确定涉案货款是否归属于该公司。因此辩护人的该两项辩护意见与事实不符，本院不予支持。"② 在"崔某诈骗罪"中，法院以在相对人不主张表见代理的情况下，被代理人或者无权代理人不得主张表见代理为由，否定表见代理的辩护意见，进而认定构成诈骗罪。③

这种表述存在两方面的问题：一方面，第三人不行使表见代理民事请求权就直接认定行为人构成针对第三人的诈骗罪，这种做法存在问题。因为究竟谁是被害人不是由第三人是否行使民事请求权决定的，而是应该通过对法律关系的规范分析来确定，即不行使权利就直接作出罪

---

① 参见河南省禹州市人民法院（2017）豫1081刑初653号刑事判决书。
② 湖北省随州市曾都区人民法院（2019）鄂1303刑初461号刑事判决书。
③ 参见山西省大同市中级人民法院（2019）晋02刑终126号刑事裁定书。

名成立的判定并不妥当。如果表见代理影响诈骗罪的成立，那么刑事法官应该对此作出判断或者交由民事法官先行认定。另一方面，如果第三人行使了民事请求权，且被认定成立表见代理，那么行为人是否就不构成针对第三人的诈骗罪或者说应该如何定罪，仍有待明确。

（二）表见代理是否影响刑事犯罪认定的理论学说及评析

1. 表见代理不影响针对第三人成立（合同）诈骗罪的主要理由及反思

（1）代理行为有效，并不意味代理行为合法，并且认为刑法上的事实判断不应该掺入民法的价值判断，由此肯定了对第三人成立（合同）诈骗罪。① 具体而言，该论者认为，表见代理肯定的是行为的有效性，是对诈骗完成后合同效力的确认，并不肯定该行为的合法性。加之，表见代理是民法层面的价值判断，而对于是否构成诈骗罪应立足于行为时作事实判断，刑法上的事实判断不应加入民法上已然结束的价值判断，即行为人利用表见代理欺骗第三人，只要被害人因交付而丧失了对财物的控制，就意味着被害人法益受到了侵犯，行为人构成诈骗罪的既遂；不能在诈骗既遂之后，再以该资金应属于被代理人为由来认定行为构成职务侵占罪。②

该论者通过认定代理行为不合法和主张刑法上事实判断不应该掺入民法的价值判断这两个理由肯定了对第三人成立（合同）诈骗罪。但实际上关键的理由还在于后者。因为代理行为不合法，也可能构成的是针对被代理人的犯罪。例如，有学者认为构成职务侵占或者传统的三角诈骗罪。那么该论者提出的表见代理是民法层面的价值判断，而刑法上的事实判断（对于是否构成诈骗罪应立足于行为时作事实判断）不应加入民法上已然结束的价值判断这一观点是否正确呢？

---

① 需要注意的是，仅依据代理行为违法不能得出针对第三人成立（合同）诈骗罪。例如，钱叶六教授也认为代理行为违法，但是其得出的是针对被代理人成立新型三角诈骗罪。参见钱叶六：《表见代理型骗财案被害人的认定与罪名辨析》，载《政治与法律》2023年第1期。

② 参见游成婧：《表见代理与诈骗罪的民刑并行分析》，载《法学杂志》2019年第5期。

笔者认为以上说法值得商榷。首先,认为表见代理是民法层面的价值判断而是否构成诈骗罪是事实判断这一区分本身就不正确。是否构成表见代理和诈骗罪,都是根据法律事实和相应的构成要件进行涵摄得出结论。在构成要件符合性的判断上二者没有本质的不同,在某些规范要素的理解上,可能都会涉及价值判断,也可能因为"核心含义清晰明了的规范可明确适用于某个案件事实时,司法审判就不再需要价值判断了……"① 其次,所谓构成诈骗罪应立足于行为时作事实判断并不能排除需要对第三人是否获得了对价的客观事实进行考虑。因为考虑第三人是否获得了对价,本身就是在考虑行为时的主客观要素。第三人是否获得了对价并不是事后通过另外的民事法律关系进行确认的,而是在完成表见代理这一法律行为时就同时产生的效果,这与事后补偿或者赔偿不同。最后,正如有学者所言,该论者的核心观点可能在于民法的判断结论不宜进入刑法。但是对于第三人是否遭受财产损失,是否获得了对价,是必须要审查的客观事实。无论是民法调整的也好,还是行政法调整的也好,只要其是法秩序认可的事实和结论,刑法就不应该对其视而不见。既然表见代理案件中的客观事实是,第三人支付了货款,同时第三人获得了法律上认可的对价,那么在认定刑事犯罪时,就不应该只割裂地看待支付货款的行为。

(2)刑法关注的是在损害发生阶段表见行为造成的直接财产损失,至于之后民法对于财产损失采取的二次分配则不属于刑法评价的范畴,故刑事被害人系直接被害人的第三人。虽然在事实层面,第三人在给付财物的同时获得对价,损害发生与损害分配具有同时性,但是在规范层面,损害的发生与损害分配具有明显的先后次序。先有损害发生,后有损害分配,第三人经历了"失而复得",因为刑法保护的片断性所以只会对"损害发生"进行调整,但是民法作为"社会生活的百科全书"会参与全过程,损害发生与分配阶段都会受到民法的调整。刑法关注欺

---

① [美]博登海默:《法理学:法律哲学与法律方法》,邓正来译,中国政法大学出版社1999年版,第502页。

诈行为造成的直接损失，评价只截至损害发生阶段，而民法则更加注重对第三人的信赖保护，评价阶段覆盖从损害发生到损害分配的全过程。①

该论者的说理值得商榷。首先，即使只关注所谓的损害发生阶段（第三人受骗交付了财物），也要看第三人是否必然地遭受了财产损失或者说同时获得了对价。如上文所述，考虑第三人是否同时获得了对价本身就是损害发生阶段的事项。其次，"因为刑法保护的片断性，刑法只能关注损害发生阶段，民法参与全过程"这一说法经不住考证。该论者仅给出了这样的一个结论，没有给出理由。事实上，这个结论并不合理。因为刑法和民法都需要关注和考察各自构成要件所指涉的要素。就刑法而言，此案中必然要关注第三人是否遭受了财产损失，而财产损失就不能只片面地看第三人处分了什么，还应该看第三人同时在法律上获得了什么。否则刑法的关注就是片面的，这恰恰会导致错误的结论。最后，在规范层面，损害发生和损害分配根本不具有先后性，而是具有同时性。因为行为实施完毕和代理效果是同时出现的。如果非要认为有先后，那也只可能是事实层面的先后，在法律规范层面并无差别，如上文所述，这与造成他人财物损害后，事后补偿或者赔偿他人的法律关系具有本质的不同。

（3）第三人在交付财物的同时并没有从表见代理人处获得对价，因此遭受了财产损失。德国的司法裁判认为，虽然依照权利外观责任能使第三人"得其所欲"获得系争权利，但这种权利具有"道德瑕疵"或具有使第三人陷入民事诉讼的"具体危险"，因而肯定第三人存在财产损害，进而认定行为人构成对第三人的诈骗犯罪。②

本文认为，第三人并不会处于财产损失的具体危险中，因为我国民事法律规范明确了表见代理的效果，第三人并不会败诉，而是可以毫无悬念地获得胜诉。当然以上观点还可能指向的问题是，第三人交易目的

---

① 参见陈少青：《权利外观与诈骗罪认定》，载《法学家》2020年第2期。
② 参见王钢：《德国判例刑法（分则）》，北京大学出版社2016年版，第211页。

的实现（获得对价）是否一定要表现为财物的现实取得？笔者认为，我国刑法可以完全认可权利性财物。唯此才能符合现代交易制度和财产权的发展趋势。① 事实上，后期的德国判例均认为，如果被害人通过财产处分获得了相应的民事权利，也应视为得到了补偿，不存在财产损失。② 因此，第三人交易目的的实现完全可能是获得民事权利。但是，该民事权利不包括因受欺诈处分财产而获得的撤销权、损害赔偿请求权等，因为这些权利属于事后救济责任所产生的填补效果，不能据此否定被骗者已经遭受损失的事实。③

需要说明的是，理论界有关表见代理不影响针对第三人成立（合同）诈骗罪的理由并不限于以上三种。诸如很多论者从刑法与民法的价值取向、调整方法、责任承担方式的不同来论证表见代理不应该被纳入刑法评价范围。但是，这种抽象的论述无法真正解决本文的关键问题。不可否认，民刑有很多方面的不同，但这并不意味着刑法就不能考虑民法的调整结果，犹如行政犯的认定也是需要考虑行政法规的规定。实际上，本文讨论表见代理实质在于探讨被害人是谁的问题。

2. 表见代理影响针对第三人成立（合同）诈骗罪的理由及部分肯定

（1）不法行为是作为行为后果的制裁所针对的那个人的行为，只有当行为人的行为不为法律所完全认可时（如权利冲突、欺诈等情形），国家动用司法权对权利义务关系进行二次调整并科以某种义务负担（如恢复原状、返还财产等）才具有充分的正当性。从此意义上讲，由于表见代理行为有效，代理人对相对人不负任何消极法律责任，因而不可能对相对人成立不法，即不可能针对第三人成立（合同）诈骗罪。④

---

① 参见杨志琼：《权利外观责任与诈骗犯罪——对二维码案、租车骗保案、冒领存款案的刑民解读》，载《政法论坛》2017年第6期。

② 参见王钢：《德国判例刑法学（分则）》，北京大学出版社2016年版，第219页。

③ 参见王钢：《德国判例刑法学（分则）》，北京大学出版社2016年版，第219页。

④ 参见敖博：《涉表见代理刑事案件的法律认定》，载《刑法论丛》，法律出版社2021年版，第276页。

该论者不是从第三人是否有财产损失的角度出发，而是直接肯定了代理行为对第三人合法有效，从而否认了针对第三人成立诈骗罪。该论者认为不法应该是针对具体的对象，由于行为对第三人没有任何消极的法律后果，因此不能针对第三人成立任何犯罪。应该说，这种思考路径具有一定的新颖性。不过，笔者认为这种观点可能还是没有全面评价行为人对代理人实施了欺骗行为的事实。法律只是认可这种欺骗在法律上不会造成第三人的损失，而不能就此说这种行为是合法的，即代理行为有效，并不意味着代理行为合法。

（2）如果表见代理成立，对于善意相对人而言，相当于进行了一次正常的合同交易，其属于合法有效的合同相对人；如果此时主张代理人构成诈骗犯罪，则代理人所实施的合同行为就属于犯罪行为，根据我国民法典的规定，违反法律法规的合同无效，这就意味着该合同不能成立，这显然与前面承认表见代理所产生的法律效果相矛盾。一个人不可能既是有效合同的相对人又是合同诈骗罪的被害人。①

这种说理是否正确值得探讨。因为对第三人的欺骗行为在民法上只是认可了代理行为（合同）有效，并不意味着代理行为合法。进言之，交易行为构成犯罪并不当然意味着合同无效。② 在整个事件中，刑法将行为人认定为犯罪和民法将合同认定有效二者并不矛盾。实际上司法文件也有类似的规定。例如，2009 年最高人民法院发布的《关于当前形势下审理民商事合同纠纷案件若干问题的指导意见》第 16 条规定，只有在交易行为本身因违反效力性强制性规定被绝对禁止的情形下合同当然无效，在其他违反强制性规定的情形下合同并不当然无效。

（3）善意相对人虽受代理人欺诈，但仍能根据表见代理制度"得其所欲"获得相应的民事权利，根据诈骗犯罪"整体财产说"，难言其

---

① 参见郭立峰：《表见代理与合同诈骗罪》，载《中国刑事法杂志》2004 年第 5 期。
② 参见王腾、蔡道通：《诈骗罪应拒斥"外观主义"——基于个别财产说与整体财产说的双重检验》，载《江苏社会科学》2021 年第 2 期。

有财产损失,因而代理人不构成对善意相对人的诈骗犯罪。①

笔者赞成这一观点。根据"整体财产说",在诈骗罪财产损害的判断上,仅有被害人的交付行为还不够,必须考察被害人在交易前后金钱价值整体上是否减少、经济上是否有损害。我国多数学者也支持"整体财产说"的基本框架。当然,需要注意的是,我们应该实质地判断是否获得了对价。例如,当被害人获得的民事权利具有败诉风险时,不能认为获得了对价。当被害人未能实现可以客观化的、蕴藏在具体财产处分行为中与"经济价值"相关的目的时(比如因欺骗购买的物品无法根据原初目的加以使用且无法转售的),也不能认为获得了对价,应认定存在财产损失;如果可以将该物品转卖给他人,在认定被害人财产损失时要扣除转卖所能获得的价值。②此外,在判断是否获得了对价时,应注意获得时间是否具有规范上的同时性,如前文所述,事后的补偿、赔偿不能视为获得了对价。表见代理案件中,第三人在处分财物的同时,至少在法律上获得了针对被代理人的债权,或消除了自己对被代理人的债务,因而不具有财产损失。如果获得了物理性财物,则更不能说具有财产损失。

(三) 小结

民刑交叉案件中,需要重点阐明民法和刑法之间的关系及其理由,应避免结论式的说理。同时,应该避免抽象化地论述民刑关系,二者虽有很多不同之处,但是并不意味刑事犯罪的认定无须考虑民法的规范结论。财产损失的实质认定需要借助民法上的清偿制度。③ 表见代理案件中需要探讨的本质问题在于第三人是否存在刑法上的财产损失。如上所述,表见代理制度使得第三人在处分财产时同时获得了对价,因此不能认定为有财产损失。至于确定第三人不能成为被害人之后,行为人究竟

---

① 参见杨志琼:《权利外观责任与诈骗犯罪——对二维码案、租车骗保案、冒领存款案的刑民解读》,载《政法论坛》2017年第6期。
② 参见王钢:《德国判例刑法(分则)》,北京大学出版社2016年版,第224-225页。
③ 参见高磊:《论清偿效果之于三角诈骗的认定》,载《政治与法律》2018年第5期。

成立什么罪，则是本文接下来要进一步研究的问题。

## 三、表见代理行为的刑法定性：传统三角诈骗说的提倡

如上所述，表见代理案件中，应将被代理人认定为被害人。由此，否认了针对第三人成立（合同）诈骗罪。而针对被代理人的犯罪，在理论上则存在着成立职务侵占罪、盗窃罪、新型三角诈骗罪、传统三角诈骗罪的几种情形。本文认为认定为传统三角诈骗罪比较合理。

### （一）职务侵占罪说的问题

理论界和实务界认为，表见代理案件中行为人构成职务侵占罪的观点主要有以下三点理由：一是行为人通过第三人所取得的财产权利，其实应属于被代理人所有，即行为人占有的是被代理人的财物。[①] 二是职务侵占罪不需要以合法占有财物为前提，包括利用职务之便窃取、骗取本单位财物的行为。[②] 三是表见代理的情形中行为人取得财物的占有是基于职务而实现。[③]

第一点理由实际上将被代理人作为被害人，如上文所述，笔者表示赞同。第一点理由还认为行为人占有的是被代理的人财物，对此问题下文将进行交代。对于第二点理由所涉及的问题，理论界一直存在争议，还尚未形成定论。传统通说和司法实务往往也承认职务侵占罪不需要以合法占有财物为前提，利用职务之便窃取、骗取本单位财物的行为也能构成职务侵占罪。而诸如张明楷教授等学者则从文理解释、罪与罪的均

---

[①] 参见杨志琼：《权利外观责任与诈骗犯罪——对二维码案、租车骗保案、冒领存款案的刑民解读》，载《政法论坛》2017年第6期。

[②] 参见敖博、于慧雯：《围绕职务侵占罪的"争议"与辨析——刑民融合视野下的职务侵占与盗窃研讨会述要》，载《检察日报》2019年6月12日。

[③] 参见洪明：《成立表见代理情形下代理人行为的刑法定性》，载《河北工业大学学报（社会科学版）》2021年第1期；敖博：《涉表见代理刑事案件的法律认定》，载《刑法论丛》，法律出版社2021年版，第280-281页。

衡、体系解释等角度认为职务侵占罪只能包括狭义的侵占行为。① 笔者支持张明楷教授的观点和理由。当然，笔者认为表见代理案件中不能构成职务侵占罪的关键理由不在于此，而在于行为人据为己有的财物不是利用职务之便而占有的本单位的财物。表见代理的情形下，行为人不能私自收取财物，也就不存在利用职务之便占有财物的可能。例如，行为人的销售权和收取货款权属于两种完全不同的职权。正如有学者指出："在表见代理的场合，不论是代理人未得到代理的授权、超越代理权或者代理权已经终止后实施代理行为这三种情形的哪一种，都应当认为，表见代理人并不具有主管、管理、经营、经手单位财产的职权。"②

（二）盗窃罪说的不足

对于案例三，有学者指出："龚某实际上是以秘密的、不为其父亲知晓的方法，非法地在占有其父亲的房产基础上又转移了其父亲的房产，并将所获钱款挥霍一空，对此理应构成盗窃罪。"③这一观点值得商榷。因为龚某通过重新申领获得的新的房产证并不意味着其占有了龚父的房屋。既然没有占有该房屋，何来盗窃之说？而且该观点还面临着不动产能否成为盗窃对象的理论难题。此外，需要注意的是，行为人获得的房款是以被代理人的名义欺骗购房人而获得，并非盗窃他人房屋后以自己名义变卖获得。因此，行为人的行为与盗窃罪无关。

对于司机受领债务人货款的案件，有学者指出，司机通过表见代理，受领债务人的给付，自己实现债权，成为债权的准占有人，同时导致公司的债权消灭，构成盗窃（债权）罪。④ 该观点同样存在问题。一方面，司机明明领取的是货款本身，而非公司对债务人的债权，即先欺

---

① 参见张明楷：《刑法学》，法律出版社2021年版，第1337-1338页。
② 钱叶六：《表见代理型骗财案被害人的认定与罪名辨析》，载《政治与法律》2023年第1期。
③ 杨兴培：《龚某盗卖其父房产一案之我见——兼谈不动产可以成为盗窃罪之对象》，载《政治与法律》2012年第3期。
④ 参见柏浪涛：《民事代理在刑法适用中的意义》，载《华东政法大学学报》2021年第6期。

骗取得货款，后才产生债权消灭之效果，因而其不可能属于盗窃债权的一种类型；另一方面，其获取的货款是通过欺骗的方式获得，而非通过违背他人的意思使用平和的手段转移所得，因而其行为不是盗窃。①

(三) 新型三角诈骗说的缺陷

有学者认为，表见代理案件构成新型三角诈骗，即具有处分权限的受骗人基于认识错误处分自己的财产，却导致被害人（被代理人）遭受财产损失。② 笔者一直反对新型三角诈骗说这一理论。原因很简单：既然受骗人处分的是自己的财产，为何受损失的是别人？可以说，这是常人非常难以理解的说法。"从物本逻辑上讲，使他人受到财产损失的原因只能是处分人处分了他人的财产。"③ 有支持新型三角诈骗说的学者认为："民事法中的表见代理制度是导致'一个人处分了自己的财产，却使得他人遭受了财产损失'的实定法依据。"④在笔者看来，这种说法值得商榷。

其一，民事法中的表见代理制度只是告诉我们行为人的代理行为之后果应该归属于被代理人，而没有告诉我们刑法上应该如何认定第三人处分之财产的所有权问题。以上说法只是该学者自己的总结。

其二，认为第三人处分的是自己占有的财物这种说法可能只是纯粹本体论、事实论的描述，而非刑法上的规范判断。实际上，交易达成后，第三人已经获得了对价，其处分的财产在规范论上也应视为被代理人的财产了。正因如此，有论者指出，在清偿效力发生之时，第三人交付于本案的行为人的财产在法律性质上可以理解为是被代理人的财

---

① 参见钱叶六：《表见代理型骗财案被害人的认定与罪名辨析》，载《政治与法律》2023 年第 1 期。
② 参见钱叶六：《表见代理型骗财案被害人的认定与罪名辨析》，载《政治与法律》2023 年第 1 期。
③ 高磊：《论清偿效果之于三角诈骗的认定》，载《政治与法律》2018 年第 5 期。
④ 钱叶六：《表见代理型骗财案被害人的认定与罪名辨析》，载《政治与法律》2023 年第 1 期。

产。① 赞成职务侵占罪的论者也认为行为人占有的财物是被代理人的财物。支持新型三角诈骗罪的学者一方面认为第三人获得了对价，另一方面又将第三人处分的财物在刑法上还认定为第三人所有，这种做法要么会导致第三人在法律上实际获得了双倍财物的不当结论，要么会出现"处分自己的财产，损失的是别人"这种诡异的说法。当然，究竟能否将第三人处分的财物在规范上理解为被代理人占有和所有，关键在于是否承认社会通常观念上、规范上的占有。需要注意的是，笔者承认这种规范的占有，也是以表见代理这种客观事实和相应的民事法律关系为基础的。如果所谓规范占有必须以事实上具有实际的支配力为前提，那么提出规范占有的概念便没有意义。换言之，规范占有以一定事实和客观资料为基础，但不是以事实上的支配为基础的。

（四）传统三角诈骗说的论证

笔者认为，表见代理案件构成传统三角诈骗罪的理由在于以下三点。

其一，行为人获得财物采用的是期骗第三人的方式，而非违背他人意思以和平手段转移财物的方式。将此种行为方式评价为骗取型的犯罪更符合案件的基本事实和国民的基本认知。

其二，受害人是被代理人，且行为人处分的财物是被代理人的财物。本文第二部分详细讨论了为什么受害人是被代理人，在此不再赘述。至于行为人处分的财物是被代理人财物的问题，笔者在讨论新型三角诈骗的时候也已经进行说明。实际上，得出受害人是被代理人，且行为人处分的财物是被代理人的财物这两个结论均运用了规范论的视角：第三人在规范论上相当于同时获得了对价，不存在财产损失，也正因为如此，在交易达成后，第三人处分的财物，在规范论上可以视为被代理人的财物。法学是以本体论为基础进行的规范价值判断，而不是简单对事实的描述。应该注意区分本体论与规范论，避免二者的混淆适用。

---

① 参见高磊：《论清偿效果之于三角诈骗的认定》，载《政治与法律》2018年第5期。

其三，行为人具有处分的权限，处分财物的行为属于诈骗罪的处分行为。有学者在代领货款的表见代理案件中指出，第三人履行债务的行为不属于处分债权，将履行义务的行为解释为行使权利的行为，无疑属于对诈骗罪中处分行为的类推解释。① 一般理论上判断被骗人是否具有处分地位的标准有同一阵营说、效果说和权限说等。笔者认为，第三人将被代理人的财物（前文已经论述为什么属于被代理人的财物）进行处分是基于民法认可的权利外观，即这种处分权限至少可以视为源于民法的规定。我国有论者基于效果说和权限说认可了被骗人处分被代理人财物的地位。② 实际上，德国的司法判例和很多学者对于这种情形都基于同一阵营（邻近关系）说肯定了被骗人具有处分权限。③ 处分行为与履行债务二者并不是互质关系，在被骗人具有处分权限的前提下，这种认定不存在类推解释的问题。以上认为被骗人不具有处分权限的观点就在于其没有从规范上将被骗人处分的财物视为被代理人占有的财物。

---

① 参见柏浪涛：《民事代理在刑法适用中的意义》，载《华东政法大学学报》2021年第6期。
② 参见高磊：《论清偿效果之于三角诈骗的认定》，载《政治与法律》2018年第5期。
③ 参见王钢：《德国判例刑法（分则）》，北京大学出版社2016年版，第211页。

# 竞争法益视野下串通投标罪的罪量要素认定

李冠煜*

**关键词**

串通投标罪　情节严重　损害国家、集体、公民的合法利益　竞争法益

**内容摘要**：实证研究表明，串通投标罪"情节严重"的司法适用存在定罪标准过于单一、要素组合随意和说理不够充分的弊端，而该罪"损害国家、集体、公民的合法利益"的司法适用存在内涵不清、方式多元、几乎被虚置的问题。在竞争法益的视野下，对串通投标罪侵犯法益的审查必须注入竞争性元素，提高保护客体的明确性程度，使之与罪量要素等构成要件产生实质关联。竞争法益是一种集合法益，其根本价值是竞争自由，直接价值是竞争公平，以竞争者、消费者利益为核心利益。串通投标罪针对的合法招标人、投标人、其他市场参与者和消费者均代表了经济人格体的群体形象，对特定少数人格体经济利益的损害是评价不特定多数人格体将来丧失竞争资格、失去交易机会、减少竞争优

---

\* 作者单位：中南财经政法大学法学院。本文系 2023 年国家社科基金后期资助项目"集合法益的解释论实践研究"（项目批准号：23FFXB017）的阶段性成果。

势的指标之一。在解释论上,该罪"情节严重"属于客观构成要件要素,包括危害结果、非法手段、行为次数、业务领域等诸多情节;其"损害国家、集体、公民的合法利益"暗含不成文的严重情节,但不宜和前款情节适用同样的定罪标准。

## 一、串通投标罪罪量要素的司法适用现状及其缺憾

为进一步规范招投标行为,切实保护公平竞争的市场秩序以及国家利益、社会公共利益、招投标活动当事人的合法权益,刑法第223条规定了串通投标罪。自串通投标行为入刑以来,理论界和实务界的研究重心集中于该罪的前置法要素[1]、行为不法性[2]、主体要件[3]的认定以及司法适用疑难问题的解决方面[4]。尽管也有个别论者注意到了罪量要素的适用争议,[5]但仍限于对当前刑事法律规范的重复描述,缺乏深入的教义学反思,不利于合理确定处罚范围。实际上,"情节严重"和"损害国家、集体、公民的合法利益"不仅能够决定该罪是否成立,而且可以成为有关反竞争犯罪的区别标识,换言之,它是发挥构成要件之犯罪类型化机能的关键因子。

司法机关同样相当关注该罪罪量要素的解释工作。早在2010年5月7日,最高人民检察院、公安部就发布了《关于公安机关管辖的刑事

---

[1] 参见刘艳红:《法定犯不成文构成要件要素之实践展开——以串通投标罪"违反招投标法"为例的分析》,载《清华法学》2019年第3期。
[2] 参见顾彧:《串通投标行为构罪之实质性认定》,载《焦作大学学报》2021年第3期。
[3] 参见钱斌、马作彪:《串通投标罪之主体认定》,载《人民司法(案例)》2014年第10期。
[4] 参见周光权:《串通投标罪的关键问题》,载《法学》2024年第3期。
[5] 参见孙逊、白如银:《串通投标情节严重的构成串通投标罪》,载《中国招标》2016年第46期。

案件立案追诉标准的规定（二）》（以下简称《旧标准二》），其中第76条①通过阐释串通投标罪罪量要素的含义，明确了应予立案追诉的情形。2022年4月29日，最高人民检察院、公安部又发布了修订后的《关于公安机关管辖的刑事案件立案追诉标准的规定（二）》（以下简称《新标准二》），虽然其第68条对原条文第2项、第3项和第5项中的入罪门槛作了一些修改，②但保留了该罪罪量要素的体系功能和基本内容。不过，实践中是否严格按照刑事立法和司法解释处理串通投标案件，必须根据刑事裁判文书进行实证检验。

（一）串通投标罪罪量要素的司法适用现状

1. 该罪"情节严重"的司法适用现状

笔者通过登录中国裁判文书网，选择"串通投标罪"作为案由，将裁判日期限定为"2022年5月15日至2024年3月31日"，输入"情节严重"进行全文检索，共获得72份裁判文书，发现"情节严重"的适用现状具有以下特点。

第一，绝大部分案件以中标项目金额作为定罪要素，占比93.1%。根据该要素所发挥的作用，又分为两种类型：（1）单一要素型，即中标项目金额是决定罪与非罪的唯一罪量要素，如果达不到数额要求，就不构成串通投标罪。例如，在某公司、易某某串通投标案中，一审法院认为，某公司和易某某串通投标报价，中标价共计1.53亿余元，损害其他投标人利益，情节严重，其行为已构成串通投标罪。③（2）综合要

---

① 该条规定："投标人相互串通投标报价，或者投标人与招标人串通投标，涉嫌下列情形之一的，应予立案追诉：（一）损害招标人、投标人或者国家、集体、公民的合法利益，造成直接经济损失数额在五十万元以上的；（二）违法所得数额在十万元以上的；（三）中标项目金额在二百万元以上的；（四）采取威胁、欺骗或者贿赂等非法手段的；（五）虽未达到上述数额标准，但两年内因串通投标，受过行政处罚二次以上，又串通投标的；（六）其他情节严重的情形。"

② 《新标准二》第68条对《旧标准二》第76条的修改有三处：一是将"违法所得数额"提高为20万元以上；二是将"中标项目金额"增加至400万元以上；三是规范了情节的语言表述。该规定自2022年5月15日起施行。

③ 参见浙江省温州市龙湾区人民法院（2024）浙0303刑初30号刑事判决书。

素型，即除非中标项目金额和其他情节要素组合在一起，才满足严重法益侵害性的要求，即使中标金额低于法定标准，相关要素所蕴含之不法量的累计也足以被评价为应当受到刑罚处罚。按照不同情节的配套适用方式，又有二情节型（如"中标价 7087 万余元+联系、控制多家公司串通投标报价"）、① 三情节型（如"找来多家公司、多次参与陪标+中标价 2.92 亿余元+违法所得 2 万元"）② 和四情节型（"多次伙同他人串通投标报价+采取行贿手段+中标金额 2100 万余元+非法获利 100.5 万元"）③ 之别。

第二，经济损失数额、违法所得数额、非法手段等情节的适用次数极其有限，单独或者同其他要素（不含中标项目金额）适用的占比仅为 6.9%。例如，在某公司、李某某等串通投标、单位行贿案中，尽管存在中标价格等定罪情节，但一审法院仅通过认定违法所得 24 万余元而作出有罪判决，没有将单位行贿行为评价为串通投标的非法手段，④ 恐怕是出于禁止重复评价的考虑。

第三，至于前述情节和兜底条款，尚未发现将其作为定罪依据的生效裁判。

**2. 该罪"损害国家、集体、公民的合法利益"的司法适用现状**

笔者先通过登录中国裁判文书网，选择"串通投标罪"作为案由，将裁判日期限定为"2022 年 5 月 15 日至 2024 年 3 月 31 日"，输入"损害国家、集体、公民的合法利益"进行判决结果检索，仅获得 1 份裁判文书。考虑到《旧标准二》第 76 条第 1 项规定和《新标准二》第 68 条第 1 项规定完全一样，都没有明确利益的内涵与外延，为全面揭示司法实务对这一情节的认定态度，遂将裁判日期起始时间前移至

---

① 参见林某某串通投标案［浙江省江山市人民法院（2024）浙 0881 刑初 18 号刑事判决书］。

② 参见周某某等串通投标案［安徽省芜湖市弋江区人民法院（2022）皖 0203 刑初 204 号刑事判决书］。

③ 参见某公司、王某某串通投标、单位行贿案［黑龙江省海伦市人民法院（2023）黑 1283 刑初 67 号刑事判决书］。

④ 参见湖北省五峰土家族自治县人民法院（2023）鄂 0529 刑初 5 号刑事判决书。

"2013年1月1日",共获得65份裁判文书,发现"损害国家、集体、公民的合法权益"的适用表现为三种方式。

其一,单独适用型,即它是决定串通投标行为是否构成犯罪的唯一罪量要素。采取此种适用方式的案件占比18.5%。例如,在费某某等串通投标案中,一审法院认为,费某某等人共同串通投标,损害国家、集体、公民的合法利益,其行为均已构成串通投标罪。①

其二,转移适用型,即它表面上是定罪要素,但实质上借助"情节严重"要素的嵌入而实现犯罪个别化机能。采取此种适用方式的案件占比49.2%。例如,在陈某某串通投标案中,二审法院认为,陈某某伙同同案人串通投标,损害国家、集体、公民的合法利益,中标项目金额达人民币3120480元,其行为已构成串通投标罪。②

其三,并列适用型,即"损害国家、集体、公民的合法利益"和"情节严重"均为投标人与招标人串通投标行为的入罪要求,对不法构成要件进行整体评价的色彩更加明显。采取此种适用方式的案件占比32.3%。例如,在贾某某串通投标案中,一审法院认为,贾某某与招标人串通投标,损害国家、集体、公民的合法利益,破坏正常的公平竞争秩序,情节严重,其行为已构成串通投标罪。③

(二)串通投标罪罪量要素的司法适用缺憾

一方面,该罪"情节严重"的司法适用存在定罪标准过于单一、要素组合随意和说理不够充分的弊端。这既源于情节要素自身的包容性,又是司法机关贯彻实用主义思维的必然结果。易言之,相对于经济损失、违法所得数额的认定困难以及非法手段情节引起的罪数判断分歧,中标项目金额的认定更为直观,一旦其与串通投标行为、其他情节要素搭配在一起,就可以将构成要件的不法量域填充到值得科处刑罚的程度。为此,司法工作人员就产生了根据个案情况灵活选择情节组合方

---

① 参见安徽省合肥市包河区人民法院(2021)皖0111刑初26号刑事判决书。
② 参见福建省福州市中级人民法院(2021)闽01刑终1268号刑事裁定书。
③ 参见湖北省恩施市人民法院(2021)鄂2801刑初417号刑事判决书。

式的办案动机，而且基于罪刑法定原则的刚性约束，不得不省略对定罪情节的内容及其法益侵害关联的深度剖析，从而导致该罪司法适用混乱。

另一方面，该罪"损害国家、集体、公民的合法利益"的司法适用存在内涵不清、方式多元、几乎被虚置的问题。从文义解释上看，鉴于投标人与招标人串通投标的主观恶性更大，社会危害性也更严重，无须以"情节严重"作为构成要件，[①] 因此两种串通投标行为所配置的罪量要素就应具有轻重不同的不法性。然而，《新标准二》第68条并未按照类型化思维予以区别对待，加之研究不足和机械司法，从而导致"损害国家、集体、公民的合法利益"异化为"情节严重"，串通投标行为不法评价趋于"同质化"。

## 二、竞争法益的内涵思辨和串通投标罪的法益识别

一般认为，法益是法律保护的一定的利益。[②] 但是，法益并非纯粹概念建构的结果，而是特定价值和外在实体的有机统一。详言之，倘若根据形式的法益概念，将立法者认为值得保护的一切东西都纳入法益的范畴，就是从方法的意义上理解法益保护命题，从而有利于制定法解释和构成要件体系化。反之，假如采取实质的法益概念，就还得考虑个人的自由发展、自由的个人在社会秩序中生存的基本需求等事务、能力、状态，从而有助于剔除那些无须受刑罚保障的对象，确定刑事立法的可允许界限。[③] 随着现代社会的发展和科学技术的进步，集合法益的保护必要性及其独立存在价值越发得以凸显。国家、社会、单位等组织体往

---

[①] 参见张平：《反竞争犯罪研究》，法律出版社2008年版，第214-215页。

[②] 参见[日]山口厚：《刑法总论》，有斐阁2016年版，第4页；[日]井田良：《讲义刑法学·总论》，有斐阁2018年版，第16-17页。

[③] 参见[德]阿明·英格兰德：《现代社会中的法与刑法》，邓卓行译，北京大学出版社2023年版，第137-141页；[德]冈特·施特拉滕韦特、洛塔尔·库伦：《刑法总论Ⅰ——犯罪论》，杨萌译，法律出版社2006年版，第29-33页。

往借助各种制度对职务行为、业务活动、公民举止进行管理、规范和引导,协调秩序、自由、公平等价值,调整个人利益和群体利益的关系,所以,在社会共同生活中,能够促进众人普遍自由发展及其基本权利实现的制度条件,就是实质的集合法益;① 当刑法规范将其作为保护对象时,就成为形式的集合法益。集合法益具有非排他性、非敌对性和不可分配性,② 但由于其具有抽象化、精神化倾向,只有在明确其内涵及其损害性评价方法后,才能使其发挥应有的解释指导机能。

(一) 竞争法益的内涵思辨

作为反竞争刑法的前置法,招标投标法第 32 条明令禁止串通投标行为,这符合第 1 条"规范招标投标活动,保护国家利益、社会公共利益和招标投标活动当事人的合法权益,提高经济效益,保证项目质量"的立法目的。串通投标行为通过采取不正当手段,排挤其他投标人,剥夺了其参与投标的资格,不仅恶化公平竞争环境,而且破坏自由竞争机制,最终导致无序竞争。简言之,它既是一种不正当竞争行为,有违反不正当竞争法的立法宗旨,也是一种反竞争犯罪,对竞争法益造成侵犯。不过,若将法益等同于立法目的、意旨,会使其实质与形式不分、主观与客观不分、行为与结果不分,进而沦为概念的组合、目的的缩语,将立法要考虑的多重面向、各种要素混入其中。③ 因此,除了参考立法目的外,还需结合刑法条文的通常含义、内在联系、价值基础、外在表现等界定竞争法益。这就在避免宪法性法益概念空洞、泛化的同时,通过回溯竞争法的价值秩序以及考察破坏竞争制度核心利益的重要元素而赋予刑法系统中竞争法益独有的价值内核与经验实在。

1. 竞争秩序法益并非适格的竞争刑法法益

市场经济意义上的竞争是不同生产者、经营者为追求利益最大化,

---

① 参见李冠煜:《论集合法益的限制认定》,载《当代法学》2022 年第 2 期。
② Vgl. Hefendehl, Kollektive Rechtsgüter im Strafrecht, Carl Heymann Verlag, 2002, S. 111 ff.
③ 参见钟宏彬:《法益理论的宪法基础》,我国台湾地区元照出版有限公司 2012 年版,第 81-84 页。

与其他利害关系人争夺交易资格、机会,优化自身交易环境、条件的商业行为。虽然竞争可以优化资源配置,激励技术和管理创新,促进社会整体效益,但也可能导致资本过度集中,贫富悬殊和阶级分化。所以,如果不对自由竞争加以适当限制,就会产生无序、不公平竞争,从而损害经营者、消费者和其他市场参与者利益。于是,调整市场竞争关系和竞争管理关系的竞争法应运而生。竞争法以效率优先、兼顾公平为政策目标,旨在形成有效、有序竞争,以维护竞争者、消费者和社会公共利益。这里的市场竞争关系,是指经营者在市场交易过程中形成的以利害关系方为对手,相互争夺资金、技术、劳动力和市场占有率的经济关系;竞争管理关系,是指国家机关在经济管理过程中形成的、以竞争者为对象的管理与被管理、命令与服从关系。① 可见,竞争法制度追求经济自由、公平、效率价值,包括市场参与者利益和市场管理者利益,而前者中的社会公共利益和后者中的国家监管利益实为竞争秩序在市场交易过程和经济管理过程两个不同面向的具体呈现。

  保护竞争秩序无疑也是竞争法的价值目标之一,构成对竞争自由、公平、效率价值进行保护的基础,但过于注重对竞争秩序的维护,可能扭曲竞争法的价值体系,致使反竞争行为的违法性判断丧失明确的价值指引与利益衡量标准。具言之,历史上的竞争法强调保护经营者利益,现代各国竞争法则强调保护社会公共利益。竞争法的着力点在否定(禁止)性调整,其内容展开铸就了规范主体架构,即具体行为类型侵害的利益基本上是社会公共利益。它具有整体性和普遍性,寓于个体利益之中但又高于个体利益。社会公共利益反映个体利益的共性,是每个参与者都受惠于此的积极范畴。在借鉴德国学者纽曼对公共利益分类的基础上,客观公益指向市场整体或全局性利益,表现为竞争对整个社会产生的积极效用(竞争效率);而主观公益指向不特定多数市场主体利益,表现为竞争者、消费者的共同利益(竞争秩序)。因此,对竞争秩序的

---

① 参见杨紫烜主编:《经济法》,北京大学出版社、高等教育出版社1999年版,第173—174页。

评价，是通过对竞争者、经营者和消费者利益的协调而表达出来的。①显然，在竞争法中，社会公共利益和竞争秩序是含义相同的概念，因为"将社会公共利益同竞争者利益、消费者利益相区分，正是凸显社会公共利益中维护市场竞争秩序的客观面向"②。然而，竞争法的公法转向及其功能调整，并不意味着竞争秩序就可以成为反竞争行为违法性判断的主要基准。一方面，竞争秩序本身需要竞争者或消费者利益予以填充，不仅缺乏统一标准，而且只能对其展开个案式的间接保护；③另一方面，尽管竞争秩序与社会公共利益处于同一位阶，但竞争者、消费者、其他市场参与者利益和竞争秩序是下位概念和上位概念的关系。所以，只要保护了前者的具体利益，就保护了后者的抽象利益。④

我国刑法理论通说认为，反竞争犯罪主要被规定在刑法分则第三章第八节"扰乱市场秩序罪"中。关于此类犯罪侵犯的同类客体，广义说主张，市场秩序是市场自身及国家运用经济、行政手段维护市场活动而形成的买卖双方正常关系，包括市场进出秩序、竞争秩序和交易秩序；狭义说则指出，市场进出秩序包括市场管理秩序，扰乱市场秩序罪的客体应限于市场交易、竞争和管理秩序，且对市场交易、竞争秩序给予重点保护。⑤但是，竞争秩序法益并非真正的集合法益，不适合作为反竞争犯罪的同类客体。（1）从秩序和自由的关系上看，二者是对立统一的。秩序的实现，是以个人自由的适当让渡为代价的；为了维护秩序，个人仅拥有有限的自由；倘若每个人都享有无限的自由，就没有秩

---

① 参见刘继峰：《竞争法学》，北京大学出版社2018年版，第17-20页、第24-26页。
② 董媛媛、王敬波：《社会公共利益视阈下反不正当竞争法的定位》，载《中国市场监管研究》2022年第12期。
③ 参见陶冠东：《〈反不正当竞争法〉中"社会公共利益"维护的实现路径》，载《竞争法律与政策研究》2023年第9期。
④ 参见李扬：《反不正当竞争法基本原理》，知识产权出版社2022年版，第22页。
⑤ 参见马克昌主编：《经济犯罪新论——破坏社会主义市场经济秩序罪研究》，武汉大学出版社1998年版，第554-555页；楼伯坤主编：《经济刑法学》，浙江大学出版社2017年版，第354-355页。

序可言。刑法应当保护有秩序的自由,① 竞争刑法也要保护有竞争秩序的竞争自由。(2) 从秩序法益的概念上看,它的含义仍然不够明确。即使赋予竞争秩序以竞争普遍利益的内核,② 也容易引发像"主次法益论"那样的形式化曲解以及带有如"位阶法益论"一般的还原论遗迹。(3) 从秩序法益的功能上看,它难以发挥立法批判机能和解释指导机能。"主次法益论"的误区在于,将市场竞争秩序与竞争管理制度相提并论,旨在借助实定法将其实体化,但这无异于循环论证;"位阶法益论"通过回归超个人法益保护的价值原点,借由社会个体行为模式的规范塑造以极力证成秩序维护的正当性,但这等于是将其架空。因此,只有将一般化的个人法益作为制度利益重新认识,才能承认制度依存型经济犯罪的保护法益特征。在此意义上,对这类犯罪侵犯的法益应当作为制度利益予以一元性把握。③ 若不能分辨出竞争制度的核心利益,并立足于自由主义、社群主义的立场对其进行充实,就无法确定竞争法益的保护边界。

综上所述,虽然现代竞争法重视对社会公共利益的保护,但竞争秩序只是受到间接、抽象的保护。刑法法益必须符合行为主义、因果性、社会有害性和明确性的基本立场,④ 才能得到直接、周延的保护。竞争秩序勉强与行为主义、社会有害性原则相符,却难以通过因果性、明确性原则的验证。

**2. 竞争制度利益应为适格的竞争刑法法益**

为了避免重蹈竞争秩序法益的覆辙,对竞争制度利益进行铺陈、筛

---

① 德国的弗莱堡学派就认为,市场的竞争秩序是一种实现合乎人类尊严和有经济运作能力的适宜手段。经济政策应实现自由的秩序。竞争秩序是一个合意秩序。参见〔德〕何梦笔主编:《秩序自由主义——德国秩序政策论集》,董靖等译,中国社会科学出版社2002年版,第30、35、37页。

② 参见王志远:《侵犯商业秘密罪保护法益的秩序化界定及其教义学展开》,载《政治与法律》2021年第6期。

③ 参见〔日〕神例康博:《论经济刑法的保护法益——制度依存型经济犯罪中的制度法益与个人法益的关系》,载〔日〕川端博等编:《理论刑法学的探究》(8),成文堂2015年版,第133页。

④ 参见〔日〕甲斐克则:《法益论的研究》,成文堂2023年版,第27页以下。

选时，既要处理好竞争自由、公平、效率之间的关系，使竞争法益服务于市场参与者的自行生产、自主经营和自决消费，满足法益的价值面追求，又要合理设定竞争利益的评价体系，使竞争法益能够借助现实载体进行经验观察和规范推定，满足法益的存在面要求。

第一，竞争法益的根本价值是竞争自由，直接价值是竞争公平，二者以竞争秩序为前提，以竞争效率为导向。在竞争法看来，自由、公平是其精神价值，德国秩序自由主义"在自由中寻求秩序"的思想体现了上述价值。（1）自由是竞争的终极目标，公平、秩序、效率均指向自由价值。公平是对自由竞争、效率竞争的适度矫正，防止交易失序和市场扭曲。秩序必须在竞争自由中建立起来，才能对竞争公平、效率予以有力保障。效率同样蕴于竞争自由之中，受到公平、秩序约束的效率有利于在促进生产、降低价格、加快分配、激励创新的同时实现竞争法的功能。① （2）在我国，随着社会主义市场经济体制日益完善，刑法的保护目的与竞争法的保护目的也趋向一致。反竞争犯罪的本质是经营主体通过采取不正当竞争手段，破坏公平竞争秩序，滥用竞争自由，对其他市场参与者实现自身竞争自由的外部条件造成损害的行为。既然国家建立秩序的目的是发展公民的自由，作为国家惩治经济犯罪正当化根据之一的经济刑法法益以保护经济自由为根本目的，② 那么身为经济刑法一员的反竞争刑法也要借助对违反公平竞争行为的制裁，最终维护竞争自由。

第二，竞争法益的损害性应采取准实体化的认定方法，最大限度地贴合反竞争不法行为对市场竞争机制造成破坏的实态。综观我国反不正当竞争法、招标投标法和刑法的相关规定，竞争制度利益主要包括竞争者利益、消费者利益以及社会公共利益。其中，竞争者、消费者利益属于核心利益，一般表现为生产经营自主权益、消费自决权益；社会公共利益则是非核心利益，通常表现为竞争者、消费者未被扭曲的平等参

---

① 参见江帆主编：《竞争法》，法律出版社 2019 年版，第 14-20 页。
② 参见何荣功：《自由秩序与自由刑法理论》，北京大学出版社 2013 年版，第 215、282 页；马春晓：《经济刑法的法益研究》，中国社会科学出版社 2020 年版，第 132-140 页。

与、自行决策、理性消费的利益。① 可见，当反竞争不法行为侵害竞争者或消费者利益时，相比对社会公共利益的侵犯，前者的结果归属关联性更容易确定，而后者的因果损害性判断难度更大。考虑到反竞争犯罪罪量要素和社会公共利益的双重模糊性，《新标准二》第66条至第68条借助经济损失数额、违法所得数额、其他危害后果、社会恶劣影响等具体外在表现来表征对竞争法益整体的侵害可能性。尽管这些外在表现不是与行为客体百分之百对应的客观实体，但根据一般经验法则或科学法则，上述事实的实际发生已经表明竞争制度系统运行不畅，竞争制度利益面临着侵害危险。

### （二）串通投标罪的法益识别

保护竞争法益，就是保护有序、公平而自由的竞争条件、机会和环境，并提升竞争效率，增进社会福利。作为竞争法益的规范载体，竞争制度涉及竞争主体、客体、市场、管理等诸多要素，其相互关系构成了竞争制度利益的基本内容。竞争管理利益既不是竞争法益的保护重心，也不是损害商业信誉、商品声誉罪等反竞争犯罪的主要客体。只有市场竞争利益即具有竞争关系的当事人之间的利益关系（生产经营自主权益、消费自决权益），才是公平且自由的竞争法益的具象化面貌。鉴于同类客体和一般客体之间共性与个性、整体和部分的关系，在竞争法益的视野下，对串通投标罪侵犯法益的审查必须注入竞争性元素，提高保护客体的明确性程度，使之能与罪量要素等构成要件产生实质关联。

通说要么将串通投标罪客体界定为简单客体（公平竞争的市场交易秩序），② 与反竞争犯罪的同类客体做同一化处理；要么将其界定为复

---

① 在重视对社会公共利益的保护方面，德国与我国的反不正当竞争立法目的相同。参见郑友德主编、范长军：《德国反不正当竞争法研究》，法律出版社2010年版，第61、341页；杨华权、崔贝贝：《论反不正当竞争法中的公共利益——以网络竞争纠纷为例》，载《北京理工大学学报（社会科学版）》2016年第3期。

② 参见高铭暄、马克昌主编：《刑法学》（第十版），北京大学出版社、高等教育出版社2022年版，第450页。

杂客体（正常的招投标市场秩序和国家、社会、公民的合法权益），①不仅过于宽泛，而且招投标市场秩序是不可能脱离招投标当事人利益而独立存在的。现代经济犯罪往往针对整个社会或社会的某一群体，即使侵害的是特定对象，也由于犯罪发生在动态的经济活动之中，其客体必然不局限于个别财产权益。② 换言之，竞争刑法中的人之图像既包括具有单个自我决定权、能够自我答责的经济人格体，也包括市场交易过程中存在相同经济目标的市场参与者共同体。假如为了保护个体经济利益，处罚财产犯罪就能实现保护目的；正因为侵犯了竞争法益，很可能危及市场竞争系统的稳定存续和功能发挥，反竞争刑法在系统崩溃或瘫痪前，以刑罚威吓的方式对有关群体利益给予前置性保护。同理，串通投标罪针对的合法招标人、投标人、其他市场参与者和消费者均代表了经济人格体的群体形象，而非个体形象，对以上特定少数人格体经济利益的损害，只是评价不特定多数人格体将来丧失竞争资格，失去交易机会，减少竞争优势的指标之一。

## 三、竞争法益视野下串通投标罪"情节严重"的认定

虽然《新标准二》第68条第1项至第5项明文列举了串通投标罪五种严重情节，在一定程度上弥补了司法解释的缺位，实践中可以对其参照适用，但不宜全盘照搬，应当根据个案情况提高入罪门槛，或者进一步阐明严重情节的内容。易言之，在有关司法解释尚未出台的情况下，制定立案追诉标准属于对司法解释的补白。因为通过制定司法解释明确定罪量刑标准的条件尚不成熟，故出现立案追诉标准"先行"的现象，其仅有参照适用的效力。③ 对此，《最高人民法院关于在经济犯罪审判中参照适用〈最高人民检察院、公安部关于公安机关管辖的刑事

---

① 参见冯军等主编：《中国刑法评注》（第2卷），北京大学出版社2023年版，第1906页。
② 参见高铭暄主编：《新型经济犯罪研究》，中国方正出版社2000年版，第13-14页。
③ 参见喻海松：《实务刑法评注》，北京大学出版社2022年版，第16页。

案件立案追诉标准的规定（二）〉的通知》（以下简称《通知》）予以了肯定。[①] 所以，与其直接按照立案追诉标准认定串通投标罪是否成立，还不如在竞争法益的指导下，将竞争性、客观性、不法性等特征引入该罪罪量要素的解释过程中，适当提高标准，确定适用界限，以实现更合理的刑事归责。

（一）串通投标罪"情节严重"的体系定位

我国刑法"定性+定量"的特点与情节犯立法相得益彰，立法机关对某些反竞争犯罪设置了情节要素，较大地增强了其适用弹性，但也带来对"情节严重"定位、内容的认识分歧。以同属反竞争犯罪的侵犯商业秘密罪为例，理论界和实务界在刑法修正案（十一）生效前后对如何把握其罪量要素出现了"综合要素说""类构成要件复合体说""整体评价要素说""客观构成要件要素说"等见解的争议，[②] 导致司法适用不统一。因此，有必要首先明确串通投标罪"情节严重"的体系定位。

1. "综合要素说"的内容及其不足

该说认为，在界定情节是否严重时，应综合考虑以下因素：（1）数额大小。串通投标罪是一种经济犯罪，不仅扰乱了正常的市场竞标秩序，也侵害了国家、集体、公民的合法利益，所以，侵害财产利益的大小反映了犯罪的危害程度。（2）主观恶性。凡是串通投标者主观恶性大的，其行为的危害性也大，对此，可从行为人的犯罪动机、再犯可能性等方面加以考虑。（3）行为方式。串通投标行为的手段、方法不同，其社会危害性也就不同。（4）危害后果。例如，串通投标行

---

[①] 《通知》第1条规定："最高人民法院对相关经济犯罪的定罪量刑标准没有规定的，人民法院在审理经济犯罪案件时，可以参照适用《标准二》的规定。"第2条规定："各级人民法院在参照适用《标准二》的过程中，如认为《标准二》的有关规定不能适应案件审理需要的，要结合案件具体情况和本地实际，依法审慎稳妥处理好案件的法律适用和政策把握，争取更好的社会效果。"

[②] 参见李冠煜：《论侵犯商业秘密罪的罪量要素：以明确性原则为根据的审查》，载《政法论坛》2023年第3期。

为导致国家重点项目因招标失败而误期,或者造成恶劣的国际影响,严重影响我国外商投资环境等。① 该说密切联系刑事司法实践,紧紧依托当前司法解释,尽可能地囊括所有提升社会危害性的因素,包含不法情节、罪责情节和预防情节,② 是一种颇为有力的观点。

不过,该说在将"情节严重"分为犯罪数额等具体情节和其他严重情节的同时,并未将类型化思维贯彻到底,其他严重情节的外延仍不明确,为不当扩大串通投标罪处罚范围留下了任意解释的空间,此其一。其二,该说与传统犯罪构成理论相契合,但欠缺阶层式思维,只能对某一串通投标行为及其对应的严重情节展开平面式判断,无法厘清各个情节的性质、功能及其适用顺序。其三,该说将情节要素的实质理解为社会危害性,而社会危害性概念的模糊导致了情节要素的高度包容性、选择多元化和整体评价性,甚至在串通投标行为对竞争法益的侵犯尚未达到应罚性程度时,仅因主观恶性大或预防必要性大,就认为其危害性严重,从而否定了责任的不法关联性或者将需罚性作为犯罪成立判断的首要基准。

2. "客观构成要件要素说"的内容及其提倡

该说主张,情节严重一般是指给其他投标人造成重大经济损失,或者给招标人造成重大经济损失,或者获取较大的非法经济利益,或者多次串通投标等。③ 除了以上情节外,还包括串联多个投标人采用威胁、利诱等卑劣手段,或者在关系国计民生的重大项目招标活动中串通,或者造成恶劣的社会影响、国际影响等。④ 显然,此处的严重情节仅限于行为、结果等客观违法要素,剔除了责任要素和预防要素,有助于使其和其他客观构成要素一起将投标人相互串通投标报价的法益侵犯性提升

---

① 参见王作富主编:《刑法分则实务研究》,中国方正出版社2007年版,第793-794页。
② 参见李永升、朱建华主编:《经济刑法学》,法律出版社2011年版,第361页;王新:《刑法分论精解》,北京大学出版社2023年版,第205页。
③ 参见马克昌主编:《经济犯罪新论——破坏社会主义市场经济秩序罪研究》,武汉大学出版社1998年版,第580页。
④ 参见高铭暄主编:《新型经济犯罪研究》,中国方正出版社2000年版,第405页;楼伯坤主编:《经济刑法学》,浙江大学出版社2017年版,第364页。

到可罚性程度。

然而，该说并未提炼出"情节严重"的认定标准，难以根据所谓的竞争秩序法益确定相关情节的存在范围和功能边界，其症结在于，对情节本身的精细化研究不够，忽视了不同情节增加不法量的方式差异。总之，尽管该说基本可取，但还需结合串通投标罪的不法实质和归责结构，以招投标活动当事人群体权益的侵害可能性为标准，对涉案情节进行个别化考察。

（二）串通投标罪"情节严重"与"损害招标人或者其他投标人利益"的关系

刑法第223条第1款规定，投标人相互串通投标报价，损害招标人或者其他投标人利益，情节严重的，构成犯罪。但是，损害利益要件和严重情节要件并非相互独立，而应作一体化评价。即在形式上，"情节"严重必然包含"损害招标人或者其他投标人利益"的情形；在实质上，除非"损害招标人或者其他投标人利益"达到情节"严重"的程度，才成立该罪。因此，二者实为递进关系，而非选择关系。[①] 司法机关可将这款补正解释为，投标人相互串通投标报价，具有严重损害招标人或者其他投标人利益情节的，构成该罪。

（三）"情节严重"的认定展开

这种罪量要素表面上容纳了提高串通投标行为不法性大小的危害结果、非法手段、行为次数、业务领域等诸多情节，但除了单独增加行为不法量的行为不法要素（非法手段、行为次数、持续时间）外，其他情节不是纯粹增加结果不法量的结果不法要素，而是表征招投标活动当事人群体权益被害轻重或者竞争法益局部受损程度的客观外界要素。其实，其并非法益侵害结果，也未必是构成要件结果，作为一种体现因果的外界变动的范畴，其功能是服务于法益侵害危险性检验。换言之，只

---

① 参见陈洪兵：《刑法常用百罪精解》，中国人民大学出版社2023年版，第179页。

有将某种外界变动状态设定为构成要件标识，才能固化法益侵害无价值关联，①保证串通投标行为与竞争者共同体利益侵害之间存在抽象危险联系。此时只要可以确定对某一"点"的侵害，就已经存在一种集合法益的侵害，无须对整个系统造成损害。即一种点状的损害就足够了，使这种法益在整体上丧失功能是不必要的。所以，侵犯集合法益的数额、手段等判断指标必须适度高于侵害类似个人法益的认定标准，但不以发生社会系统彻底颠覆的结果为必要条件。当串通投标行为对招投标人个体利益的损害已经危及招投标系统的公平竞争机制，可能使招标人付出更多成本或者显著减少其他投标人的参与机会时，就有必要用刑罚进行干预。

1. 经济损失数额的认定

经济损失通常是指串通投标行为对招标人、其他投标人造成的物质上的不利益，而且鉴于该行为的不法构造，这里的"利益"明显不包括生命健康、精神正常等非物质性利益。此外，《新标准二》第68条第1项仅将上述不利益限于直接经济损失，却未作出任何解释，故对其如何认定还需进一步探讨。

一是经济损失数额的计算依据。在目前缺少关于串通投标罪经济损失数额认定的刑事司法解释的情况下，能否直接适用反不正当竞争法等前置法的相关规定？该法第17条第3款规定，因不正当竞争行为受到损害的经营者的赔偿数额，按照其因被侵权所受到的实际损失确定；实际损失难以计算的，按照侵权人因侵权所获得的利益确定。赔偿数额还应当包括经营者为制止侵权行为所支付的合理开支。对此，肯定说指出，串通投标行为属于不正当竞争行为，按照上述规定计算损失，经济简便。②相反，否定说主张，经济损失属于犯罪情节之一，应根据最高

---

① 参见李晓龙：《刑法保护前置化研究：现象观察与教义分析》，厦门大学出版社2018年版，第207-208页、第211-212页。

② 参见朱章程、黄书建：《串通投标罪中直接经济损失之认定》，载《人民司法》2007年第22期。

司法机关发布的规范性文件予以认定。① 笔者认为，虽然修改后的反不正当竞争法并未将串通投标行为纳入规制范围，但不能否认该罪的竞争法益侵害性。不过，串通投标罪的法益侵害性与不正当竞争行为的反竞争性不仅存在质的区别，而且存在量的差异，因此，立法者规定了相应的刑罚和民事赔偿：前者侧重于对犯罪的惩罚性，后者侧重于对侵权行为的补偿性。经营者实际损失仅为计算经济损失的参考因素之一，考虑到法益侵害的因果可变更性，还应排除间接损失以及推翻不合理鉴定、推定的损失。

二是经济损失数额的计算时点。给招标人、投标人造成的经济损失大小，能够在某种程度上反映串通投标不法行为对竞争制度系统及其招投标群体权益的冲击强弱，对这种定罪数额的计算时点，是截至立案时，抑或提起公诉前？刑法第176条第3款、第272条第3款、第276条之一第3款和第383条第3款都将退赔退赃、退还挪用资金、支付劳动报酬的截止时间定为提起公诉前，便于统一计算。然而，退赔退赃等数额是在行为终了后挽回的经济损失或财产损失，属于从宽量刑情节，对犯罪是否成立不产生任何影响。所以，串通投标罪的经济损失数额计算到立案时为止即可。

三是经济损失数额的计算范围。《新标准二》第68条第1项强调经济损失数额的计算必须满足"直接性"要件，但对如何确定直接经济损失的范围语焉不详。《最高人民检察院关于人民检察院直接受理立案侦查案件立案标准的规定（试行）》在附则部分指出，该规定中的"直接经济损失"，是指与行为有直接因果关系而造成的财产损毁、减少的实际价值。"间接经济损失"，是指由直接经济损失引起和牵连的其他损失，包括失去的在正常情况下可能获得的利益和为恢复正常的管理活动或者挽回所造成的损失所支付的各种开支、费用等。这一规定与《新标准二》均由最高人民检察院制发，且都明确了部分经济犯罪的立

---

① 参见杨莉英、李建斌：《以法定情节为视角解析串通投标罪》，载《河北科技大学学报（社会科学版）》2006年第2期。

案标准,因此可以认为,"直接性"是指串通投标行为与经济损失之间存在直接因果关系。无论是采取结果归属理论,① 还是运用危险的现实化说,一旦介入因素的异常性更高或作用力更大,能被评价为和构成要件结果存在更加显著的违法性关联或改变了最初的法益侵害因果流向,行为与结果之间就只存在间接因果关系。可见,相对于间接经济损失而言,其介入因素即为直接经济损失以及独立于串通投标行为的市场波动、其他招投标参与人的行为等。作为串通投标报价行为损害招投标人利益客观外在表现的直接经济损失包括:(1)投标人中标后,招标人因串通报价而形成的中标价与无串通报价时的投标价之间的差额。其中,中标人支付给其他围标人的相关费用(如挂靠费、管理费、围标费)也会被计入中标价,因而加大了招标人的成本,成为直接损失的一部分。例如,在李某某串通投标案中,他为了帮助严某等人顺利中标某项目,与投标联合体进行协调,最终商定由严某一方支付 800 万元给联合体,联合体撤回质疑。② 此处的 800 万元就属于围标费,它使投标竞争的悬念荡然无存,招标人不得不选择更高中标价,从而遭受了经济损失。(2)投标人中标后,其他合法投标人为参加投标活动而投入的人力、物力、资金等损失。③ 因为若不是围标行为,某个合法投标人就会中标;串通报价行为创设并升高了招投标竞争机制利益的侵害风险,应当将其他投标人的经济损失归责于该行为。

　　四是经济损失数额的计算方法。基于案件事实的复杂性、专业性,实务中会依据反不正当竞争法推定经济损失数额,④ 但推定的法律根据应当是刑事法律规范,且推定的前提必须是招投标文件、中标合同、项目竣工结算审计意见书等可靠资料。例如,在某公司、刘某某等串通投

---

① 参见[德]英格博格・普珀:《德国刑法总论:以判例为鉴》,徐凌波、喻浩东译,北京大学出版社 2023 年版,第 72 页以下。
② 参见广西壮族自治区象州县人民法院(2024)桂 1322 刑初 22 号刑事判决书。
③ 参见杨莉英、李建斌:《以法定情节为视角解析串通投标罪》,载《河北科技大学学报(社会科学版)》2006 年第 2 期。
④ 参见朱章程、黄书建:《串通投标罪中直接经济损失之认定》,载《人民司法(案例)》2007 年第 22 期。

标案中，公诉机关指控，某公司、刘某某等借用其他公司资质串通投标报价，中标项目总金额为 14427156.26 元，经审计，涉案项目在合同签订日的市场价值合计为 10973432.80 元，造成经济损失 3453723.46 元。① 这里的经济损失就是结合中标合同、审计意见推算而来的。

2. 违法所得数额的认定

有别于经济损失数额可以在较大程度上体现经济犯罪的法益侵害性，违法所得是指串通投标人扣除参与招投标活动合理支出后所获得的收益，它说明了行为人的获利程度，但未必能全面地反映犯罪的法益侵害严重性。司法机关在办理经济犯罪案件时，除了以违法所得数额作为定罪情节外，也将非法经营数额②或销售金额③作为罪量要素。显然，三种数额的外延不同：非法经营数额涵盖了侵权产品在各个市场环节的总价值，销售金额仅限于进入销售领域侵权产品的价值评价，而违法所得数额仅指获利金额。④ 所以，在认定串通投标罪时，同样需要准确区分各种数额。例如，在谭某某、宋某某串通投标案中，一审法院认为，公诉机关提供了鉴定报告证明谭某某所做工程项目的获利区间，而其辩护人未提交证据证明谭某某没有获利的事实，故对其辩解及辩护意见，不予采纳，但从有利于被告人的角度出发，应按最低值认定谭某某的获利。⑤

3. 中标项目金额的认定

该情节是投标人在参与投标并最终中标后的报价金额。项目金额越大，意味着串通投标报价者对追求公平竞争的合法招投标参与人利益的

---

① 参见青海省西宁市城西区人民法院（2023）青 0104 刑初 25 号刑事判决书。
② 例如，《最高人民法院、最高人民检察院关于办理侵犯知识产权刑事案件具体应用法律若干问题的解释》（以下简称《解释》）第 12 条第 1 款规定，该解释所称"非法经营数额"，是指行为人在实施侵犯知识产权行为过程中，制造、储存、运输、销售侵权产品的价值，包括已进入市场的产品价值和未进入市场的产品价值。
③ 例如，《解释》第 9 条第 1 款规定，刑法第 214 条规定的"销售金额"，是指销售假冒注册商标的商品后所得和应得的全部违法收入。
④ 《最高人民法院关于审理非法出版物刑事案件具体应用法律若干问题的解释》第 17 条第 2 款就明文规定，该解释所称"违法所得数额"，是指获利数额。
⑤ 参见湖南省攸县人民法院（2022）湘 0223 刑初 274 号刑事判决书。

侵害性越大，它无法真实反映竞争法益的侵害全貌，只能从侧面推定不法行为对招投标领域公平竞争条件的破坏力大小。《旧标准二》第76条第3项一度将中标项目金额的下限定为200万元，这或许是受到《工程建设项目招标范围和规模标准规定》第7条的影响。该条第1项规定，该规定第2条至第6条规定范围内的各类工程建设项目，施工单项合同估算价在200万元人民币以上的，必须进行招标。不过，在改革开放持续深化的过程中，上述规定逐渐表现出强制招标标准过低、范围太大、增加企业成本、降低市场效率等缺陷，因而有关部门通过修改该部门规章，发布了《必须招标的工程项目规定》。该规定第5条第1项将必须招标的施工单项合同估算价提高至400万元以上，从而有助于减少政府对企业经济活动的直接干预，创造更为公平自由的竞争环境，进一步深化"放管服"改革。《新标准二》第68条第3项也遵循经济政策的新目标，提高了串通投标罪的中标项目金额。另外，根据本文第一部分的实证研究，涉案金额均远远超过400万元，① 说明目前的数额标准不完全符合罪责刑相适应原则，还有很大的提升空间。

4. 非法手段的认定

由于《新标准二》第68条第4项对各种手段进行了列举，认定时一般不会出现争议，但在进行罪数判断时，不能违反禁止重复评价原则，即只能对犯罪构成中的每个犯罪事实和情节评价一次。② 如果将威胁、欺骗或贿赂手段评价为构成串通投标罪所需的严重情节，就不得再将其评价为敲诈勒索罪、合同诈骗罪或贿赂犯罪的实行行为。例如，在严某串通投标案中，一审法院认为，严某作为公司董事长、实际控制人，参与决策并组织实施串通投标行为和行贿行为，系直接负责的主管人员，应当以串通投标罪、单位行贿罪追究其刑事责任。③ 在本案中，

---

① 例如，在杨某某、刘某某串通投标案中，一审法院认为，二人实施串通投标犯罪两起，中标项目金额55819万元（参见甘肃省嘉峪关市中级人民法院（2022）甘02刑初3号刑事判决书）。
② 参见王兆忠：《禁止重复评价原则的适用》，载《人民司法（应用）》2018年第4期。
③ 参见广西壮族自治区象州县人民法院（2023）桂1322刑初51号刑事判决书。

司法机关根据中标金额和获利金额,将严某的串通投标行为评价为"情节严重",对其行贿行为则单独评价为单位行贿罪,符合禁止重复评价原则。而且,两种行为都是行为人获取中标利益的手段,属于并列关系,而非牵连关系,无须以牵连犯从一重罪处罚。

5. 其他严重情节的认定

按照同类解释规则,待决案件事实与具体列举事实应当具有行为方式的同质性、法益侵害的相当性、刑罚当罚的等值性,以形成阶层式判断的闭环。① 实证研究表明,行为人多次组织、帮助他人串通投标,② 指使、联系多家单位串通投标,③ 或者在国家、省重点项目的招标活动中串通投标,损害他人利益的,④ 都可纳入"其他情节严重"的范畴,以充分彰显上述行为对招投标制度系统利益的反复冲击和破坏重点。然而,福建省高级人民法院、福建省人民检察院、福建省公安厅、福建省建设厅等部门联合发布的《办理串通投标犯罪案件有关问题座谈会纪要》第3条第5项规定,在国家和省重点项目的招标活动中串通投标,造成恶劣的社会影响或国际影响的,应认定为情节严重。这里的"恶劣影响"与"情节严重"在抽象性程度上不相上下,它实际上是行为危险性、结果严重性、主观恶性或高度预防必要性的概括表达和间接反映,二者不宜等量齐观,仍应根据招投标活动当事人群体权益的侵害可能性对其展开适格性审查,将其具体化为工程质量不合格,存在重大事

---

① 参见俞小海:《论刑法同类解释规则中的"同类"》,载《法学家》2023年第2期。
② 参见成某等串通投标案 [浙江省义乌市人民法院 (2023) 浙0782刑初1765号刑事判决书]。
③ 参见谭某等串通投标案 [江西省永新县人民法院 (2022) 赣0830刑初135号刑事判决书]。
④ 参见伍某某等串通投标案 [湖南省娄底市娄星区人民法院 (2018) 湘1302刑初754号刑事判决书]。

故隐患或者发生一般工程类事故①等情形。

## 四、竞争法益视野下串通投标罪"损害国家、集体、公民的合法利益"的认定

《新标准二》只在第68条第1项规定了投标人与招标人串通投标，损害国家、集体、公民合法利益的经济损失数额，看似明确，实则留下了两个问题：一是成立这种类型的串通投标罪，是否仍需满足"情节严重"的要求？二是此处"利益"的内涵和外延究竟是什么？

### （一）串通投标罪"损害国家、集体、公民的合法利益"与"情节严重"的关系

关于两个罪量要素之间的关系，积极说认为，这种串通投标行为的社会危害性并不重于前款行为。行为达到一定的社会危害程度，是适用刑法的前提，而利益损害情况必须加以量化，故仍应以情节严重作为犯罪成立标准。②而消极说主张，这里的串通投标不限于对投标报价的串通，还包括就报价以外的其他事项进行串通。由于这种行为的法益侵害性重于前一行为，其成立犯罪不以情节严重为要件。③笔者认为，刑法解释应当兼顾形式解释和实质解释，鉴于我国实行罪刑法定原则的时间并不长，不能过度注重实质解释而忽视形式解释。在解释构造上，文理解释、体系解释、历史解释、主观解释形成对目的论解释的界限，只能在此范围内进行实质解释。④第二种串通投标行为的方式更丰富，并不

---

① 《生产安全事故报告和调查处理条例》第3条规定，根据生产安全事故（以下简称事故）造成的人员伤亡或直接经济损失，将事故分为特别重大事故、重大事故、较大事故和一般事故。安全生产法第113条、第114条、第118条也采用了这一分类。倘若将发生较大或重大工程类事故评价为影响恶劣或情节严重，会导致故意轻罪（串通投标罪）与过失重罪（工程重大安全事故罪）之间处罚上的不均衡。

② 参见孙国祥、魏昌东：《经济刑法研究》，法律出版社2005年版，第556页。

③ 参见张明楷：《刑法学》，法律出版社2021年版，第1082页。

④ 参见［日］町野朔：《刑法总论》，信山社2019年版，第56-58页。

表明其法益侵害性更小，二者之间并无必然联系。构成要件是不法行为的类型，立法机关不应将法益侵害性相差悬殊的两种行为规定在同一构成要件中。既然对第一种行为配置了情节要件，将第二种行为解释为不成文的情节犯，就没有超出普通公民的预测可能性，且符合法益保护的实质目的。而且，刑法第223条第2款中的依照"前款的规定"处罚，既可以理解为仅指向前款法定刑，也可以理解为指向前款的罪状和法定刑。这意味着，将该罪从整体上视为情节犯，完全符合罪刑法定原则。但是，"损害国家、集体、公民的合法利益"和"损害招标人或者其他投标人利益"毕竟存在表述上的差异，对具体利益的性质、含义必须予以精准把握。

（二）串通投标罪"损害国家、集体、公民的合法利益"的认定展开

假如刑法第223条两款中的"利益"并不相同，对两款中的情节就要进行区别对待。易言之，尽管两种串通投标行为构成犯罪，均需具备严重的法益侵害性，但可罚的违法性相同，并不表明两种罪量要素的形式违法性即实定法上提升违法性的具体情形毫无差异。①

既如前述，由于对第一种串通投标行为损害的利益进行限制解释，应适当限缩认定所涉严重情节。不过，从文义解释上看，第二种串通投标行为损害的利益可以包括物质利益和非物质利益；从体系解释上看，这能说明两款规定表述上的不同；从目的解释上看，这有利于全方位保护国家、集体、公民的合法利益。综上所述，此处应进行扩大解释。

在投标人与招标人串通投标的情况下，司法机关对其损害的合法利益也抱有比较宽松的认定态度。例如，在黄某某等串通投标案中，公诉机关认为，黄某某等人串通投标，采用贿赂方法，使控制的三家公司成为大宗肉食品供应商，损害了国家、集体、公民的合法利益，情节严

---

① 就此而言，《新标准二》第68条还有进一步修改的必要，应分别明确两种罪量要素的内容和标准，而不是对严重情节进行统一化处理。

重。据此，一审法院判定其构成串通投标罪。① 再如，在袁某某、冯某某串通投标案中，一审法院认为，二人在履行中标项目过程中，给学校配送过期大米，对学生的身体健康造成隐患，在社会上造成不良的影响，损害了国家、集体、公民的合法利益，情节严重，其行为已构成串通投标罪。② 可见，这里的"利益"表现为国有、集体资产，不特定多数人的生命、健康、财产或特定少数人的生命、健康、财产，其归属于合法投标人、其他市场参与者和消费者。通过对结果、手段、次数、对象等情节的综合判断，只有串通投标行为具有严重损害国家、集体或公民合法利益的情节，才构成该罪。

---

① 参见湖北省利川市人民法院（2019）鄂 2802 刑初 336 号刑事判决书。
② 参见西藏自治区尼木县人民法院（2019）藏 0123 刑初 3 号刑事判决书。

# 论正当防卫的正当化根据

黄文轩[*]

**关键词**

正当防卫　优越法益保护　个人保护　法维护　法规范违反

**内容摘要**：实践中关于正当防卫成立条件的争议，源于理论上对正当防卫的正当化根据没有清晰、准确的设定。立足于我国关于正当防卫的具体规定，讨论正当防卫的正当化根据主要为解决退避义务、法益均衡与公共法益三大问题。既有的优越法益保护原则、个人保护与法维护相结合原则及单纯的个人保护原则，均无法圆满说明此三大问题。法规范违反原则主张行为本位、社会面向与消极判断，具有合理解释此三大问题的可能性，应成为正当防卫的正当化根据。其内容具体可主要归为三点：其一，反击行为要成立正当防卫，被反击的行为应是违反法规范的行为，即不法侵害应指违反法规范；其二，反击不法侵害的行为若未违反法规范，则不应排除在正当防卫之外；其三，所谓违反法规范，是指制造了侵害权利的危险，从而表达了对法规范的否定，进而动摇了公

---

[*] 作者单位：重庆大学法学院。

民对法规范的信赖。

## 一、问题的提出

不同的国家和地区对正当防卫的理解并不完全相同。我国现行刑法将正当防卫规定于第 20 条。根据该条规定，我国的正当防卫是指为使国家、公共利益或个人权利免受正在进行的不法侵害，而采取的制止不法侵害，进而对不法侵害人造成损害，但并没有明显超过必要限度造成重大损害的行为。这一概念的要点有三方面：其一，正当防卫是为保护国家、公共利益或个人权利的行为，不仅为保护个人权利可成立正当防卫，为保护国家、公共利益亦可成立正当防卫；其二，正当防卫是制止而非惩罚不法侵害的行为；其三，正当防卫应未明显超过必要限度造成重大损害。

研究正当防卫正当化根据的必要性，一方面源于我国对正当防卫的独特规定，另一方面亦源于我国实践中对正当防卫成立条件的理解存在分歧。① 在近年来引发较大舆论争议的刑事案件中，涉及正当防卫的不在少数，如 2005 年的黄某权案②、2009 年的邓某娇案③、2012 年的王某全案④与 2016 年的于某案⑤。这些案件的争议焦点从表面上看在如何厘定正当防卫的成立条件，但从根本上而言在如何理解正当防卫的正当化根据。

在 2009 年的邓某娇案中，邓某大与黄某智在酗酒后纠缠邓某娇，要求邓某娇提供异性洗浴服务。邓某娇欲远离邓某大与黄某智，却被邓

---

① 参见徐万龙：《重构正当防卫的法理基础》，载《环球法律评论》2024 年第 1 期；安汇玉：《正当防卫法理基础的个人主义重述》，载《苏州大学学报（法学版）》2024 年第 1 期；李川：《正当防卫理据的法哲学省思——基于权利保护与社会连带视角》，载《理论探索》2023 年第 2 期。
② 参见湖南省长沙市芙蓉区人民法院（2005）芙刑初字第 108 号刑事判决书。
③ 参见湖北省巴东县人民法院（2009）巴刑初字第 82 号刑事判决书。
④ 参见山东省济南市中级人民法院（2012）济刑一初字第 53 号刑事判决书。
⑤ 参见山东省聊城市中级人民法院（2016）鲁 15 刑初 33 号刑事附带民事判决书。

某大暴力阻拦,因而用随身携带的水果刀刺击邓某大与阻拦刺击的黄某智,导致邓某大死亡与黄某智轻伤。本案的争议焦点是如何理解"明显超过必要限度"与"造成重大损害"的关系,但究竟应将二者同一化还是分别化,取决于如何理解正当防卫的正当化根据。如果将正当防卫的正当化根据定位于优越法益保护,那么行为本身的性质就应以行为造成的结果的性质来反推,行为造成了重大损害,就意味行为明显超过了必要限度。而如果将正当防卫的正当化根据定位于个人保护与法维护,那么就应适当分离对行为本身的性质判断与对行为造成的结果的性质的判断,行为造成了重大损害并不意味行为就明显超过了必要限度。

在2003年的范某秀案[①]中,范某雨因患精神病而缺乏辨控能力,经常无故殴打他人。某日,范某雨先追打其侄女,后又手持木棒、砖头追打其兄范某秀。范某秀在多次躲避后,因无力跑动而抓住范某雨的头发将其按倒在地,并夺下木棒朝持砖欲起身的范某雨头部挥打两棒,致范某雨倒地,后范某雨死亡。本案的争议焦点是如何把握正当防卫的对象条件,即理解"不法侵害"的含义。详言之,行为人具有罪责是否为认定行为为不法侵害的前提。然而,对正当防卫正当化根据的不同设定对此问题的回答不同。若以优越法益保护为出发点,那么行为在客观上造成了对法益的威胁即是不法侵害,行为人对此是否具有罪责无关紧要。而若以个人保护与法维护为出发点,那么行为人对危险行为是否具有罪责将影响正当防卫的成立。无罪责的状态即便不会决定性地否定行为为不法侵害,对其的正当防卫也会要求一定限制。

对正当防卫正当化根据的研究之所以难以取得共识,一个重要原因是该问题与阶层犯罪论体系的构建亦紧密相关。构建阶层犯罪论体系的关键一步是确定"不法"的范围,即界分"不法"与"罪责"的各自范畴,而正当防卫的对象恰是"不法侵害"。这意味着,如何理解阶层犯罪论体系意义上的"不法",就决定了应如何理解正当防卫对象条件

---

① 参见最高人民法院刑事审判第一庭、第二庭编:《刑事审判参考》(第45集),法律出版社2006年版,第10-14页。

意义上的"不法",反之亦然。正如罗克辛所言:"攻击的违法性符合一般犯罪理论的违法性概念。"① 而从厘定正当防卫成立条件的角度看,在我国讨论正当防卫的正当化根据实际主要涉及三个问题。

其一,防卫人在面对不法侵害时为何不具有退避义务?② 即补充性要件为何不是正当防卫的成立条件?③ 与紧急避险不同,面对不法侵害时,即便存在逃避、报警等其他可使法益免受不法侵害的手段,防卫人直接进行反击亦是正当的。

其二,防卫行为损害的法益为何可大于保护的法益?④ 即均衡性要件为何不是正当防卫的成立条件?⑤ 与防御型的紧急避险不同,当防卫行为损害的法益大于保护的法益时,防卫行为亦可成立正当防卫。

其三,为何为使国家、公共利益免受不法侵害亦可进行正当防卫?与其他国家不同,我国刑法明文规定了,为保护国家、公共利益可进行正当防卫。因而,在我国语境下讨论正当防卫的正当化根据,不能回避该公共法益问题。而且,需要注意的是,刑法第20条第1款中的"国家"一词,还是1997年修订时明确增加的。

因此,究竟应以何种理论作为我国正当防卫的正当化根据,判断的关键标准在很大程度上就是何种理论能同时圆满地解释退避义务、法益均衡问题与公共法益三大问题。

---

① [德]克劳斯·罗克辛:《德国刑法学总论》(第1卷),王世洲译,法律出版社2005年版,第429页。

② 参见陈璇:《侵害人视角下的正当防卫论》,载《法学研究》2015年第3期;[德]约翰内斯·卡斯帕:《德国正当防卫权的"法维护"原则》,陈璇译,载《人民检察》2016年第10期。

③ 参见[日]山口厚:《刑法总论》,付立庆译,中国人民大学出版社2011年版,第111页。

④ 参见陈璇:《侵害人视角下的正当防卫论》,载《法学研究》2015年第3期;[德]约翰内斯·卡斯帕:《德国正当防卫权的"法维护"原则》,陈璇译,载《人民检察》2016年第10期。

⑤ 参见[日]山口厚:《刑法总论》,付立庆译,中国人民大学出版社2011年版,第111页。

## 二、对优越法益保护原则的检讨

我国传统刑法理论并未详细阐释正当防卫的正当化根据，在此背景下，源于结果无价值论的优越法益保护原则于此成为一种有力主张。结果无价值论的立场有两个关键点：其一，因为刑法的任务是保护法益，所以不法即是法益侵害，包括实害与危险。并由此，未造成实害或危险的行为，即便破坏了伦理秩序，缺乏了社会相当性或违反了行为规范，也不能被认定为犯罪。其二，无论是实害还是危险的判断，资料都是客观的。因而，故意与过失不是不法要素，是罪责要素。① 而据此，结果无价值论主张违法阻却事由的根据在法益阙如或优越。一方面，如果一个法益由于特别原因导致法益性被否定，那么于其而言不可能出现法益侵害；另一方面，当出现法益冲突时，若衡量的结果是保护了更优越的法益，那么亦应从整体上否定法益侵害的存在。② 具体针对正当防卫而言，结果无价值论认为其阻却违法的根据在上述后者，即优越法益保护。③

在解释退避义务与法益均衡问题时，优越法益保护原则指出，由于正当防卫代表"正"，而不法侵害代表着"不正"，"正不应向不正让步"（或者说"法不应向不法让步"），因而防卫人在面对不法侵害时当然不具有退避义务。而同样基于此，不法侵害者的法益应受缩小评价，其值得保护性应降低，因而当防卫行为损害的法益本身大于保护的法益本身时，防卫行为完全可因保护的法益的值得保护性高于损害的法益的值得保护性而成立正当防卫。④

就正当防卫成立条件的厘定而言，优越法益保护原则有如下推论。

首先，在对象条件方面。第一，未达相应刑事责任年龄的人与精神

---

① 参见张明楷：《刑法学》，法律出版社 2016 年版，第 110 页。
② 参见张明楷：《刑法学》，法律出版社 2016 年版，第 195 页。
③ 参见张明楷：《刑法学》，法律出版社 2016 年版，第 198 页。
④ 参见张明楷：《刑法学》，法律出版社 2016 年版，第 198 页。

病人实施的法益侵害行为，同样属不法侵害，可进行正当防卫。只是，法益的最大化保护是法益保护主义的应有之义，因而此时的正当防卫应予以一定限制。第二，对既不是出于故意也不是出于过失的法益侵害行为，由于侵害法益即是不法侵害，因而亦可进行正当防卫。只是，此时的正当防卫在限度条件方面亦应特别讨论。第三，虽然我国刑法明确规定，为保护公共法益可进行正当防卫，但若公权力可及时有效保护公共法益，那么应否定正当防卫的成立。第四，面对野生动物侵害可进行反击，但此时反击属紧急避险而非正当防卫；面对饲养动物侵害进行反击则属正当防卫，且为对饲主的防卫。

其次，在主观条件方面。防卫行为只要在客观上起到了保护优越法益的作用，即便非出于防卫意识，亦可成立正当防卫。我国传统刑法理论认为，正当防卫以防卫意识为必要条件，由此挑拨防卫、相互斗殴与偶然防卫不是正当防卫。① 优越法益保护原则基于结果无价值论对此的解释则是：其一，在挑拨防卫场合，挑拨行为之所以成立故意犯罪，并非因为行为人主观上缺少防卫意识，而是挑拨行为本身往往即是不法侵害，对其的反击大多属正当防卫，而对正当防卫当然不可再进行正当防卫。其二，在相互斗殴场合，双方行为均不成立正当防卫，原因亦非缺少防卫意识，而是一方面存在相互承诺，另一方面双方行为均非客观制止不法侵害的行为。其三，在偶然防卫场合，行为人虽主观上具有犯罪故意，但客观上未侵犯法益，相反还保护了法益，因而应构成正当防卫。

最后，在限度条件方面。第一，对"必要限度"的解释应采必需说，即是否超过"必要限度"的关键在防卫行为是否为制止不法侵害所需。至于是否"必需"，应结合具体案件的具体情境予以判断。而若防卫行为损害的法益与保护的法益相比，前者极度大于后者，亦应认定防卫行为非必需。第二，"明显超过必要限度"与"造成重大损害"应同一化，不存在有前者而无后者或有后者而无前者的情况。第三，"重

---

① 参见高铭暄、马克昌主编：《刑法学》，北京大学出版社2016年版，第131页。

大损害"的认定应受双重限制。其不仅意味着防卫行为保护的法益明显大于损害的法益,而且以出现重伤或死亡为前提。①

优越法益保护原则虽是我国晚近一种有力的主张,但其缺陷亦明显。

其一,循环论证。无论是说明退避义务还是法益均衡问题,优越法益保护原则的逻辑起点都是,正当防卫代表的"正"不应向不法侵害代表的"不正"让步。但问题是,讨论正当防卫的正当化根据要解决的问题,即正当防卫何以为"正"。问题的终点不能作为问题的起点,否则将构成循环论证。②

其二,掺杂异质理论。优越法益保护原则以"正不应向不正让步"为逻辑起点,但实际上该格言是法维护原则的内容。若严格恪守优越法益保护原则,应然的推论应是防卫人具有退避义务。因为如果防卫人可通过退避来免受不法侵害,那么防卫人选择退避便可最大化地保护法益。毕竟,退避不仅可免受不法侵害人带来的损害,而且亦可使不法侵害人免受损害,从法益保护的角度而言,两全其美,是对法益保护主义的深刻贯彻。

其三,回避问题本质。优越法益保护原则明显无法说明法益均衡问题,而为消弭此冲突,其提出了"法益的值得保护性"的概念。但问题是,一方面,结果无价值论主张的法益是客观的存在,无法人为改变,法益的客观性亦正是其关键价值来源,以此可发挥立法批判机能;另一方面,将"法益衡量"以"法益的值得保护性的衡量"替换,有偷换概念以回避问题本质的嫌疑。毕竟,提出法益均衡问题的语境是"法益衡量"而非"法益的值得保护性的衡量"。更何况,法益因其客观性而使法益衡量有客观性,在引入"法益的值得保护性"的概念后,"值得保护"的标准如何厘定?其是否依旧为客观判断?

其四,加剧唯结果论。实务上长期以来倾向于以结果区分正当防卫

---

① 参见张明楷:《刑法学》,法律出版社2016年版,第197—217页。
② 参见[德]约翰内斯·卡斯帕:《德国正当防卫权的"法维护"原则》,陈璇译,载《人民检察》2016年第10期。

与防卫过当,导致了唯结果论的现象。而优越法益保护原则实际上将为唯结果论提供理论支撑。例如,优越法益保护原则主张"明显超过必要限度"与"造成重大损害"的同一化。这意味着,在造成了重大损害的结果后,无须再独立考量防卫行为本身的合理与否问题,可直接认定防卫过当的成立。

其五,违反罪责原则。优越法益保护原则认可对无罪责的法益侵害行为的防卫。此一看法与我国刑事司法实践亦大致相符。在范某秀案中,裁判理由便指出:第一,对精神病人的攻击进行反击并非紧急避险而是正当防卫;第二,在面对此类攻击时,若知晓攻击者是精神病人,且可通过退避方式免遭攻击,那么不可进行正当防卫,而若不知晓攻击者为精神病人,或不可通过退避方式免遭攻击,可进行正当防卫。① 然而,此一看法并不合理。②

犯罪的成立之所以不可违反罪责原则,一个重要的原因是犯罪的法律后果即刑罚在本质上是严重的恶害。而就正当防卫而言,其给不法侵害人带来的结果比刑罚更甚为一种恶害。在此情况下,以举轻以明重的逻辑,理当对正当防卫的对象条件施以更严格的限制。若允许对无罪责的法益侵害行为亦进行正当防卫,罪责原则难言得以全面恪守。

或许是意识到结论的不合理性,优越法益保护原则在肯定对无罪责的法益侵害行为亦可进行正当防卫的同时,又如上提出了应对此类正当防卫予以一定限制的意见。但问题是,既然主张只要是不法侵害即可对其正当防卫,而有无罪责并不影响不法侵害的成立,那么又因何可对此类正当防卫予以区别对待?这显然存在矛盾。③ 而且,将限制性的反击纳入正当防卫的概念外延本即存在矛盾。如前所述,正当防卫与紧急避险不同,其成立不要求补充性要件,防卫人在面对不法侵害时无退避义务。而若一方面将无罪责的法益侵害行为认定为不法侵害,另一方面又

---

① 参见最高人民法院刑事审判第一庭、第二庭编:《刑事审判参考》(第45集),法律出版社2006年版,第10-14页。
② 参见黄荣坚:《基础刑法学》(上),中国人民大学出版社2009年版,第152页。
③ 参见冯军:《刑法教义学的立场与方法》,载《中外法学》2014年第1期。

要求对此类不法侵害的正当防卫以履行退避义务为成立条件，那么这一做法无疑与正当防卫的成立不要求补充性要件的学界共识相矛盾。①

其六，脱离现实问题。结果无价值论不仅坚持不法与罪责的区分，而且主张从纯客观的意义理解不法。据此，优越法益保护原则在认定不法侵害时，并不区分故意行为与过失行为。但问题是，出于故意的法益侵害行为与过失的法益侵害行为，在防卫的难度上明显不同，前者显然难于后者。或许是意识到故意与过失在不法强度上的影响，优越法益保护原则因而又主张，基于不法侵害行为是出于故意还是过失的不同，应设置不同的正当防卫限度条件。但既然故意与过失并非不法要素，那又因何可根据二者的不同分别设置正当防卫的限度条件？这一矛盾可谓源于与现实问题的脱离，故意与过失对不法强度有影响，应是难以否认的客观事实。

## 三、对个人保护与法维护相结合原则的反思

面对优越法益保护原则的不足，我国有学者提出应引入德国通说，即结合个人保护原则与法维护原则来阐释正当防卫的正当化根据。个人保护原则的观点是，在遭受不法侵害时，趋利避害，制止不法侵害以保障自己的法益是一种天生本能，因而任何人都可保护自己免受不法侵害，在公力救济缺失的情况下，私力救济理所当然。② 而法维护原则主张，正当防卫的价值不在于对个人进行保护，而是制止破坏法秩序的不法侵害而捍卫法秩序。③

针对退避义务与法益均衡问题，我国提倡个人保护与法维护相结合

---

① 参见陈璇：《紧急避险：对无责任能力人的侵害予以反击之行为的重新界定——从主观违法性论在我国之提倡说起》，载《武汉大学学报（哲学社会科学版）》2007年第2期。

② 参见 [德] 汉斯·海因里希·耶塞克、托马斯·魏根特：《德国刑法教科书》，徐久生译，中国法制出版社2001年版，第402页。

③ 参见 [德] 汉斯·海因里希·耶塞克、托马斯·魏根特：《德国刑法教科书》，徐久生译，中国法制出版社2001年版，第402页。

原则的学者认为，就退避义务问题而言，从法确证原则的角度，其间的理由一目了然，法无须向不法让步；同时，既然针对不法侵害而实施防卫，是防卫人在行使其自身的权利，则作为权利者一方，其无须蒙受屈辱而退避。而就法益均衡问题而言，从个体权利的面向而言，既然防卫是行使权利的体现，则其间的关键只在于，"为有效制止不法侵害，什么措施是必要的，而不取决于侵害人在此过程中必须承受哪种损害"；从社会权利的面向来说，由于防卫行为同时也是在保护法秩序利益，法秩序利益与所保护法益叠加之后所具有的权重，使得放弃均衡性要求成为当然的推论。

但在德国学者看来，对退避义务与法益均衡问题的说明，与个人保护原则关系并不明显，真正起到作用的是法维护原则。正是因为正当防卫具有维护法秩序进而实现一般预防的作用，所以可得出：其一，即便在有退避方法可同样或更好保护法益时，亦可直接进行反击；其二，防卫行为即便损害的个人法益大于保护的个人法益，亦可成立正当防卫，因为防卫行为同时亦维护了法秩序。①

而德国通说之所以认为，正当防卫的正当化根据须同时定位于个人保护与法维护，② 其原因在于，对正当防卫权的限制，有时需法维护原则，而有时又需个人保护原则。对退避义务与法益均衡问题予以解释，本质是为扩张正当防卫权提供理由，但正当防卫的正当化根据亦需合理限制正当防卫权。在限制正当防卫权方面，德国通说主张：其一，正当防卫只可针对侵害个人法益的行为，而不能针对侵害公共利法益的行为。其二，正当防卫不可针对不能犯未遂。其三，为保护他人而非自己的法益免受不法侵害而实施防卫行为时，防卫行为可达的最强限度应与

---

① 参见［德］克劳斯·罗克辛：《德国刑法学总论》（第1卷），王世洲译，法律出版社2005年版，第425页；［德］约翰内斯·卡斯帕：《德国正当防卫权的"法维护"原则》，陈璇译，载《人民检察》2016年第10期。

② 参见［德］汉斯·海因里希·耶塞克、托马斯·魏根特：《德国刑法教科书》，徐久生译，中国法制出版社2001年版，第402页；［德］克劳斯·罗克辛：《德国刑法学总论》（第1卷），王世洲译，法律出版社2005年版，第424-425页；［德］乌尔斯·金德霍伊泽尔：《刑法总论教科书》，蔡桂生译，北京大学出版社2015年版，第158页。

他人亲自实施时一致。其四，对于非为法所规范的对象引起的法益侵害，不可正当防卫。其五，基于合宜性或者说伦理的考量，针对非出于故意的法益侵害行为等的正当防卫，应受特别限制。在这些限制性主张中，前三点可谓基于个人保护原则，而第四点、第五点基于法维护原则。①

值得说明的是，在德国刑法理论中，正当化事由拥有抽象的统一根据，即利益衡量或者说优越利益保护原则。② 个人保护与法维护相结合原则与优越利益保护原则的联系在于，优越利益保护原则将个人保护原则注重的个人法益保护与法维护原则注重的法秩序维护，分别表述为了个人利益保护与法维护利益保护。而由此，优越利益保护原则与前述优越法益保护原则可谓相去甚远。第一，优越利益保护原则衡量的利益范围宽于优越法益保护原则。优越法益保护原则衡量的法益是具体、当下的法益，而不包括抽象、未来的法益，也即刑法目的意义上的法益。而抽象、未来的法益亦可被优越利益保护原则考虑。第二，优越利益保护原则与优越法益保护原则在方法论上有显著区别。优越法益保护原则从不法侵害人的角度出发，关注不法侵害人法益的值得保护性的降低，如前所述。而优越利益保护原则从正当防卫人的角度出发，关注正当防卫保护的利益的扩大。第三，优越利益保护原则非源于结果无价值论。在利益衡量过程中，其考量的因素不局限于客观范围。因为在其看来，主观因素亦会影响行为本身的性质，进而影响利益衡量。毕竟，利益与否与多少的判断是整体规范评价的结果，而非存在论思维下对事实予以划定而得出的结论。

我国学者之所以提出舍弃优越法益保护原则，而引入个人保护与法维护相结合原则，原因在于，二者相比后者具有如下三点优势：其一，可解释退避义务与法益均衡问题。其二，可解释为何仅允许为保护个人

---

① 参见［德］克劳斯·罗克辛：《德国刑法学总论》（第1卷），王世洲译，法律出版社2005年版，第424—425页。

② 参见［德］乌尔斯·金德霍伊泽尔：《刑法总论教科书》，蔡桂生译，北京大学出版社2015年版，第152—153页。

法益而正当防卫。其三，可解释为何对无罪责的法益侵害行为进行正当防卫时，防卫行为应受更严格的限制。因为基于法维护原则，在此一场合，不法侵害者对法规范效力的动摇程度较低，而由此法维护的必要性较缓和。

不过，个人保护与法维护相结合原则亦有不足。第一，就法维护原则而言，① 一是在个人保护之外，法维护难言有独立意义。如果说刑法的目的是保护法益，那么维护法秩序的最终目的仍是保护法益，而由此在个人保护之外，法维护究有何指向难以明晰。二是若认为正当防卫具有法维护即一般预防意义，那么有混同正当防卫与刑罚之嫌。三是法维护原则有将防卫对象扩大至无辜第三人的危险。② 四是法维护原则主张的"法不应向不法让步"，似乎意味着不法侵害者不具有任何法益。五是以"法不应向不法让步"为出发点，是在循环论证。③ 第二，就个人保护原则而言，其将引出只可保护个人法益的结论。这在德国刑法上或许可行。罗克辛针对德国刑法就指出："紧急防卫的正当化的条件，首先总是需要一种以防卫对个人法益的违法性攻击为目的符合行为构成的行为……公众的法益是不具有紧急防卫能力的；公众不是第32条第2款中的'其他'。"④ 但针对我国刑法而言，为保护公共法益而正当防卫，应被肯定。而且，就个人法益与公共法益的关系而言，一般认为，公共法益处于个人法益的延长线上。无论公共法益是直接等于各个人法益的简单相加，还是为各个人法益有机结合，而具有独立于个人法益的意义，侵犯公共法益的行为都同时侵犯了个人法益。有观点认为，若允

---

① 参见许恒达：《从个人保护原则重构正当防卫》，载我国台湾地区《台大法学论丛》第45卷第1期。
② 参见陈璇：《侵害人视角下的正当防卫论》，载《法学研究》2015年第3期。
③ 参见[德]约翰内斯·卡斯帕：《德国正当防卫权的"法维护"原则》，陈璇译，载《人民检察》2016年第10期。
④ [德]克劳斯·罗克辛：《德国刑法学总论》（第1卷），王世洲译，法律出版社2005年版，第424页。

许对侵害公共法益的行为进行正当防卫,那么任何人都被允许了行使警察权。① 但问题是,在任何情况下均只允许公权力对公共法益进行保护,并不利于公共法益的全面保护,也有悖于确立正当防卫制度的初衷。其中的关键问题实际是,在允许为保护公共法益而正当防卫的同时,如何对此类正当防卫设置特别的限度条件。因为在防卫的紧迫性与强度方面,制止侵犯公共法益的行为一般采较缓和措施即可。

## 四、对单纯的个人保护原则的追问

鉴于法维护原则的诸多问题,近年我国有学者提倡,单纯以个人保护原则重构正当防卫制度。重构论的主要特点有三个方面。首先,在视角的选取上,认为应聚焦防卫行为损害法益的缩小,而非保护法益的扩大。所谓缩小,即缩小评价法益的值得保护性。因为生命具有不可衡量性,在防卫人杀死侵害人的场合,无论如何为防卫人保护的法益加码,也无法超过其损害的法益,因而以扩大防卫行为保护法益的方法,无论如何也无法解释法益均衡问题。其次,重构论指出,法规范调整的对象似乎是个人与国家间的关系,但本质是个人与个人间的关系,因而不法侵害虽形式上表现为对国家秩序的破坏,但实质上为对个人法益的侵犯。这意味着,正当防卫的正当化根据应定位于个人保护。即由于不法侵害人未履行对正当防卫人的尊重义务,正当防卫人亦无须履行对不法侵害人原本的对等尊重义务。最后,对于免除的对等尊重义务的范围,或者说缩小评价的法益的值得保护性的范围,重构论提出,应取决于不法侵害的强度,即应结合具体情境以安全且有效制止不法侵害为准。具体针对退避义务与法益均衡问题,重构论的解释是:其一,退避是尊重的表现,因而若防卫人对侵害人的尊重义务被免除,其便无退避义务。其二,尊重义务具体而言是尊重他人法益的义务,因而防卫人对侵害人

---

① 参见[德]克劳斯·罗克辛:《德国刑法学总论》(第1卷),王世洲译,法律出版社2005年版,第424页。

尊重义务的免除,完全等同于对侵害人法益的否定、悬置或值得保护性的缩小评价。①

重构论单纯的个人保护原则与德国通说中的个人保护原则并不相同。德国通说中的个人保护原则在设置正当防卫的成立条件时主张:第一,只要为保护自己的法益,个人就可正当防卫;第二,对正当防卫唯一的限制在必要性,即防卫行为只要是有效且最轻的制止不法侵害的手段,那么就是正当的。但重构论并不采此结论。因为重构论主张的单纯的个人保护原则,实际并不仅仅包括对个人法益的保护,而是亦含有维护人际对等尊重规范之义。对人际对等尊重规范的维护替代了德国通说中的法维护,发挥着限制正当防卫权的作用。

重构论的逻辑起点在于,既然不法侵害人不履行对正当防卫人的尊重义务,那么与此对等,正当防卫人亦无须履行对不法侵害人原本的尊重义务,正所谓"己所不欲勿施于人"。但这一起点无法用以说明退避义务与法益均衡问题。例如,甲为不法侵害人,乙为正当防卫人,在甲侵害乙一个价值1万元的财物时,乙通过防卫损害了甲一个价值1万元的财物与一个价值2万元的财物。在该案中,乙的防卫行为损害的法益(价值1万元的财物)大于保护的法益(价值3万元的财物)。若认为由于甲不履行对乙的尊重义务,因而乙对甲的对等尊重义务亦被免除,那么鉴于尊重义务的对等性,乙通过防卫行为可损害的法益应限于价值1万元的财物。

有观点认为,根据重构论应先对甲的财物作缩小评价,即先将甲价值3万元的财物在值得保护性上等同于乙价值1万元的财物。但问题是,这将是对甲进行重复否定性评价。不法侵害人违反人际的对等尊重义务后,结果应是正当防卫人可在同等程度上亦不履行对其的尊重义务,而非先对其法益作缩小评价,再对等免除正当防卫人的尊重义务。因为缩小与免除无本质差别,先缩小再免除实际便是两次缩小或两次

---

① 参见陈璇:《侵害人视角下的正当防卫论》,载《法学研究》2015年第3期;许恒达:《从个人保护原则重构正当防卫》,载我国台湾地区《台大法学论丛》第45卷第1期。

免除。

重构论的另一个问题是，会否认紧急救助的正当性。因为人际对等的尊重义务具有相对性而非绝对性。这意味着，对等尊重义务的免除仅可适用于受到不法侵害的人，若未受不法侵害，对不法侵害人则有尊重义务。针对这一问题，重构论补充提出，应基于社会连带义务或共通利益理论肯定紧急救助。但问题是，主张社会连带义务或共通利益，无法以个人保护原则为基础。

## 五、对法规范违反原则的提倡

笔者以为，应以法规范违反原则为正当防卫的正当化根据。该原则的主要内容可归为三点：其一，反击行为要成立正当防卫，被反击的行为应是违反法规范的行为。即不法侵害应指违反法规范。其二，反击不法侵害的行为若未违反法规范，则不应排除在正当防卫之外。这一看法源自笔者对正当防卫与违法性之关系的理解。在不涉及其他正当化事由的条件下，符合构成要件的行为若成立正当防卫，则不具有违法性，若不成立正当防卫，则具有违法性。因而，符合构成要件的行为是否成立正当防卫，与该行为是否违反法规范应是同等问题。这便意味着，若反击不法侵害的行为未违反法规范，那么就不应将其排除在正当防卫之外。其三，所谓违反法规范，是指制造了侵害权利的危险，从而表达了对法规范的否定，进而动摇了国民对法规范的信赖。刑法的立法目的是保护权利，但如果只有等到行为已经侵害了权利，刑法才能认定存在不法，那么刑法的立法目的必将部分落空。若希望充分以法规范实现权利保护，当行为还未侵害权利但已制造了侵害权利的危险时，即应将行为以不法论。而将侵害权利的危险与动摇对法规范忠诚相关联，旨在从预防的意义理解侵害权利的危险。例如，在甲杀害乙与甲和丙共同杀害乙这两个案例中，就单纯乙的生命权被侵害的事实而言，两个案例并无区别，但若从预防的角度分析这一事实，两个案件则完全不同。乙的生命权被侵害的事实在这两个案件中，体现的对法规范的敌对态度，显然不同。

法规范违法原则的特点主要有三方面。

其一，坚持行为本位而非结果本位。在优越法益保护原则看来，是否成立正当防卫仅是客观通过法益衡量确定结果是否为法益侵害的问题。但法规范违反原则重视行为而非结果。在确定行为性质时，法规范违反原则关注行为本身的客观面与主观面，同时有独立评价行为客观面的判断规则，不因行为造成的结果如何而直接决定行为的客观面如何。

以相互斗殴为例。笔者以为，在此类案例中，斗殴本身在客观上具有两面性，一方面是侵害他人权利的行为，另一方面是保护自己权利的行为。由此，应考虑行为的主观面，若斗殴最初是基于侵害他人权利的故意而产生的，在主客观一致的范围，整体认定行为是侵害他人权利的行为完全合理。

以偶然防卫为例，甲意图杀死乙而举枪瞄准乙射击，但恰巧此时乙举枪瞄准丙而意图杀掉丙。由于甲先开枪，乙在未射击丙前被甲击毙。根据法规范违反原则，应认定成立故意杀人罪未遂而非正当防卫。因为甲的行为在客观上对他人的生命权产生了威胁，在主观上亦存在侵害他人生命权的故意。若仅因行为基于偶然因素，在客观上最终未造成整体上的实害，而给予其积极评价，那么就以结果反推了行为。甲的行为在客观上应认为具有两面性，一方面是侵害他人生命权的行为，另一方面是保护他人生命权的行为，而在主客观一致的逻辑下，对其行为应最终认定为侵害他人生命权的行为。

其二，注重社会面向而非个人面向。与重构论单纯的个人保护原则不同，法规范违反原则注重社会面向而采取社会本位，而非注重个人面向采取个人本位。单纯的个人保护原则在强调法益保护的同时，亦注重规范违反，这是其与优越法益保护原则的不同之处。但单纯的个人保护原则注重的规范，并非社会层面的公共规范，而是私人层面的个人与个人间的规范，即对等尊重义务。而相反，法规范违反原则注重的是公共规范。其中缘由主要为两点：第一，只有认为不法侵害行为是破坏公共规范的行为，紧急救助才有被正当化的可能。而且，只有采取社会本位、注重公共规范，为保护公共法益而防卫才有成为正当防卫的可能。第二，若仅将法规范违反理解为个人与个人间对等尊重义务的违反，那么法规范的真正来源会被忽视。法规范来源于国家的制定或认可，因而法规范必具有公共性。

其三，主张消极判断而非积极判断。法规范违反原则与法维护原则似乎一样，但在分析思路上其实完全不同。法维护原则关注防卫行为对法规范的维护，认为只有在有维护法规范之必要的场合，才可正当防卫。因而，在家暴与挑拨防卫等场合，法维护原则认为基于维护法规范必要性的减弱应限制正当防卫。但法规范违反原则并不主张积极判断，而主张消极判断。即认为关键问题并非防卫的必要性是否减弱，而是防卫是否将反而动摇公民对法规范的信赖。若防卫行为未动摇公民对法规范的信赖，就应尽可能宽宥地肯定正当防卫的成立。由此可知：第一，针对不法侵害，即便其已为正当防卫制止，亦可对其施以刑罚，因为正当防卫并不起维护法规范的作用。第二，行为虽无防卫意识，但只要无违反法规范的意识，则亦有成立正当防卫的余地。

对于退避义务与法益均衡问题，法规范违反原则可给予较妥当的回答。基于"任何人均不必向不法让步"，在出现不法侵害时，在"质"的层面，任何人均不具有退避义务，同时在"量"的层面，不法侵害人的法益的值得保护性应受降低评价。这一降低评价并不取决于防卫人的防卫行为是否正当，因而并不存在循环论证与重复评价的问题。

此外，法规范违反原则亦可合理解释、设置我国对正当防卫成立条件的具体规定。首先，在对象条件方面。是否存在不法侵害不仅是客观层面是否存在实害的问题，而是应结合行为本身的主观面与客观面，判断行为是否动摇国民对法规范的信赖。行为虽造成了法益侵害的结果，但并未在主客观一致的范围内表现出对法规范的违反，不应认定为不法侵害。由此，对未达相应刑事责任年龄的人实施的法益侵害行为，与非出于故意与过失的法益侵害行为，不可正当防卫。其次，在主观条件方面。成立正当防卫并不要求防卫人具有防卫意识。但防卫人不应有犯罪故意。例如，在非典型①的偶然防卫中，安保人员随身携带枪支，由于意外走火杀死了甲，而当时甲正意图杀死乙。此时，对安保人员可认定构成正当防卫。因为其行为在客观上有两面性，但在主观上并无犯罪故意。最后，在限度条件方面。由于坚持行为本位，法规范违反原则认为，防卫过当的认定不能仅以结果论。即刑法第20条第2款规定的未"明显超过必要限度造成重大损害"，应从两方面理解。"明显超过必要限度"与"造成重大损害"应分别作为两个独立要件，且此两个要件均是对防卫行为本身的要求。"造成重大损害"是从结果的方面审视防卫行为本身的性质，而"明显超过必要限度"是从非结果的方面审视防卫行为本身的性质。"造成重大损害"应同时从绝对与相对的意义上理解。所谓绝对重大，指在不比较防卫行为保护的法益与损害的法益的情况下，损害的法益较重大。通常而言，即重伤或死亡。而所谓相对重大，指在比较防卫行为保护的法益与损害的法益的意义上，保护的法益较损害的法益极度微量。至于"明显超过必要限度"，则关键为如何理解"必要"。一是"必要"意味着"必需"。只要是为制止不法侵害所必需，那么均可为必要。二是"必要"亦意味着"适当"。即不可滥用正当防卫权。在不法侵害人窃取他人价值微不足道的财物的场合，或许唯有通过杀害不法侵害人才可挽回财产损失，但此时的杀害行为将由于缺乏适当性而无法成立正当防卫。

---

① "只要客观上造成了防卫结果，主观上没有防卫意识，就可谓偶然防卫。因此，着眼于偶然防卫人的主观内容，可以将偶然防卫分为故意的偶然防卫，过失的偶然防卫与意外的偶然防卫。"参见张明楷：《行为无价值论与结果无价值论》，北京大学出版社2012年版，第154页。"偶然防卫并不限于所谓故意的偶然防卫，而且还包括所谓的过失（或者意外）的偶然防卫，后者又分为两种类型：其一，丙正在非法杀丁时，在附近擦猎枪的乙因为疏忽（或者意外），枪支走火打中了丙，保护了丁的生命。其二，甲因为疏忽（或者意外）误以为受到野兽的袭击而开枪，实际上袭击甲的不是野兽，而是人。根据结果无价值的无罪说，甲、乙的行为属于正当防卫，不成立犯罪。"参见张明楷：《行为无价值论与结果无价值论》，北京大学出版社2012年版，第186页。

## 六、结论

通过以上论述，本文得出以下四点结论。

其一，讨论正当防卫的正当化根据要解决的关键问题是退避义务、法益均衡与公共法益问题。即防卫人在面对不法侵害时为何不具有退避义务？防卫行为损害的法益为何可大于保护的法益？为何为使国家、公共利益免受不法侵害亦可正当防卫？

其二，无论优越法益保护原则、个人保护与法维护相结合原则，还是单纯的个人保护原则，均无法同时圆满解决以上三个问题。相反，以法规范违反原则为逻辑起点，以上三个问题可获得妥当解决。

其三，规范违反原则的主要内容有三个方面：第一，反击行为要成立正当防卫，被反击的行为应是违反法规范的行为。即不法侵害应指违反法规范。第二，反击不法侵害的行为若未违反法规范，则不应排除在正当防卫之外。第三，所谓违反法规范，是指制造了侵害权利的危险，从而表达了对法规范的否定，进而动摇了国民对法规范的信赖。

其四，与优越法益保护原则相比，法规范违反原则坚持行为本位而非结果本位；与单纯的个人保护原则相比，法规范违反原则注重社会面向而非个人面向；与法维护原则相比，法规范违反原则主张消极判断而非积极判断。此为法规范违反原则的特点所在。

【域外传译】

# 法律的损害与经济的损害[*]

[德] 弗兰克·萨利格[**]（著）　申屠晓莉[***]（译）

**关键词**

法律的损害　经济的损害　财产损害

**内容摘要**：纯粹的法律损害理论并不符合德国宪法的规定，它无法证明刑法明文规定的财产犯罪构成要件要素的必要性。经济损害学说认为总体财产的结算和价值抵消是刑法中经济损害确定的要领，这确保损害概念在日常用语中的记述性内容符合宪法的明确性要求。德国刑事司法实践中依然存在着法律损害理论的适用，具体表现为排除、禁止经济结算，将抽象的价值差异视为财产损害。

---

[*] 原文出处：Frank Saliger, Juristischer und wirtschaftlicher Schaden, HRRS 2012, S. 363 – 368.
[**] 作者单位：德国慕尼黑大学。
[***] 作者单位：江苏大学法学院。

## 一、问题的重要性与现实意义

在当前刑法学中,有关财产和损害概念的争议必然包含"法律的损害和经济的损害"这一问题。一方面,一种普遍的看法是,法律的财产和损害学说在今天已经不再被提倡;[①] 另一方面,截然不同的论断也一并出现,即司法裁判最初所主张的经济的财产和损害概念越来越受到限制。[②] 总结这两种观点是为了看到,财产概念与损害概念在裁判和学术中的发展是"通过摆脱极端的理解从而转向缓和的学术观点"而逐渐形成的。[③] 那么,如果除去历史的需要,法律的损害学说和经济的损害学说之间的比照在今天还剩下什么意义?

有一种答案是,这种比照具有教学上的用处。由于法律的损害学说和经济的损害学说,描述了在一种可设想的损害学说范围内可能出现的极端位置,因此两者是为了"显著的体系性"需要。[④] 这也解释了为什么在阐释各种不同的财产学说时,通常都少不了纯法律和纯经济的财产与损害理论。

另外两个答案显得更有意思。首先,在学术领域出现了一个值得关注的现象:近来,个别刑法学者再次提及了法律的财产概念及损害概念。[⑤] 不过,下文的动因源自另一个现象观察:最近一段时间,联邦最

---

[①] 参见 Fischer StGB, 59. Auflage (2012), § 263 Rn. 89; Wessels/Hillenkamp BT/2, 34. Aufl. (2011), Rn. 531。

[②] 同参见 Fischer StGB, § 263 Rn. 89; SSW/Satzger StGB (2009), § 263 Rn. 93f。

[③] Wessel/Hillenkamp BT/2, 34. Aufl. (2011), Rn. 530; 也参见 Maurach/Schroeder/Maiwald BT Tb. 1, 10. Aufl. (2009), § 41 Rn. 97: Gegensatz „ teilweise verwischt "。

[④] 参见 Samson, JA 1978, 568。

[⑤] 参见 Pawlik, Das unerlaubte Verhalten beim Betrug (1999), S. 259ff. 。该文献重新表述了法律上的财产概念,认为一切在法律上能够被归为一个人的财产对象,并且他的自我表现权能够直接影响的财产对象,都属于财产,前提是对物的放弃并不意味着对宪法上人格特征的放弃。(较宽泛的)功能性财产概念接近法律的财理论,参见 NK/Kindhäuser, StGB, 3. Aufl. (2010), S. 263 Rn. 35ff.:财产是一个人对法律赋予他的全部可转移的(抽象货币价值)财富的处分权。

高法院刑事审判庭在对损害概念规范化的过程中，在这一问题上反复适用法律的损害学说。① 考虑到联邦宪法法院早在2010年7月就作出的关于背信罪的判决，这一该判决如果对刑法中所有财产都适用，那么上述观察结果就会令人感到惊讶，关于背信罪的判决表明，财产和损害概念必定要在经济上进行确定："规范意义上的观点可能会在确定损失时发挥作用，但是这种观点不应取代经济上的考虑，而是应当确保背信罪作为财产犯和结果犯的特性。"②

下文将论证，联邦最高法院的判决多次在这一问题上使用法律的损害学说，尽管在表达上这一概念已经被放弃了。与此同时，本文还将证明这些判决和联邦宪法法院在背信罪决定中所确立的基本原则相互抵触，因而是违宪的。基于这一目的，下文将先对纯法律的损害概念和纯经济的损害概念的特征作概括性介绍，再从宪法角度讨论纯法律的损害学说所存在的问题。最后，通过联邦最高法院的四个判决来证明，法律的损害概念依然存在于司法实践中，但是笔者认为这是难以长久的。对此，本文将补充刑法教义学和法学理论层面的批判，这些批判的核心观点是损害概念在规范过程中呈现出虚构化的现象，这在笔者的其他文章中也已有过说明。③

## 二、纯法律损害学说和纯经济损害学说的特征

在对纯法律损害学说或者纯经济损害学说进行分析时，之所以要一同论述与之相关的财产概念，是因为财产概念和损害概念之间有着密不可分的联系。

---

① 这一点在文献中已经偶尔被关注到了。参见 Schünemann StraFo 2010, 1 ff. (9) 对"黑色"收款判例的支持；Saliger FS Samson, 2010, 464, 468, 481 und ders. ZIS 2011, 59ff. (70f., 72, 75)。

② BVerfG NJW 2010, 3209 (3215 Rn. 115) = Hrrs 2010 Nr. 656 m. Anm. bzw. Bspr. u. a. von Becker HRRS 2010, 383; Saliger NJW 2010, 3195; Böse Jura 2011, 617 und Kuhlen JR 2010, 246.

③ Saliger FS Samson, 2010, 455ff. (481f.); ders., ZIS 2011, 69ff.; ders., JZ 2012, 723ff.

论及法律的财产概念和损害概念，没有人比宾丁（Binding）更能作为这种纯粹学说的代表。① 根据宾丁的观点，财产是某一权利主体全部财产权利与义务的总和。② 据此，诈骗就是一种权利掠夺——或者用宾丁的话来讲："没有权利，就没有诈骗。"③ 从这种财产理论中可以得出一个关于刑法财产概念耳熟能详的结论，亦即所有经济上具有价值的状态都是因为财产本身受到保护，这种状态不会获得主观上的权利，比如期待权④，相反，即便是毫无经济价值的要求（比如，欠缺可执行性的要求）也会受到保护⑤。

相较于损害学说，法律财产理论所得出的结论是鲜为人知的。⑥ 宾丁的法律财产概念是指财产权利的总和，它与财产的总体无关，但与财产的各个组成部分有关。因此，所有违反约定对财产权利的侵害都属于财产损害，损害没必要根据经济损失的总体结算来确定。⑦ 从这一角度讲，任何因欺骗而导致的财产权利丧失以及所有因欺骗而产生债务的财产负担都是一种损害，而非财产风险。⑧ 根据宾丁的定义，在法律意义上的损害就是一种缺陷。倘若某人交出自己的财产，却没有获得约定好的等价物，那么损害就会产生。⑨ 只要法律上的请求权遭到侵犯，从而对财产完整性造成破坏，就足以成立财产损害。而通过财产收益进行损害抵消则毫无意义。⑩

---

① 因此下文的论述仅参考他的理论。
② Binding, BT/1 2. Aufl. （1902）, § 63 S. 237ff. （238）; 对此，还参见 Cramer, Vermögensbegriff und Vermögensschaden im Strafrecht (1968), S. 39.
③ Binding, BT/1 2. Aufl. （1902）, § 85 S. 341.
④ Binding, BT/1 2. Aufl. （1902）, § 63 S. 240, § 85 S. 343f.; 也参见 Pawlik, Das unerlaubte Verhalten beim Betrug (1999), S. 260.
⑤ Binding, BT/1 2. Aufl. （1902）, § 85 S. 239 und 344.
⑥ 关于这方面的完整介绍出现在以下文献中：Maurach/Schroeder/Maiwald BT Tb. 1, 10. Aufl. （2009）, § 41 Rn. 88f。
⑦ Binding, BT/1 2. Aufl. （1902）, § 63 S. 238, § 85 S. 356.
⑧ Binding, BT/1 2. Aufl. （1902）, § 85 S. 360f.
⑨ Binding, BT/1 2. Aufl. （1902）, § 63 S. 238ff. （240）, § 85 S. 355ff. （356, 357 m. Fn. 1）; 也参见 NK/Kindhäuser § 263 Rn. 39.
⑩ Vgl. Binding, BT/1 2. Aufl. （1902）, § 63 S. 238, § 85 S. 356.

与法律财产学说在体系上相对应的概念是经济财产学说。经济财产学说认为，刑法所保护的财产原则上是纯经济事实的，并且财产指的是一切可以用货币价值衡量的东西。据此，财产就是一个人扣除负债后所有货币价值利益的总和。① 经济财产概念和法律财产概念的区别是显而易见的。在经济财产概念中，刑法所保护的财产范围更广，因为它基本上囊括了所有可以用货币价值衡量的财产价值，② 无论是主观权利还是其他像期待权这样的权利。此外，经济的财产概念与法律的财产概念的不同之处还在于，它只包含经济上有价值的财产，所以若某一债权因为完全无获利性而被认定是毫无价值的，则无法得到保护。③

损害学说的差异更为明显。在经济上对损害概念进行确定时，并不要求指向受骗者的各个财产权利，而是取决于按照货币价值计算的总体财产。经济的损害是以财产处分前后的结算连同当时产生的财产增长为前提的（抵消）。④ 所以，考虑总体财产的结算和价值抵消是刑法中经济损害确定的要领。只有最终在事实上变得更穷的人，才被认为是遭受了损害。

## 三、纯法律损害学说的违宪性

法律损害学说和经济损害学说的对立已表明，纯粹的法律损害学说可能并不符合宪法规定。

---

① BVerfG NJW 2009, 2370 (2371) = HRRS 2009 Nr. 558 zu §§ 266 und 263; BVerfG NJW 2010 3209 (3212, Rn. 86) = HRRS 2010 Nr. 656 zu § 266; RGSt 44, 230 (233); BGHSt 16, 220 (221); BGH NJW 1975, 1234 (1235) zu § 266; Krey/Hellmann/Heinrich BT/2 16. Aufl. (2012), Rn. 607ff.

② BGHSt 2, 364 (367).

③ BGH NStZ 2007, 95 (96) = HRRS 2006 Nr. 843.

④ BGHSt 50, 10 (15) = HRRS 2005 Nr. 135; 53, 199 (201) = HRRS 2009 Nr. 318; BGH NJW 2011, 2675 Rn. 12 = HRRS 2011 Nr. 917; auch 3, 99 (102); 47, 295 (302) zu § 266; Fischer § 263 Rn. 111, 113; Lackner/Kühl StGB 27. Aufl. (2011), § 263 Rn. 36; Sch/Sch/Cramer/Perron StGB 28. Aufl. (2010), § 263 Rn. 99; Cramer, Vermögensbegriff und Vermögensschaden im Strafrecht (1968), S. 100 ff. (114).

对此，人们必须要看到，宾丁所一贯坚持的法律损害学说，严格来讲并不能证明财产损害是诈骗罪独立的构成要件要素，就此而言，在宪法相关问题上就会得出违背直觉的结论。① 就以宾丁为例：按照他的观点，假设某人因受骗而没有获得自己购买的英国刀具，而是获得了与之同等价值的索林根刀具，则他的财产依然受到了损害，至于这种刀具是否很容易在市场上与英国刀具进行交换，或者他能否以同等价值且在没有额外出售成本的前提下将索林根刀具转卖，这些并不会影响已经产生的损害。② 如果仅仅是依据购买人交出财产（金钱）却没有获得约定好的等价品这一点，得出刀具购买人受到损害这个结论，那么购买人总体财产的结算对损害确定便毫无意义，因为计算总体财产必然要考虑到他已经获得的索林根刀具的市场价值。因此，在刀具案中，法律的损害仅仅是在购买人受骗和财产处分的范围内展开。③ 除了与受骗有关的财产处分，法律的损害由于不需要进行结算，所以并不具备独立的刑法内容。就此而言，法律损害学说无法证明法律所规定的构成要件要素的必要性。

这种证明缺失和宪法有重要关联。"财产损害"这一构成要件要素对于诈骗罪就如同财产损失（Vermögensnachteil）对于背信罪是至关重要的。不久之前，联邦宪法法院已经就诈骗罪存在的违宪扩张适用危险作出声明，财产损害构成要件要素限制着诈骗罪的刑事可罚性，同时，法院将刑法第 263 条规定的犯罪认定为财产犯和结果犯。④ 这一构造的维护是根据基本法第 103 条第 2 款规定的明确性原则而作出的。因为联邦宪法法院早在 2010 年关于背信罪的判决中，就已明确禁止构成要件要素的消解和越界。据此，各个构成要件要素即使是在其语义范围内也不允许被这样过度解释，"以至于它完全融为其他构成要件要素，从而

---

① 参见 MR/Saliger, StGB (2012), § 263 Rn. 187。

② Binding, BT/1 2. Aufl. (1902), § 85, S. 360. 这个案例来源 Samson JA 1978, 626.

③ Vgl. Samson JA 1978, 626; auch SK/Hoyer, 60. Lieferung, 7. Aufl. (Februar 2004), § 263 Rn. 184ff.

④ BVerfG NJW 2012, 907 (916 Rn. 176) = HRRS 2012 Nr. 27.

不可避免地被一并实现了"①。倘若法律损害学说不能证明财产损害这一要素在诈骗罪和背信罪中的独立性,那么这种学说就触犯了宪法上所禁止的构成要件要素消解。

宾丁法律损害学说中的结算缺失至少会导致两个结论。其一,若索林格刀具比英国刀具拥有更高的市场价值,则被骗者从结果上变得更加富有,可是这种学说必然认定购买人在法律意义上依然是亏损的。事实上,宾丁也赞同了这个结论,并将此称颂为是严格以民法从属性来确定刑法财产损害的结论。② 但是,受骗的购买人享有民事请求权来主张继续履行或者损害赔偿,这一点并不能得出他在刑法上也受到财产损害。此外还要提及的是,这种法律损害在损害的自然语义理解下,受到损害的被害人却因犯行而变得更加富有。根据日常用语的语义,损害意味着一种损失、一种减值,③ 更确切地说,财产损害意味着某种物质利益的损失。④ 如果被假定的受害人因为犯罪行为确实变得更加富有,那么就不能说这是一种损失。其二,法律损害学说还会得出这样一个麻烦的结论,即这种学说认为受骗以及财产处分和财产损害具有唯一关联,这就将诈骗罪刻画成一种纯粹违背财产所有人意志的犯罪,从而实现与财产犯罪的强制统一,但是这种统一是违背体系的。⑤

经济损害学说就避免了这些问题。在考虑抵消的情况下,经济损害学说所要求经济上的总体结算证明了财产损害作为构成要件要素的独立性,同时,该学说也因此实现了明确性要求。除此之外,在法学理论层面,经济损害学说确保损害概念在日常用语中的记述性内容,也确保诈骗罪仅仅是为了保护那些因犯行而变穷的受害者。⑥

---

① BVerfG NJW 2010, 3209 (3211 Rn. 79) = HRRS 2010 Nr. 656.
② 参见 Binding, BT/1 2. Aufl. (1902), § 85 S. 355ff (360)。有关宾丁的观点,也参见 Hirschberg, Der Vermögensbegriff im Strafrecht (1934), S. 6。
③ Wahrig, Deutsches Wörterbuch, 9. Aufl. 2011; vgl. auch Duden, Die deutsche Rechtschreibung, Bd. 1, 25. Aufl. 2009, 这两处关于"损害(Schaden)"的词条。
④ Duden, Die deutsche Rechtschreibung, Bd. 1, 25. Aufl. 2009, 词条:财产损害。
⑤ 参见 RGSt 16, 1 (3); Samson JA 1978, 626。
⑥ 有关这一论证,详细参见 Saliger, JZ 2012, 723 (726)。

## 四、法律损害学说的具体案例

如前文所述，倘若法律损害学说并非以符合宪法的解释为基础的，那么所有能够得出法律损害学说的解释结论也一样是违宪。根据联邦最高法院最近关于诈骗罪和背信罪的四个判决可以验证上述结论，本文将它们整理为两组案例群进行分析。

### （一）结算的排除与禁止

在第一组案例中，法律损害学说表现为排除和禁止结算。

#### 1. 背信罪

这种法律损害学说的表现可以从 2011 年联邦最高法院第一刑庭关于舍赫（Schäch）案背信罪的判决中察觉出来。在该案中，① 某市的前市长违反义务为该区域贷款 200 万欧元，该笔贷款的利息高达 17 万欧元。他这么做的目的是向地方议会展现"井井有条的财政"，而这笔贷款的全部资金都被用于该辖区的工程项目（包括地面建筑和地下工程）。

第一刑庭以没有根据而驳回了这位市长的上诉。同时，第一刑庭认为该辖区蒙受了 17 万欧元贷款利息的财产损害。对此，法院解释道，被告人为了这个已经获得批准的项目，即相关的地面建筑和地下工程，而使用了错误的方式（贷款）。因为被告人要承担偿还贷款利息的义务，所以就要持续而固定地从辖区财政中抽取利息资金，而辖区对于这笔资金的支出并没有获得相应的等价品。考虑到贷款偿还义务，这笔贷款对该辖区而言也就不具备经济上的利益，其他的经济利益也并不明显。尽管被告人从一开始就打算将贷款用于工程建设，但是这种模糊的利益或者仅仅间接的利益"并不能算是可以用来抵消亏损的财产价值利益"②。除此之外，借贷也不具备紧迫性，不只是因为不能确定财政已

---

① BGH NStZ 2011, 520 f. = = HRRS 2011 Nr. 681.
② BGH NStZ 2011, 520 (521) = HRRS 2011 Nr. 681.

达赤字状态，而且即使了解到真实的财产状况，地方议会也肯定不会决议通过这样的投资。①

第一刑庭的论证是站不住脚的，因为它导向一种违宪的法律损害学说。② 在对总体财产进行经济结算的必要性中可以得出结论，借贷与偿还利息是一个整体，它们不能被割裂看待。这是因为，假如贷款利息符合市场要求，那么委托人对借贷资金的处分可能性就是一种直接的财产利益，通常这种利益包含着本金和利息。只有当受托人对委托人承担明显过多的利息偿还义务时，才可能产生与贷款利息有关的单独损害。但这种损害对该辖区而言，依然是无法认定的。

第一刑庭的观点还让人不解的是，借贷"考虑到有偿还义务因而对该辖区不存在经济上的利益"，并且其他利益也不明显。可是，为什么货币的可处分性作为整个贷款业务的基础，它要被认定为不具备抵消贷款利息的能力而无法成为财产利益，这一点并不清楚。

此处表明了一种违宪的法律损害学说，其形式是限制将货币的处分可能性作为一种平衡抵消的因素。因为结算对法律损害学说而言是无关紧要的。倘若第一刑庭将该辖区所遭受的损害建立在因借贷而引起的利息偿还义务之上，那么法院就等于以一种违宪的方式消解了犯罪行为（义务违反）和犯罪结果（财产损失）。因为无论第一刑庭在细节上如何解释损害，结果都是从一种纯粹形式的财政违反（就是指被告人不应当以这样的形式或者在这个时间点进行贷款）得出财产损失。这不符合贷款业务的经济意义，同时也违反在借贷中应当考虑总体结算的原则。

2. 医疗结算诈骗

法律损害学说表现为排除抵消形式的另一种情况是医疗结算诈骗。众所周知，当部分领域的医疗款项并不符合规定的结算条件时，判决就认定这种情况成立（既遂）医疗结算诈骗。而医疗款项是否已经列

---

① BGH NStZ 2011, 520 (521) = HRRS 2011 Nr. 681.
② 相关批判参见 Saliger, ZIS 2011, 70f.

明以及医疗准则是否被提供，这些都不重要。① 根据科布伦茨高等法院的观点，这在虚假联合诊所的案例中也同样适用。② 在这种案例中，有执照的医生扣除了其他医生的款项，而这些医生事实上是以雇佣关系在联合诊所中工作的自由职业者。

该判决作为法律损害学说的适用情形之一，同样也是违宪的。因为这个判决表现出对已经列明的以及医疗准则所规定的医疗款项的抵消禁止，所以这就是一种与法律损害学说相关的适用。可是，这种抵消禁止必须符合犯罪化在经济上的界限，这种违反结算条件的犯罪化并不是以保护财产为目的的。③ 比如虚假联合诊所这样的案件，禁止秘密的雇佣关系完全是为了实现秩序政策的目标，即原则上在"自由诊所中"确保医疗门诊。④ 因此，这一禁止并没有从医疗款项的类型、内容和质量上规定医疗款的经济价值。经济价值只是一个状态问题，而刑法对状态问题的保护是在经济损害确定以外的。

## （二）将抽象的价值差异视为财产损害

第二组案例是让法律损害学说得以承认的判决，表现为将抽象的价值差异视作财产损害。

### 1. 体彩诈骗案

2006年，联邦最高法院第五刑庭就霍伊泽（Hoyzer）体彩诈骗案作出判决。在该案中，被告人曾在奥德赛特购买彩票，并通过贿赂足球运动员和裁判员来提升自己的中奖概率。其中，部分赛事并未如愿被操控，部分组合投注也没有成功。被告人有四场赛事中奖，分别赢得30

---

① BGH NStZ 1995, 85 (86) unter Bezug u. a. auf BSGE 39, 288 (290) für Leistungen ärztlichen Hilfspersonals; verfassungsrechtlich nicht beanstandet von BVerfG NJW 1998, 810 und bestätigt zuletzt von BGH NJW 2012, 1377 (1383f.) = HRRS 2012 Nr. 313 mit Übertragung auf die Privatliquidation.

② OLG Koblenz MedR 2001, 144 m. abl. Bespr. Stein MedR 2001, 124.

③ 详细参见 Saliger, FS I. Roxin, 2012, 307 (321ff.)。

④ Stein, MedR 2001, 127; 也参见 Idler JuS 2004, 1041。

万欧元到 87 万欧元不等的款项,而其余赛事均输掉了赌注。①

第五刑庭认为,在博彩合同缔结时,被告人就参与投注的全部赛事都已成立诈骗既遂。因为他操纵了比赛,导致合同缔结时博彩供应商所设定的赔率与风险不再相互匹配。因此,下注人通过操纵比赛而提升的赢率,其价值已经远远超过了他购买彩票所支付的款项。在每一次博彩合同缔结时,这种概率差异已构成显著的财产损害(概率损害)。②

本案的概率损害也是一种法律上的损害。③ 因为第五刑庭显然难以将这种损害归入常见的经济损害范畴。一方面,这种概率损害无法作为一种与损害相等同的具体财产风险,因为除了概率损害,"博彩供应商的财产仅遭受到一种抽象的风险"。④ 另一方面,概率损害也不同于常规的履约诈骗,因为在这种计算赌博盈利的案件中,损害是"必经的中间阶段,从而也是最终损害的重要组成部分"⑤,无论这种操纵是否与比赛结果或者比赛进程有因果关系,都同样适用⑥。但是,按照合同缔结时的履行损害而确定最终损害,在目前为止的损害教义学中完全是闻所未闻的。⑦

上述归类的难处表明概率损害的纯粹法律性:无论是在合同缔结时(抽象的财产风险),还是在支付赌博盈利的情况下(不需要与操纵比赛具有因果关系),假如概率损害都因为经赔率所确定的支付总额而被孤立,那么这种损害就只是一种抽象的价值差异,这点是很明显的。也就是说,缔约双方的请求权仅仅存在风险转移,而不存在具体的经济损害基础。⑧ 联邦最高法院的指示也强调了这种解释,即概率损害并不需要进行计算。相反,只要至关重要的风险因素能够被看到或者被评估

---

① BGHSt 51, 165(167)= HRRS 2007 Nr. 1 m. Anm. u. a. von Engländer JR 2007, 477; Gaede HRRS 2007, 16; Krack ZIS 2007, 103; Saliger/Rönnau/Kirchheim NStZ 2007, 361.
② BGHSt. 51, 165(175)= HRRS 2007 Nr. 1.
③ 对此,参见 Saliger, FS Samson, 2010, 455(458ff)。
④ 参见 BGHSt 51, 165(174, 177f.)= HRRS 2007 Nr. 1。
⑤ BGHSt 51, 165(176)= HRRS 2007 Nr. 1.
⑥ BGHSt 51, 165(176f.)= HRRS 2007 Nr. 1.
⑦ 另一种观点参见 Wessel/Hillenkamp, BT/2, 34. Aufl.(2011), Rn. 543。
⑧ 参见 Rönnau/Soyka NStZ 2009, 14,另参见 Petropoulos/Morozonis wistra 2009, 259。

到，就足以说明概率损害的成立。① 但是，联邦宪法法院在2010年背信罪的判决中却要求，财产损害在原则上需要具体的数字计算。② 所以操纵性博彩只有在博彩收益已经被支付并且操纵确实影响到赛事进程时，才能基于一种经济上的损害确定而成立对博彩供应商的诈骗罪既遂，这样的考虑才是正确的。③ 反之，概率损害作为一种纯法律的损害范畴是违宪的，应当被否定。

2. 保险合同诈骗

除此之外，2011年联邦宪法法院关于某案的决定，可以证明相关宪法诉讼完全有可能获得成功。被告人在不同的公司投保了人身意外险，其目的是通过伪装死亡事故来获得保险理赔。按照计划，被告人在保险合同生效后的几个月前往埃及并假装遭遇事故死亡。尽管在合同缔结与计划的死亡宣告以及警察的长期监测之间存在时间差，但是联邦最高法院第三刑庭依然认定构成合同诈骗罪既遂。原因是在上述情形中，保险公司的赔付可能性与合同约定好的理赔风险相比已经大大提高。④

这种损害确定也是一种纯粹抽象的请求权价值差异。因为联邦最高法院并没有将财产损害建立在具体的财产风险基础上，而是以一种在构成要件范围以外的方式，而且也是一种违宪的方式来认定抽象的风险，这种风险包含在每一个与不诚信的缔约方签订的合同之中。⑤ 联邦宪法法院理也就理所应当地撤销了联邦最高法院的判决。

上述分析表明，在联邦最高法院的判例中，法律损害学说并没有完全消失，而是一直存在着。就此而言，应当期待上述案件（尚且）悬而未决的宪法诉讼能获得成功。无论如何，对法律损害学说的表现形式在理论和实践中都需要不断地展开批判式观察。

---

① BGH 51, 165 (175) = HRRS 2007 Nr. 1.
② BVerfG NJW 2010, 3209 (3215 Rn. 113f.) = HRRS 2010 Nr. 656.
③ 例如：LG Bochum – 12 KLs – 35 Js 141/10 Teil 4, S. 23f.（非终审判决）；Saliger/Rönnau/Kirchheim NStZ 2007, 368; Kutzner JZ 2006, 718; Fischer, § 263 Rn. 132。
④ BGHSt 54, 69 (123f.) = HRRS 2009 Nr. 890 m. Anm. u. a. von Thielmann/Groß-Bölting/Strauß HRRS 2010, 38; Joecks wistra 2010, 179; Thielmann StraFo 2010, 412.
⑤ BVerfG NJW 2012, 907 (917 Rn. 179) = HRRS 2012 Nr. 27.